高职高专规划教材

金 工 实 习

赵显日 主编
李广帅 主审

化学工业出版社
·北京·

本书共分7个模块，包括钳工、车工、铣工、磨工、焊工、数控车工和数控铣工，各学校可结合所安排的实训内容和学时选用。

本书依据机械类、机电类及近机类各专业人才培养目标的要求，结合国家职业资格标准，总结多年教学改革的经验编写而成。本书以岗位基本能力为基础，以提高操作技能为主线，强调教、学、做一体化培养学生工程实践能力，为学生从事岗位工作及获取职业资格证书奠定基础。

本书可作为高职高专机械类、机电类及近机类各专业的金工实习教材和生产实习的参考书，也可作为企业技术工人培训和自学用书。

图书在版编目（CIP）数据

金工实习/赵显日主编. —北京：化学工业出版社，2012.6 (2017.3重印)
高职高专规划教材
ISBN 978-7-122-14153-8

Ⅰ.金… Ⅱ.赵… Ⅲ.金属加工-实习-高等职业教育-教材 Ⅳ.TG-45

中国版本图书馆CIP数据核字（2012）第082717号

责任编辑：高 钰　　文字编辑：张绪瑞
责任校对：王素芹　　装帧设计：刘丽华

出版发行：化学工业出版社（北京市东城区青年湖南街13号 邮政编码100011）
印　　装：三河市延风印装有限公司
787mm×1092mm 1/16 印张10¼ 字数259千字 2017年3月北京第1版第3次印刷

购书咨询：010-64518888（传真：010-64519686） 售后服务：010-64518899
网　　址：http://www.cip.com.cn
凡购买本书，如有缺损质量问题，本社销售中心负责调换。

定　　价：22.00元　

前　　言

本书根据机械类、机电类和近机类各专业人才培养目标的要求，结合国家职业资格标准，总结多年教学改革的经验编写而成。

本书以岗位基本能力为基础，以提高操作技能为主线，强调教、学、做一体化，培养学生工程实践能力，突出职业性、技术性和实用性的职业教育特点。内容编排上结合岗位技术特点，贴近生产实际，注重知识的前沿性和实用性，采用图、文、表并重的编写形式，力求表达清晰明快，降低学生学习难度。

全书共分 7 个模块，包括钳工、车工、铣工、磨工、焊工、数控车工、数控铣工，结合各学校常见考证工种，突出钳工、车工和数控车工，并参照职业技能鉴定考核，选用了部分例题，为学生获取职业资格证书及从事岗位工作奠定基础。

由于各学校、各专业的教学安排不同，在进行教学时，教师可结合所安排的实训内容和学时选用。

本书由赵显日任主编，刘星、穆晓红、顾兰智任副主编。模块 1 由刘星编写，模块 2、4、6 由赵显日编写，模块 3 由顾兰智编写，模块 5 由穆晓红编写，模块 7 由侯海晶编写，王爱民参与了模块 4 的编写工作。本书由辽宁工业大学李广帅老师主审，参加审稿的还有盖锦林、丁寿文、陶树义，在此表示衷心感谢。

由于编者水平有限，书中疏漏之处敬请广大读者批评指正。

编　者

2012 年 3 月

目　录

模块 1　钳　　工

【学习目的】 钳工是机械制造中广泛应用的最基本的金属加工技术。通过钳工实习，使学生熟悉钳工工艺，正确使用钳工工具和量具，掌握钳工基本操作，养成安全文明操作的习惯及质量第一的观念，最终达到钳工中级水平。

1.1　钳工入门

1.1.1　钳工及其工作

钳工是利用手工工具和钻床、砂轮机等设备，对工件进行切削加工、修整，对部件、机器进行装配和调试，对各类机械设备进行维护、检修等操作的工种。钳工具有使用工具简单、加工灵活、可加工形状复杂和高精度的零件的优点，其缺点是生产效率低、劳动强度大、加工质量不稳定。钳工的种类较多，有普通钳工、机修钳工、装配钳工、模具钳工、工具钳工、划线钳工、钣金钳工等，这里主要介绍普通钳工。

钳工的基本操作有划线、錾削、锉削、锯割、钻孔、扩孔、锪孔、铰孔、弯形与矫正、攻螺纹和套螺纹、刮削、研磨、装配等。

1.1.2　钳工常用设备和工具

钳工常用设备有钳工工作台、台虎钳、钻床、砂轮机等，常用的手用工具有划线盘、錾子、手锯、锉刀、刮刀、扳手、螺钉旋具和锤子等。

(1) 钳工工作台

钳工工作台（简称钳台）用于安装台虎钳、放置工具和工件，如图 1-1 所示。钳台一般用硬质木材制成，台面常用低碳钢板包封。钳台上应安装安全网，通常工具和量具分开放置。钳工的基本操作大都在钳台上进行。

图 1-1　钳工工作台

1—安全网；2—量具；3—台虎钳；4—工具

(2) 台虎钳

台虎钳是用来夹持工件的通用夹具。台虎钳规格以钳口宽度表示，常用规格有 100mm、125mm 和 150mm 等。台虎钳有固定式和回转式两种，如图 1-2 所示，两者结构和工作原理基本相同，只是回转式台虎钳比固定式台虎钳多了一个底座，工作时钳身可在底座上回转，能满足不同方位加工的需要，因此使用方便，应用范围广。

安装、使用台虎钳时注意事项：

① 在钳工工作台上安装台虎钳时，必须使钳口工作面处于钳工工作台边缘之外，以保证台虎钳在夹持长条形工件时，工件的下端不会受到钳工工作台边缘的阻碍。

② 台虎钳必须牢固地固定在钳工工作台上，以保证工作时钳身无松动现象。

③ 为使钳口受力均匀，工件应夹在钳口的中部，且伸出钳口高度应控制在 10mm 以内。

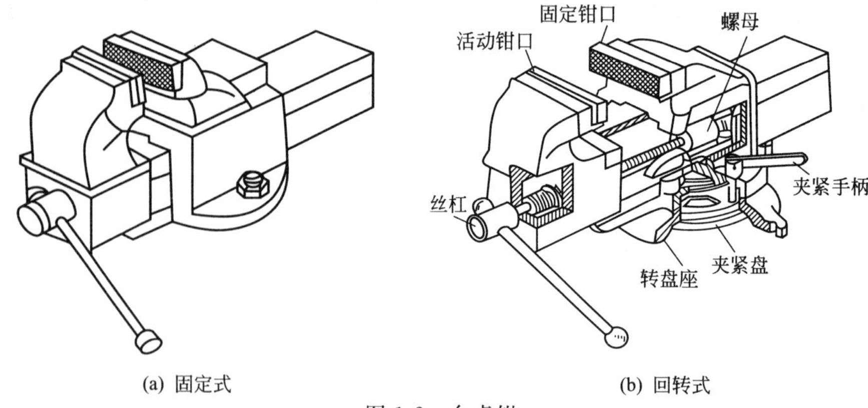

(a) 固定式　　(b) 回转式

图 1-2　台虎钳

④ 夹紧工件时应依靠双手的力量扳紧手柄，不能用锤子敲击手柄或加套管扳手柄，以免用力过大损坏丝杠、螺母或钳身。

⑤ 工作时尽量使受力方向朝向固定钳身，避免损坏丝杠或螺母的螺纹。

⑥ 不允许在台虎钳上进行敲击作业，以免破坏台虎钳。

⑦ 丝杠、螺母和各运动表面，要定期加油润滑，并保持清洁，防止生锈。

（3）钻床

钻床是孔加工机床，在钻床上可以进行钻孔、扩孔、锪孔、铰孔、攻螺纹等操作。钳工常用的钻床有台式钻床、立式钻床和摇臂钻床三种，如图 1-3 所示。台式钻床小巧灵活，钻孔直径一般在 12mm 以下，主要加工小型零件上的小孔；立式钻床适于加工中小型零件上的孔；摇臂钻床有一个能绕立柱旋转的摇臂，摇臂带着主轴箱可沿立柱垂直移动，同时主轴箱等还能在摇臂上作横向移动，适用于加工大型笨重零件及多孔零件上的孔。

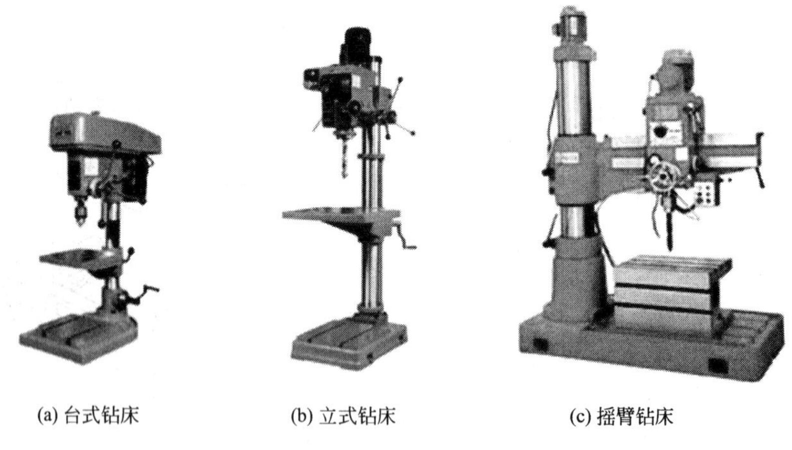
(a) 台式钻床　　(b) 立式钻床　　(c) 摇臂钻床

图 1-3　钻床

（4）砂轮机

砂轮机主要用于刃磨刀具，也可用来磨削工件或毛坯件上的飞边、毛刺等。它由砂轮、机体、电动机、托架和防护罩等几部分组成，如图 1-4 所示。

使用砂轮机时注意事项：

① 砂轮的旋转方向必须与砂轮罩上的旋转方向指示牌相符，以使磨屑向下飞溅。

② 砂轮启动后，应待其达到正常转速时才能进行磨削；如果砂轮表面跳动严重，应停止使用。

③ 砂轮机的搁架与砂轮的距离一般保持在 3mm 之内，过大会造成磨削件被砂轮轧入而发生事故。

④ 砂轮机在使用时，不可施加过大的压力，以防砂轮碎裂。

⑤ 使用时，操作者要戴好防护眼镜，不可正对砂轮，应站在砂轮的侧面或斜侧位置，以防伤人。

图 1-4　砂轮机

(5) 锤子

锤子分为硬锤头和软锤头两种，硬锤头又有方头和圆头两种形式，如图 1-5 所示。硬锤头由碳素工具钢锻造、后经热处理淬硬制成；软锤头常用铜、铝、塑料、木材等制成。

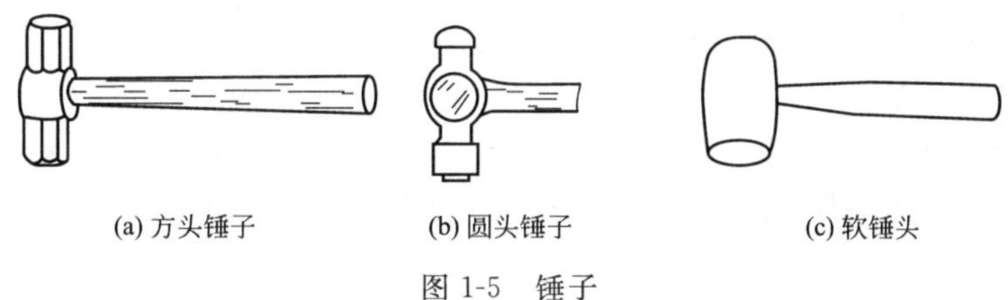

(a) 方头锤子　(b) 圆头锤子　(c) 软锤头

图 1-5　锤子

(6) 螺钉旋具

螺钉旋具主要用于旋紧或松脱螺纹连接件，有一字头螺钉旋具、十字头螺钉旋具和曲柄螺钉旋具，如图 1-6 所示。

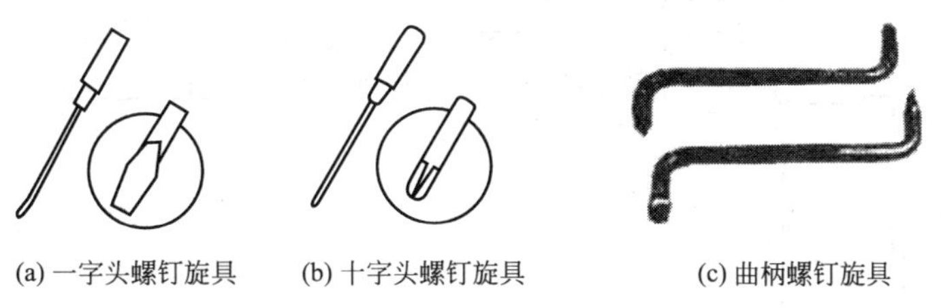

(a) 一字头螺钉旋具　(b) 十字头螺钉旋具　(c) 曲柄螺钉旋具

图 1-6　常用螺钉旋具

(7) 扳手

扳手主要用于旋紧或松脱螺栓和螺母等螺纹连接件或其他工具，有活扳手、呆扳手、梅花扳手、套筒扳手、内六角扳手、管子扳手等。

1.1.3　常用量具及其使用

(1) 钢直尺

钢直尺是直接测量长度的最简单的量具，其规格有 150mm、300mm、500mm、1000mm、1500mm、2000mm 几种。钢直尺尺面上有公制刻线，有的还有英制刻线，一般测量精度公制为 0.5mm，英制为 1/32″或 1/64″。

(2) 卡钳

卡钳是一种间接量具，必须与钢直尺或其他量具配合使用，适用于精度要求不高的场合。卡钳有普通卡钳和弹簧卡钳两种，使用时根据测量表面，分为外卡钳和内卡钳，外卡钳测量外尺寸，内卡钳测量内尺寸，如图 1-7 所示。

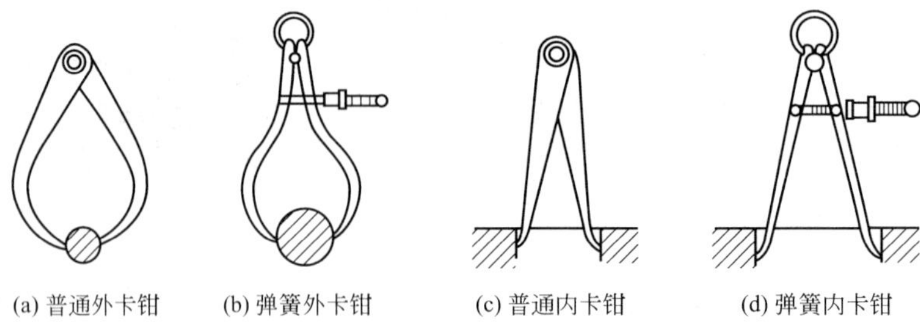

图 1-7 卡钳

(3) 游标卡尺

游标卡尺是生产中应用最为普遍的一种量具，分为游标卡尺、深度游标卡尺和高度游标卡尺三种。游标卡尺的规格按测量范围可分为 0～100mm、0～125mm、0～150mm、0～200mm、0～300mm、0～400mm 等几种，其测量精度有 0.02mm、0.05mm、0.1mm 三种。游标卡尺结构简单，使用方便，测量精度相对较高。

三用游标卡尺如图 1-8 所示，它由尺身 1 和游标 6 组成，尺身上刻有以 1mm 为一格间距的刻度，并刻有尺寸数字，用于显示整毫米数，松开紧固螺钉 4 尺框 3 即可移动，外量爪用于测量工件的外表面（外径或长度），内量爪用于测量工件的内表面（孔径或槽宽），深度尺用于测量工件的深度。测量时移动游标先使其得到需要的尺寸，取得尺寸后，拧紧紧固螺钉，读出尺寸，以防测得的尺寸变动。

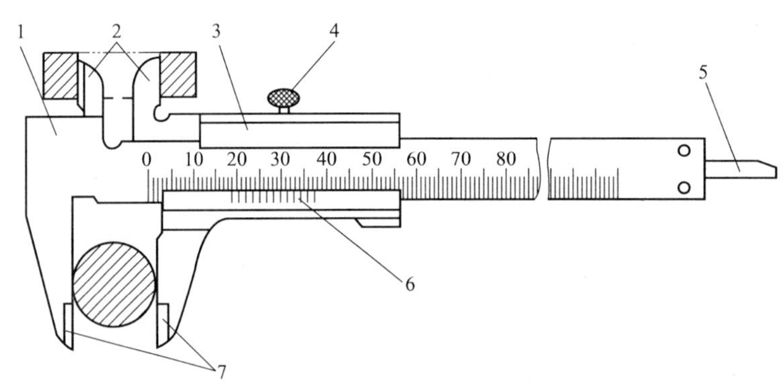

图 1-8 三用游标卡尺

1—尺身（主尺）；2—内量爪；3—尺框；4—紧定螺钉；5—深度尺；6—游标（副尺）；7—外量爪

下面以 0.02mm 精度游标卡尺的某一状态为例说明游标卡尺的读数方法，如图 1-9 所示，读数步骤如下。

① 以游标（副尺）零刻线位置为准，在尺身上读出游标零线以左的刻度在尺身（主尺）上的整数部分，图示为 33mm。

② 在游标上查出与尺身刻线对齐的那一条刻线，读出该刻线在游标上的格数，将其与精度 0.02mm 相乘，就得到读数的小数部分，图示为 12×0.02=0.24mm。

③ 将所得到的整数部分和小数部分相加，得到总尺寸为 33.24mm，如图 1-11 所示。

(4) 千分尺

千分尺是一种比游标卡尺更精密的量具，按测量范围可分为 0～25mm、25～50mm、50～75mm、75～100mm 等几种，其测量精度为 0.01mm。千分尺分为外径千分尺和内径千分尺。

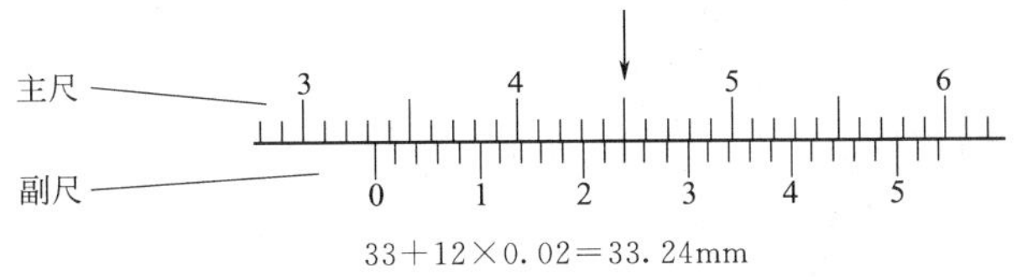

33＋12×0.02＝33.24mm

图 1-9　游标卡尺读数示例

外径千分尺的结构如图 1-10 所示，它的测微螺杆 2 和微分筒 4 连在一起，当转动微分筒时，测微螺杆和微分筒一起沿轴向移动。测量工件时，先调整测砧 1 和测微螺杆 2 的距离，使其稍大于被测尺寸，放入测量工件后，转动微分筒，保持测砧 1 和测微螺杆 2 两个测量面与工件接触，再转动微调旋钮 6，当微调旋钮发出“嗒、嗒”的响声时，表明测量力合适，这时可读出工件尺寸。

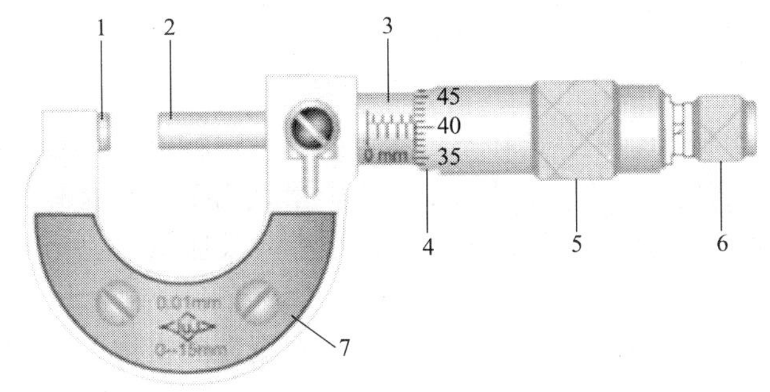

图 1-10　外径千分尺

1—测砧；2—测微螺杆；3—固定套筒（主尺）；4—微分筒（副尺）；5—旋钮；6—微调旋钮；7—尺身

千分尺的读数机构由固定套筒和微分筒组成，如图 1-11 所示，测微螺杆上螺纹的螺距为 0.5mm，当微分筒转动一周时，测微螺杆就轴向移动 0.5mm。固定套筒上刻有间隙为 0.5mm 的刻度线，微分筒左侧锥形圆周上均匀刻有 50 等份的刻度线。因此，当微分筒每转一格时，测微螺杆就移动 0.5/50＝0.01mm。千分尺的读数步骤如下。

① 由固定套筒上露出的刻度线读出工件的毫米整数和半毫米数。

② 从微分筒上由固定套筒纵向刻度线所对准的刻度线读出工件的小数部分（百分之几毫米），不足一格的数（千分之几毫米）可用估读法确定。

③ 将两次读数值相加就是工件的测量尺寸。

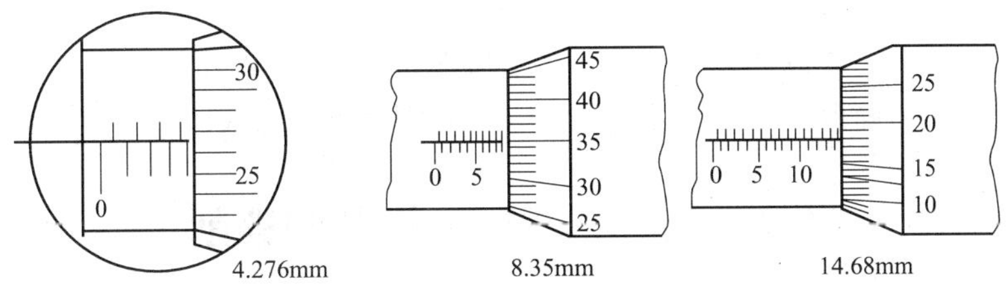

图 1-11　千分尺读数示例

（5）量具保养和使用的注意事项

量具是用来测量工件尺寸的工具，使用时应精心维护与保养，这样才能保证零件的测量精度，并延长其使用寿命。量具使用时要做到以下几点。

① 量具的两侧面、触头必须擦干净，与工件接触时用力要适当。

② 不能用精密量具测量正在旋转的工件。

③ 不能用精密量具去测量毛坯或粗糙的表面。

④ 应经常检查量具的精确度，以免使用时发生差错。

⑤ 量具不可乱扔乱放，用完后要擦干净，上油放入盒内。

1.1.4 钳工安全操作与文明生产

（1）钳工安全技术操作规程

① 操作前应按规定穿戴好劳动保护用品。女工的发辫必须纳入帽内。

② 操作前，必须对工作现场和所用的各种工具检查清理，避免发生意外。

③ 用台虎钳夹紧工件前，应先检查台虎钳的紧固性。若装夹面为已加工表面，则钳口部位需加铜质或铝质等软质垫板，以保护工件已加工表面。

④ 禁止使用有裂纹、带毛刺、手柄松动等不合要求的工具。

⑤ 使用钻床钻孔时必须遵守钻床安全技术规程。

⑥ 清扫铁屑必须使用工具，禁止用手拿及用嘴吹。

⑦ 根据工件表面粗糙度要求，选择不同锉齿的锉刀进行锉削，细锉不可用做粗锉。

⑧ 保持锉刀齿面清洁，要经常用锉刀刷清理，禁止用手去擦锉面刀。

⑨ 正确掌握量具、刃具的使用方法与维护方法，保证量具、刃具的精度与测量的准确性。

⑩ 锯割时，应根据工件的硬度、尺寸和外形选择锯齿的粗细。

⑪ 钻削时，严禁戴手套接近旋转体。

⑫ 攻螺纹或套螺纹时，应根据不同材质的工件，合理地选用润滑油。

⑬ 铰孔时要用力平稳，压力不宜太大。

⑭ 刃磨平面刮刀时，在刮刀顶端两侧应有少许圆角，以避免刮研时对工件表面造成划伤。

⑮ 使用手工电动工具时，应遵守安全操作规程，戴上绝缘手套。

⑯ 文明生产，做到6S管理要求。

（2）6S管理内容

整理（Seiri）：区分物品的用途，清除不要用的东西。

整顿（Seition）：必需品分区放置，明确标识，方便取用。

清扫（Seiso）：清除垃圾和脏污，并防止污染的发生。

清洁（Seiketsu）：维持前3S的成果，制度化，规范化。

素养（Shitsuke）：养成良好习惯，提高整体素质。

安全（Safety）：确保安全，关爱生命，人人有安全意识，人人按安全操作规程作业。

1.2 划线、錾削、锯削和锉削

1.2.1 划线

划线是指根据图样要求，在毛坯或工件上用划线工具划出待加工部位的轮廓线或作为基准的点、线的操作。划线是钳工的一项基本操作，划线的质量直接影响工件的精度和质量。

（1）划线工具

划线工具按用途分为以下几类：基准工具、量具、直接绘划工具、夹持工具。

① 基准工具　划线平台是划线的主要基准工具。使用时，应注意不得碰撞或敲击其表面，且应均匀使用，以避免局部磨凹。如果长期不用，应涂油防锈，并加盖保护罩。

② 量具　主要有高度尺和直角尺。

高度尺如图 1-12 所示。普通高度尺又称量高尺，由钢直尺和底座组成，使用时配合划线盘量取高度尺寸。游标高度尺附有划针脚，能直接表示出高度尺寸，其读数精度一般为 0.02mm，可作为精密划线工具。

直角尺又称 90°角尺，主要用于简单的测量和划线导向。直角尺可作为划平行线、垂直线的导向，也可用来找正工件在划线平板上的垂直位置，还可检验工件两平面的垂直度误差或单个平面的平面度误差，如图 1-13 所示。

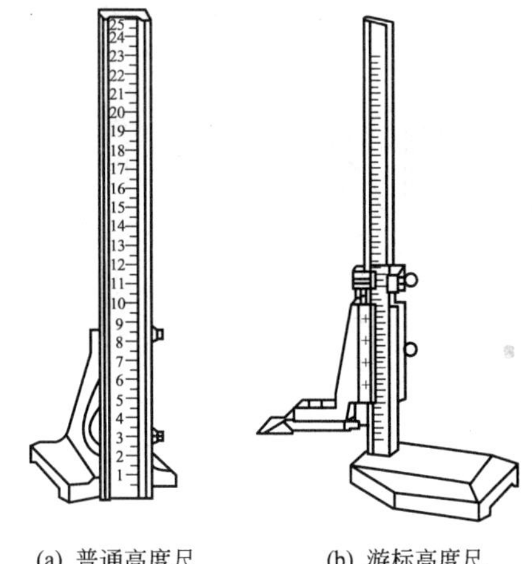
(a) 普通高度尺　(b) 游标高度尺

图 1-12　高度尺

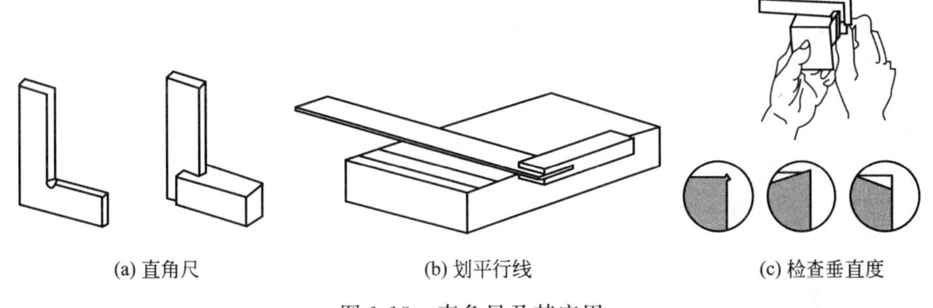
(a) 直角尺　(b) 划平行线　(c) 检查垂直度

图 1-13　直角尺及其应用

③ 直接绘划工具　主要有划针、划针盘、划规和样冲。

划针（图 1-14）是划线的基本工具，一般由弹簧钢或高速钢经刃磨后制成。划线时，划针尖端要紧贴钢尺或角尺的边缘，上部向外倾斜 15°～20°，向划线方向倾斜 45°～75°，如图 1-15(a) 所示。弯划针一般用于立体划线或直划针划不到的地方，如图 1-15(b) 所示。

15°～20°

(a) 直划针　(b) 弯划针

图 1-14　划针

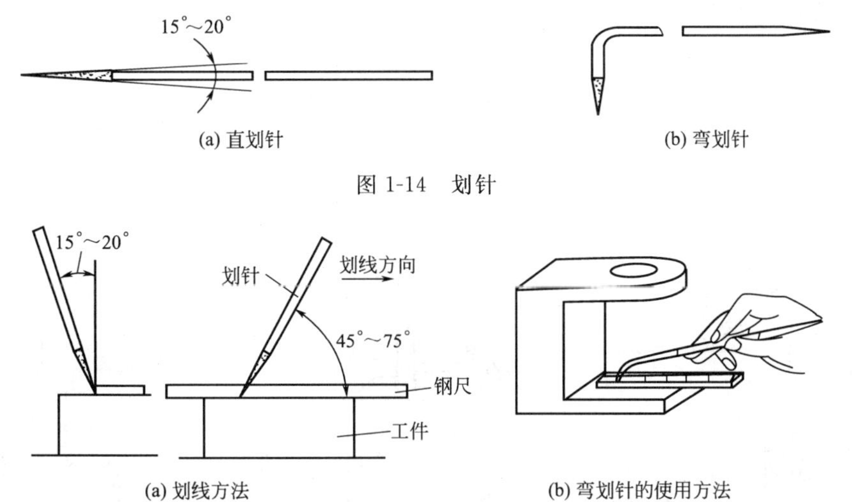

(a) 划线方法　(b) 弯划针的使用方法

图 1-15　划针的使用

划线盘（图 1-16）用于直接划线或找正工件位置。使用时，将划针在高度尺上调至要求的高度尺寸，并在平板上移动划针盘，即可在工件上划出与平板平行的线条，如图 1-17 所示。

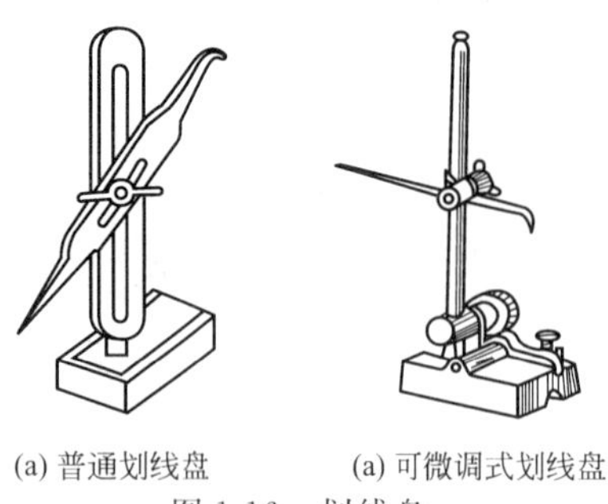

(a) 普通划线盘　(a) 可微调式划线盘

图 1-16　划线盘

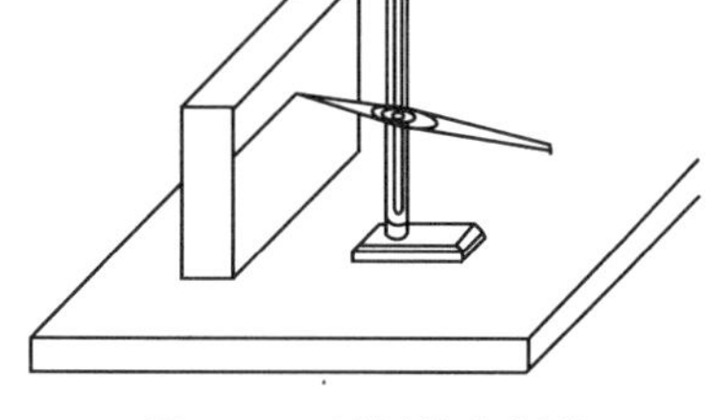

图 1-17　用划线盘划线

划规（图 1-18）用于划圆、弧线、等分线段以及量取尺寸。划圆和圆弧时，应将手力作用于一脚，以防中心滑移。划规一般用于平面划线。

样冲用于划线时打冲眼或钻孔时打中心孔。冲眼是为了强化显示用划针划出的线，另外，也可作为划圆弧作定心脚点使用。样冲用工具钢制成，尖端磨成 45°～60°角，并经淬火硬化。样冲及打冲眼方法如图 1-19 所示。

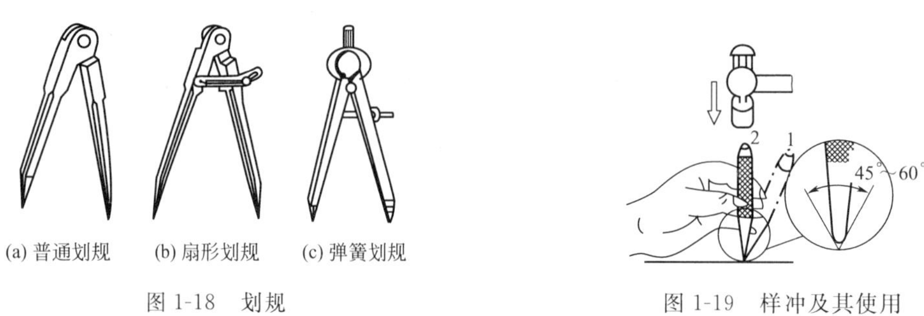

(a) 普通划规　(b) 扇形划规　(c) 弹簧划规

图 1-18　划规

图 1-19　样冲及其使用

④ 支承用的工具　包括 V 形铁、方箱与千斤顶。

V 形铁具有较高的对中性，常用作圆形工件划线时的定位支承，如图 1-20 所示。V 形槽的角度有 90°、120°两种。

方箱是用铸铁制成的空心立方体，方箱上相邻平面互相垂直，其上开有 V 形槽，并设有夹紧装置，方箱用于夹持尺寸较小而加工面较多的工件，如图 1-21 所示。

千斤顶用作不规则或较大工件划线找正时的支承。工件尺寸较大时，常用三个千斤顶作为一组支承工件，如图 1-22 所示。

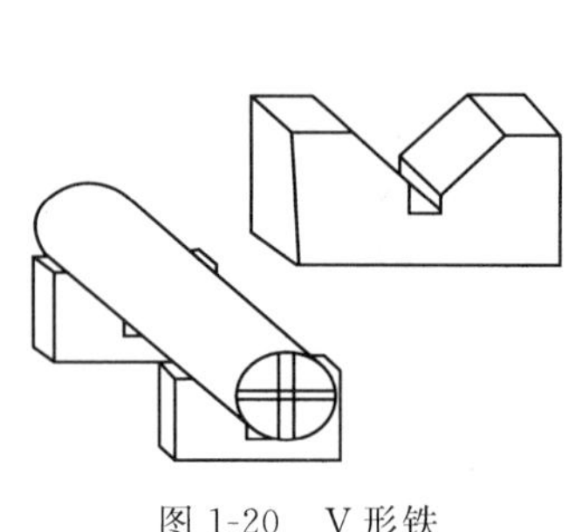

图 1-20　V 形铁

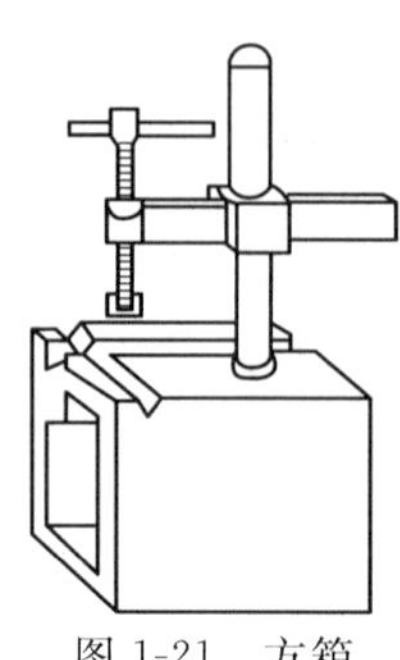

图 1-21　方箱

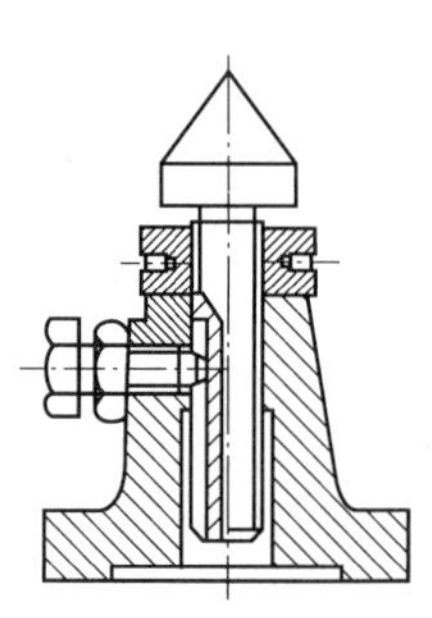

图 1-22　千斤顶

(2) 划线基准的选择

划线时，首先要确定划线基准，然后再以它为基准划出其余的尺寸线。划线基准的选择原则如下。

① 尽可能用零件图样的设计基准作为划线基准。

② 对称形状的工件，应以对称中心线为划线基准。

③ 当工件上有重要的孔需加工，一般选择孔中心线为划线基准。

④ 以最大的不加工表面作为划线基准。

⑤ 若工件上个别平面已加工过，则应以加工过的平面为划线基准。

(3) 划线的方法与步骤

划线分为平面划线和立体划线两种，如图 1-23 所示。

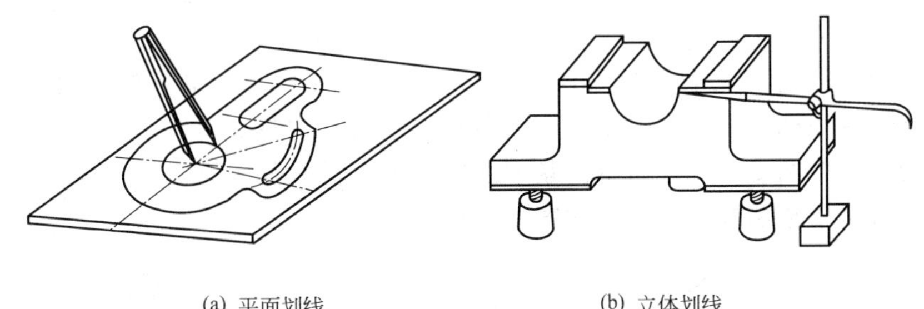

(a) 平面划线　(b) 立体划线

图 1-23　划线

平面划线是用划线工具将图样按 1∶1 比例划到工件表面上去。立体划线是平面划线的复合运用。它们的不同之处在于一般平面划线应选择两个基准，而立体划线要选择三个基准。划线步骤如下。

① 根据图样要求，确定划线基准。

② 划线前准备，包括清理工件表面、检查工件、在工件的中心孔内装中心塞块等。

③ 正确安放工件并选择划线工具。

④ 涂色，即在工件上划线部位涂上一层薄而均匀的涂料，使划出的线条清晰可见。一般在铸、锻毛坯件上涂石灰水，小的毛坯件上也可以涂粉笔，钢铁半成品上一般涂龙胆紫（也称“兰油”）或硫酸铜溶液，铝、铜等有色金属半成品上涂龙胆紫或墨汁。

⑤ 划出加工界限。

⑥ 用样冲在划出的线条上冲眼。

1.2.2　錾削

錾削是钳工工作中一项重要的基本操作，它是利用手锤打击錾子对金属工件进行切削加工的方法。錾削主要用在不便于机械加工的场合，如去除毛坯上的凸缘、毛刺及分割材料、錾削平面及沟槽等。

(1) 錾削工具

錾削的工具主要是錾子和手锤。

錾子由切削刃、斜面、柄部、头部四个部分组成，常用的錾子有扁錾、尖錾和油槽錾三种形式，如图 1-24 所示。

扁錾切削部分扁平，刃口较宽且略带弧形。主要用来錾削平面、去毛刺和分割板料。尖錾切削刃较短，刃口两侧面从切削刃起向柄部逐渐变窄，这样在开槽时，不易被卡住。尖錾主要用于錾窄槽及分割曲形板料。油槽錾切削刃很短，并呈圆弧形，切削部分做成弯曲形

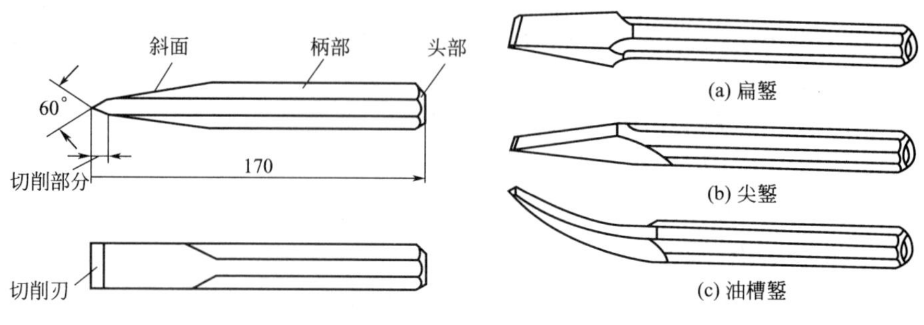

图 1-24　錾子

状，便于在内曲面及对开轴瓦上开油槽。油槽錾主要用于錾削平、曲面上的油槽。

（2）錾削操作方法

① 手锤的握法　錾削时，手锤握法有两种方法，即松握法和紧握法。松握法只有大拇指和食指始终紧握锤柄，在锤打时中指、无名指和小指依次握紧锤柄，这种握法锤击力大，且手还不易疲劳，如图 1-25(a) 所示。紧握法用右手五指紧握锤柄，大拇指放在食指上，锤打和挥锤时，五个手指的握法不变，如图 1-25(b) 所示。

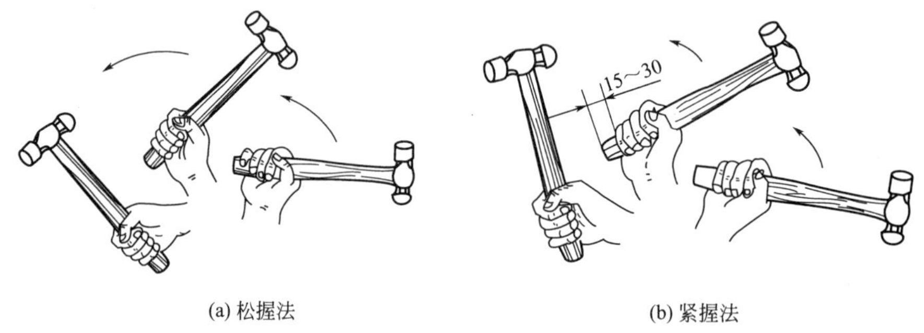

(a) 松握法　(b) 紧握法

图 1-25　手锤的握法

② 挥锤的方法　挥锤的方法有三种，即腕挥、肘挥和臂挥三种。

腕挥：只是手腕的运动挥锤，锤击力较小。一般用于錾削的开始和收尾，或油槽、打样冲眼等用力不大的地方，如图 1-26(a) 所示。

肘挥：用手腕和肘部一起挥锤，它的运动幅度大，锤击力较大，应用广泛，如图 1-26(b) 所示。

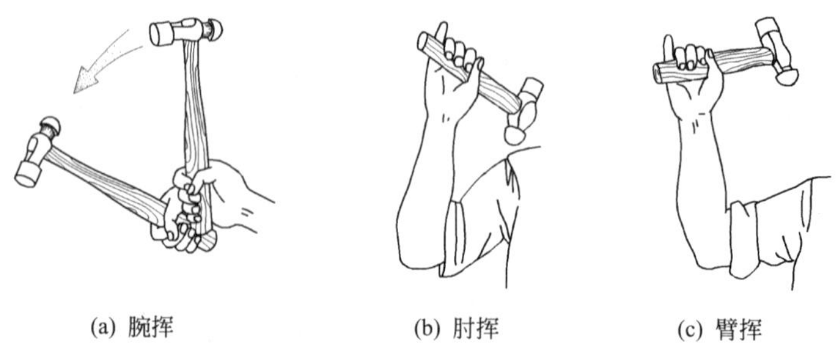

(a) 腕挥　(b) 肘挥　(c) 臂挥

图 1-26　挥锤的方法

臂挥：用手腕、肘部和整个臂一起挥动，其锤击力大，用于需要大力錾削的场合，如图 1-26(c) 所示。

③ 錾子的握法　錾子的握法随工作条件的不同而不同，常有以下几种方法。

正握法：手心向下，用虎口夹住錾身，拇指和食指自然伸开，其余三指自然弯曲靠拢，握住錾身。这种握法适于在平面上进行錾削，如图 1-27(a) 所示。

反握法：手心向上，手指自然握住錾柄，手心悬空。这种握法适用于小的平面或侧面錾削，如图 1-27(b) 所示。

立握法：虎口向上，拇指放在錾子的一侧，其余四指放在另一侧捏住錾子。这种握法适于垂直錾切工件，如图 1-27(c) 所示。

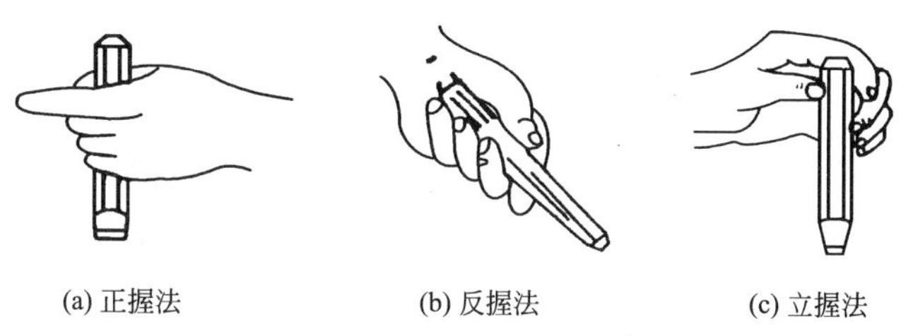
(a) 正握法　(b) 反握法　(c) 立握法

图 1-27　錾子的握法

④ 平面的錾削方法　錾削平面用扁錾。起錾时从工件的边缘的尖角处入手，用锤子轻敲錾子，錾子便容易切入材料，如图 1-28(a)、(b) 所示。起錾后把錾子逐近移向中间，使切削刃的全宽参与切削。当錾削快到尽头，与尽头相距 10mm 时，应调头錾削，如图 1-28(c) 所示，否则尽头的材料会崩裂。

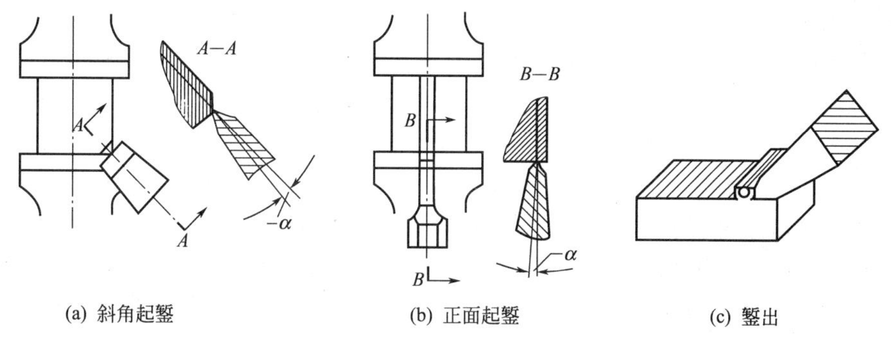

(a) 斜角起錾　(b) 正面起錾　(c) 錾出

图 1-28　起錾方法与錾到尽头时的方法

錾削较窄平面时，应使切削刃与錾削的方向倾斜一定角度，其作用是稳住錾子，防止錾子左右晃动而使錾出的表面不平，如图 1-29 所示。錾削较宽平面时，应在平面上先用尖錾在工件开出工艺槽，如图 1-30(a) 所示，再用扁錾将凸起部分錾平，如图 1-30(b) 所示，这样既便于控制尺寸精度，又可使錾削省力。

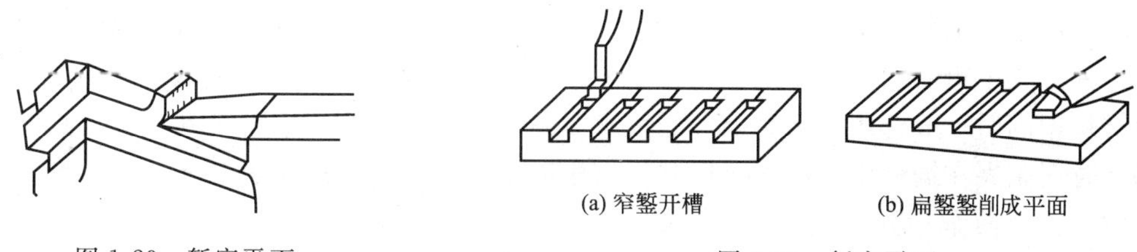
(a) 窄錾开槽　(b) 扁錾錾削成平面

图 1-29　錾窄平面　　图 1-30　錾宽平面

⑤ 油槽的錾削方法　錾油槽时，要先选与油槽同宽的油槽錾錾削。必须使油槽錾得深浅均匀，表面平滑，如图 1-31 所示。

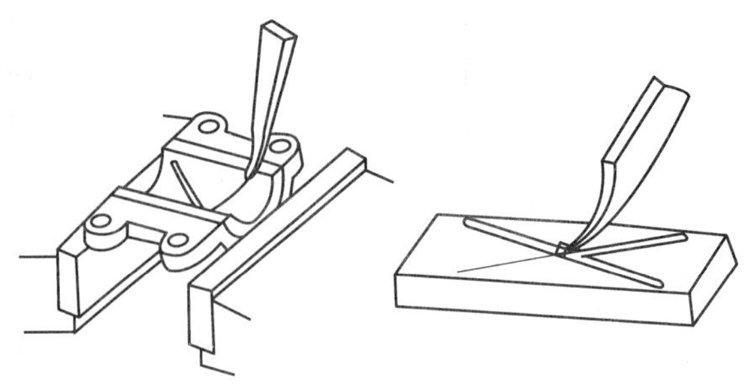

图 1-31　錾油槽

⑥ 錾切板料和棒料　錾切 4mm 以下的薄板和小直径棒料时，可以在台虎钳上进行，如图 1-32(a) 所示。对于较长或较大的板材，可在铁砧上錾断，如图 1-32(b) 所示。

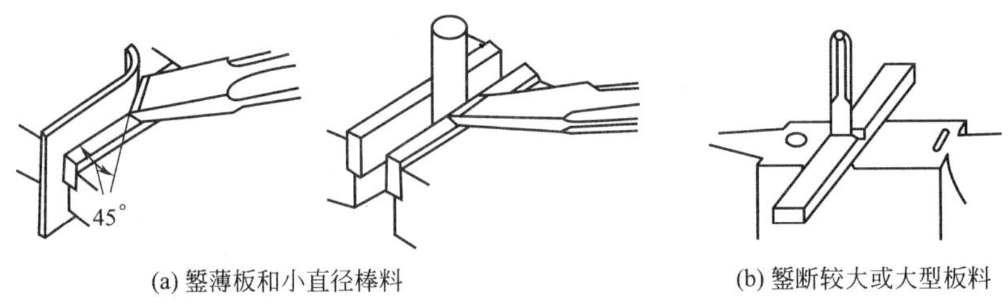

(a) 錾薄板和小直径棒料　(b) 錾断较大或大型板料

图 1-32　錾切板料和棒料

1.2.3　锯削

锯削是用手锯对材料或工件进行分割的一种切削加工方法，主要用于锯断各种原材料或半成品、锯掉工件上多余部分或在工件上开槽等。

(1) 手锯

手锯是锯削的主要工具，由锯弓和锯条两部分组成。

① 锯弓　锯弓用来安装并张紧锯条，有固定式和可调式两种，如图 1-33 所示。固定式锯弓只能安装一锯条；而可调式锯弓通过调节安装距离，可以安装几种长度规格的锯条。

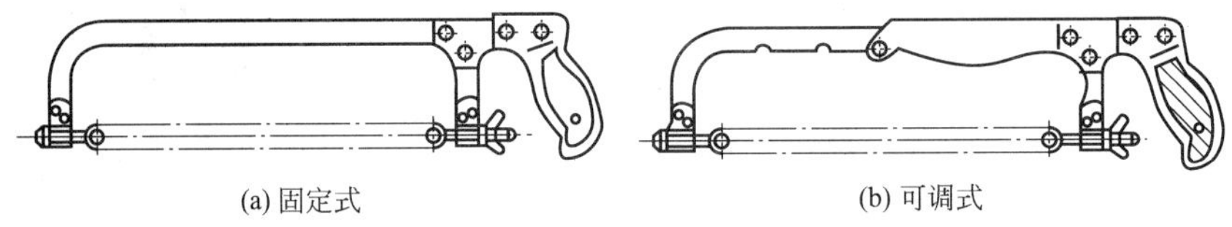

(a) 固定式　(b) 可调式

图 1-33　锯弓

② 锯条　锯条是用来直接锯削材料或工件的刃具。锯条规格用锯条两端安装孔之间的距离表示，常用的锯条长 300mm、宽 12mm、厚 0.8mm。锯条锯齿齿距分为粗齿、中齿、细齿三种。其中粗齿锯条用于加工软材料或厚材料；中等硬度的材料选用中齿锯条；硬材料或薄材料锯削时一般选用细齿锯条。锯齿在制造时按一定的规律错开排列形成锯路，以防止在锯削时锯条夹在锯缝中，同时可以减少锯削时的阻力和便于排屑。

(2) 锯削操作方法

① 锯条安装　根据工件材料的硬度和厚度选择适当齿数的锯条。锯弓安装时要使锯条齿尖的方向朝前，如图 1-34 所示。锯条的松紧程度要适当，过松或过紧都容易使锯条在锯削时折断。

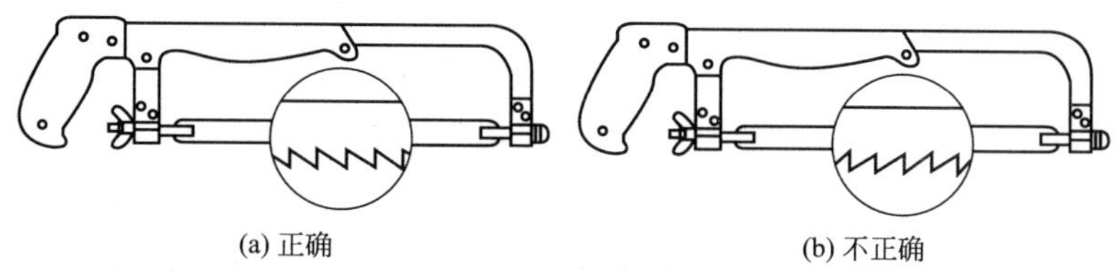

图 1-34　锯条的安装方向

② 装夹工件　工件应尽可能装夹在台虎钳的左边，以免操作时碰伤左手。工件伸出钳口要短，锯切线离钳口要近，否则锯割时会产生颤动。工件要夹牢，不可有抖动。

③ 锯削姿势及握锯方法　锯削时，左脚在前，右脚在后，两脚距离约为锯弓之长，重心偏于右脚，身体与台虎钳中心线大致成45°角，锯削姿势如图1-35所示。握锯时，右手自然握稳锯弓手柄，左手轻扶在锯弓前端，压力不可过大，推力和压力由右手控制，左手协助右手扶正锯弓，如图1-36所示。锯削运动时，锯弓应做前后直线往复运动，不可做左右摆动。锯削往复运动以每分钟往返30～60次为宜，锯切时要用锯条全长2/3。

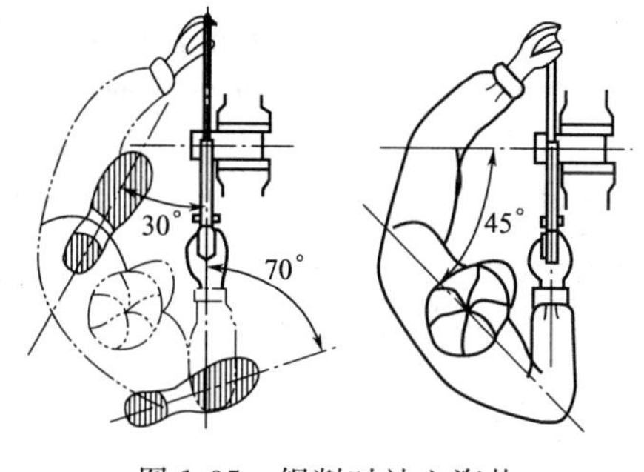

图 1-35　锯削时站立姿势

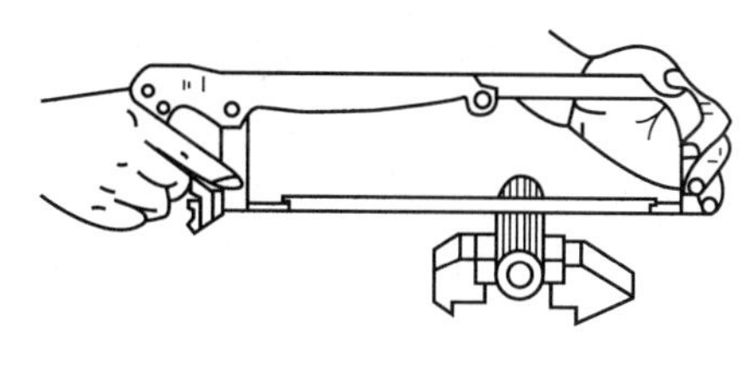

图 1-36　握锯方法

④ 起锯　锯条开始切入工件称为起锯。起锯质量的好坏直接影响到锯削的质量。起锯有远起锯和近起锯两种，如图1-37(a)、(b) 所示。一般情况下采用远起锯较好，因为此时锯齿是逐渐切入材料的，锯齿不易被卡住，起锯比较方便。如果用近起锯，则掌握不好时，锯齿由于突然切入较深，容易被工件棱边卡住甚至被崩断。无论用哪一种起锯法，起锯角 α 都要小（宜小于15°）。起锯角过大，如图1-37(c) 所示，锯齿易被工件的棱边卡住，造成锯齿崩断。为了起锯平稳和准确，可用左手拇指挡住锯条，使锯条保持在正确的位置上起锯，如图1-37(d) 所示。

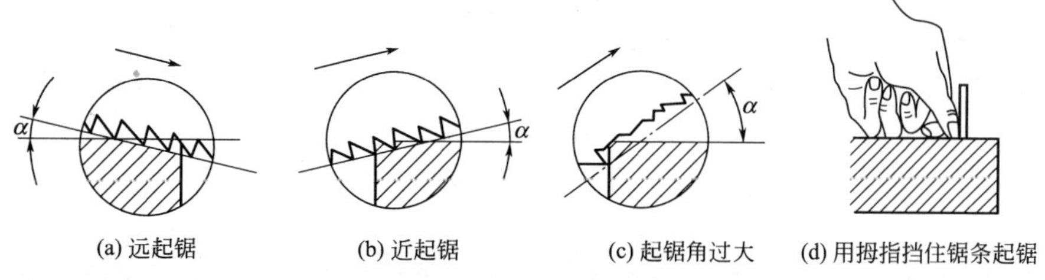

图 1-37　起锯

1.2.4　锉削

用锉刀对工件表面进行切削，使其达到零件图所要求的形状、尺寸和表面粗糙度的加工方法称为锉削。锉削的最高加工精度可达IT7～IT8，表面粗糙度可达 $Ra0.8\mu m$。

（1）锉刀

锉刀是锉削的主要工具，它由锉刀面、锉刀边、锉刀舌、锉刀尾、木柄等部分组成，如图 1-38 所示。

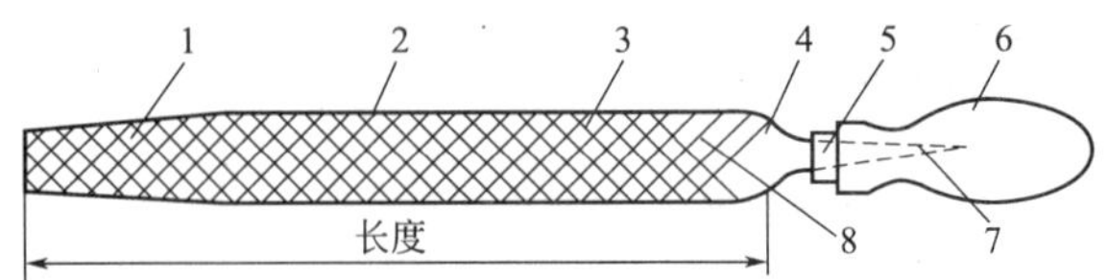

图 1-38 锉刀结构

1—锉刀面；2—锉刀边；3—底齿；4—锉刀尾；5—铁箍；
6—木柄；7—锉刀舌；8—面齿

锉纹是锉齿排列的图案，锉刀按齿纹来分有单齿纹和双齿纹两种，如图 1-39 所示。单齿纹只有一个方向排列的齿纹，锉削时由于全齿宽都同时参加切削，需要较大的切削力，因此适用于锉削铝及其他软材料。双齿纹锉刀上有两个方向排列的齿纹，齿纹浅的称底齿纹，齿纹深的称面齿纹。由于面齿纹和底齿纹的方向和角度不一样，锉齿时能使每一个齿的锉痕交错而不重叠，使锉削表面粗糙度值小，而且锉削时锉屑细小，锉刀面不易堵塞，锉削省力，适用于锉削硬材料。

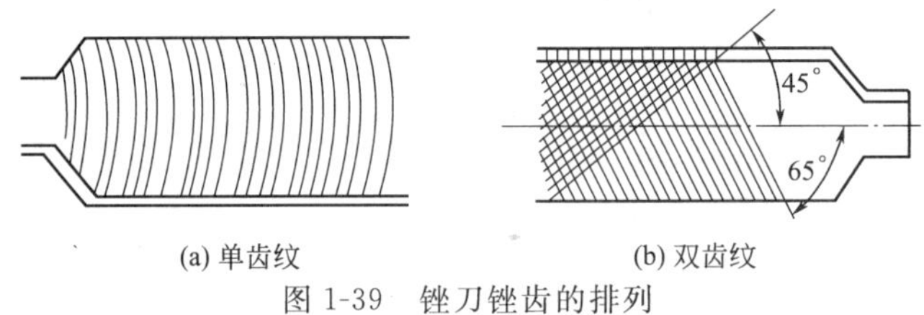

图 1-39 锉刀锉齿的排列

锉刀按用途可分为普通锉、特种锉和整形锉（什锦锉）三类。普通锉按其截面形状又分为平锉、方锉、圆锉、半圆锉及三角锉五种，其截面形状及应用如图 1-40 所示。

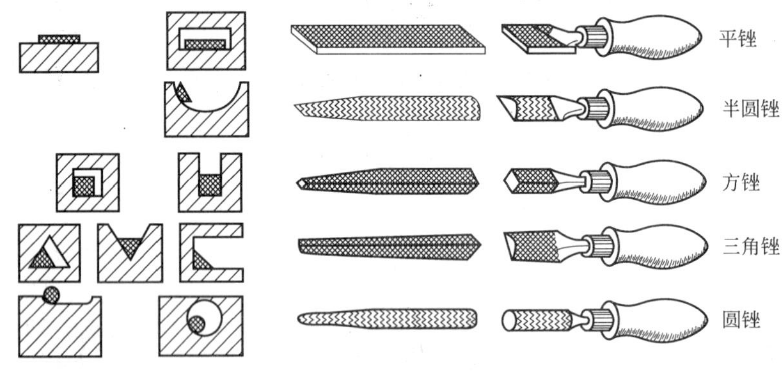

图 1-40 普通锉截面形状及其应用

（2）锉削操作方法

① 锉刀的握法　锉刀的握法正确与否，对锉削质量、锉削力量的发挥和人的疲劳程度都有影响。由于锉刀的大小和形状不同，所以锉刀的握法也应不同。

较大锉刀（250mm 以上）用右手握锉刀柄，柄端顶住掌心，大拇指放在柄的上部，其余手指满握锉刀柄，如图 1-41(a) 所示。左手的姿势可有三种，如图 1-41(b) 所示。大锉刀的两手握法如图 1-41(c) 所示。

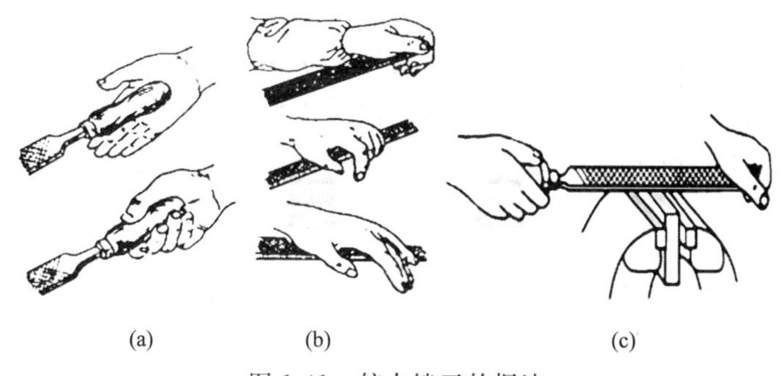

图 1-41　较大锉刀的握法

中型锉刀（200mm 左右）右手的握法与大锉刀的握法一样，左手只需用大拇指和食指、中指轻轻扶持即可，如图 1-42(a) 所示。较小的锉刀（150mm 左右），由于需要施加力量较小，故两手握法也有不同，如图 1-42(b) 所示。这样的握法不易感到疲劳，锉刀也容易掌握平稳。

更小的锉刀（150mm 以下），只要用一只手握住即可，如图 1-42(c) 所示。

图 1-42　中小锉刀的握法

② 锉削姿势　锉削时人的站立位置与錾削时相似。锉削时身体重心要落在左脚上，右膝伸直，左膝随锉削时的往复运动而屈伸。锉刀向前锉削的动作过程中，身体和手臂的运动情况，如图 1-43 所示。开始时身体向前倾斜 10°左右，右肘尽量向后收缩，如图 1-43(a) 所示。最初 1/3 行程时，身体向前倾到 15°左右，左膝稍有弯曲，如图 1-43(b) 所示。锉中间 1/3 行程时，右肘向前推进锉刀，身体逐渐倾斜到 18°左右，如图 1-43(c) 所示。锉最后 1/3 行程时，右肘继续向前推进锉刀，身体自然地退回到 15°左右，如图 1-43(d) 所示。

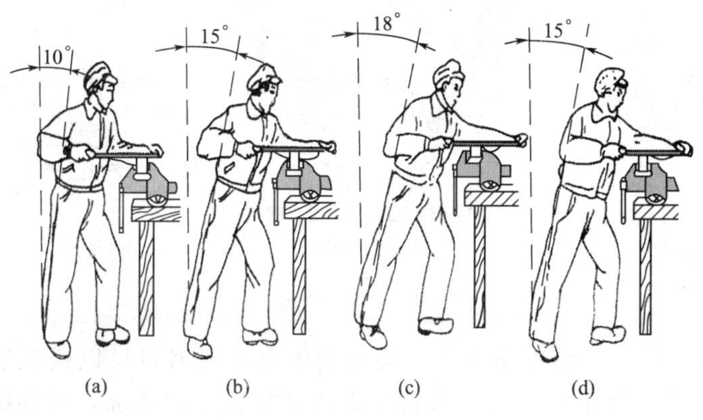

图 1-43　锉削姿势

③ 锉削力的运用　锉削时，必须使锉刀保持直线的锉削运动。两手作用在锉刀上的力，应使锉刀在运行中平衡。推力的大小由右手控制，压力大小由左手控制。锉削中，两手所用

的力要不断地变化，右手的压力要随锉刀的推进而逐渐增加，左手的压力要随锉刀的推进而逐渐减小。使锉刀在工件任何位置上，两端所受的力矩都保持相等，以保持锉刀的平直运动。锉刀回程时不加压力，将锉刀略提起些，以减少锉齿的磨损。锉削时的施力情况如图1-44所示。锉削的速度一般应控制在每分钟30～60次左右，推出时稍慢，回程时稍快。

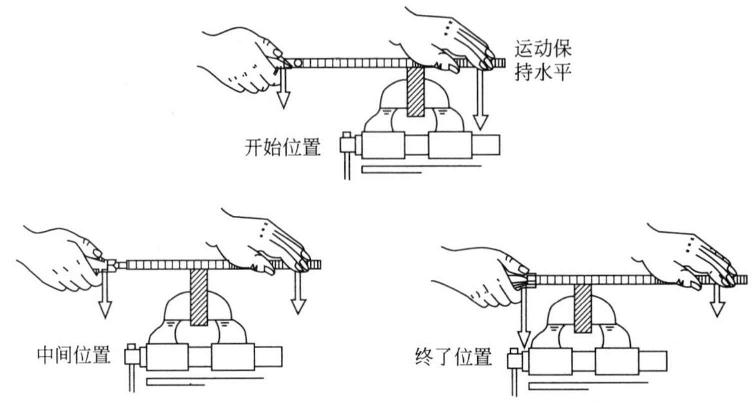

图1-44　锉削力的运用

(3) 典型型面的锉削方法

① 平面锉削　锉削平面的方法有三种，即顺向锉法、交叉锉法及推锉法。

采用顺向锉削时，锉刀的运动方向与工件的夹持方向始终一致，如图1-45(a) 所示，它可使加工表面锉纹平直，整齐美观。顺向锉法是最基本的锉削方法，一般用于锉削不大的平面和锉后的打光。

采用交叉锉削时，以交叉的两方向顺序对工件进行锉削，如图1-45(b) 所示。交叉锉中锉刀与工件接触面大，适于锉削余量大的加工面。一般可在锉削的前阶段用交叉锉法，以提高工作效率。

采用推锉削时，两手对称地握住锉刀，用两大拇指推锉刀进行锉削，如图1-45(c) 所示。推锉法适用于较窄表面且已经锉平、加工余量很小的情况下，用来修正尺寸和减小表面粗糙度。

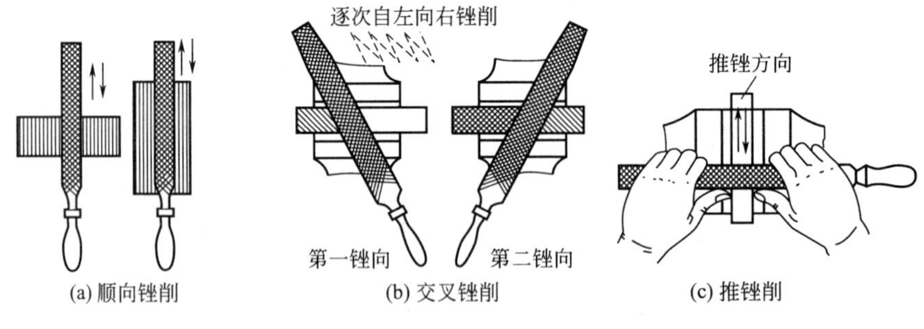

图1-45　平面锉削方法

平面锉削时常要检验平面度误差。一般可用钢直尺或刀口尺以透光法来检验，如图1-46所示。刀口尺检验工件平面度时将刀口尺垂直紧靠在工件表面，并在纵向、横向和对角线方向逐次对着光源观察，以判定整个加工面的平面度误差。如果检验处透光微弱而均匀，表示此处平面质量较好；如果透光强弱不一，则表示此处高低不平，其中光线强处比较低，光线弱处比较高。当每次改变刀口形直尺的检验位置时，刀口尺应先提起，然后再轻放到另

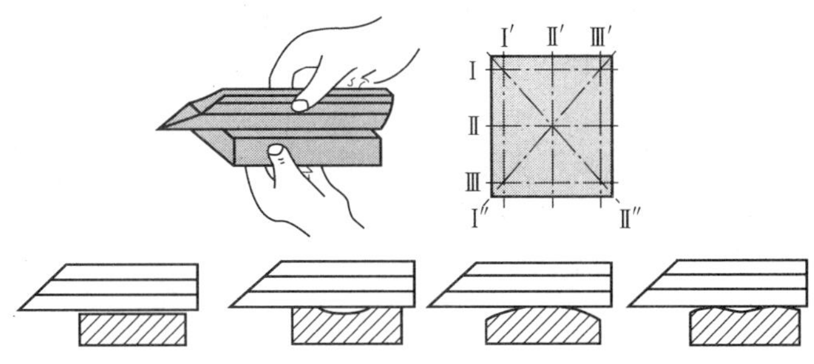

图 1-46 锉削平面的检验

一位置，而不应在平面上拖动，否则直尺的边缘容易磨损而降低测量精度。

② 圆弧面锉削 锉削圆弧面时，锉刀既需向前推进，又需绕弧面中心摆动。外圆弧面锉削时常用滚锉法和顺锉法，如图 1-47 所示。内圆弧面锉削时常用滚锉法和顺锉法，如图 1-48 所示。滚锉时，锉刀顺圆弧摆动锉削，滚锉常用作精锉外圆弧面。顺锉时，锉刀垂直圆弧面运动，顺锉适宜于粗锉。

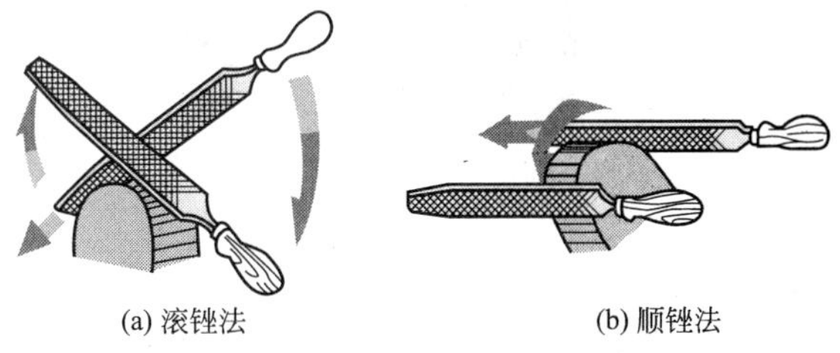

(a) 滚锉法 (b) 顺锉法

图 1-47 外圆弧面锉削方法

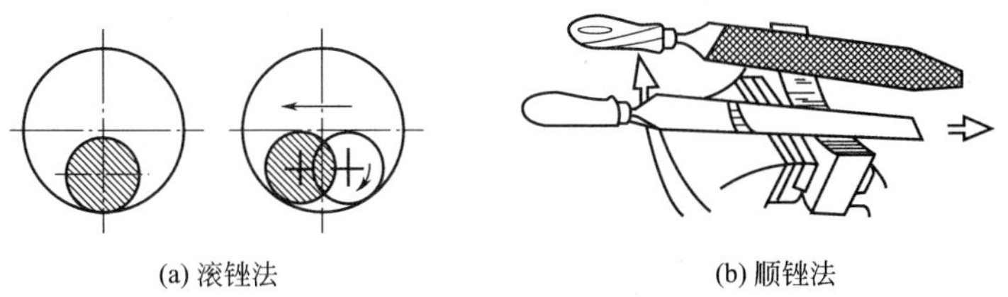

(a) 滚锉法 (b) 顺锉法

图 1-48 内圆弧面锉削方法

1.2.5 技能训练

训练任务：制作图 1-49 所示手锤锤头，材料 45 钢，工时 30h。

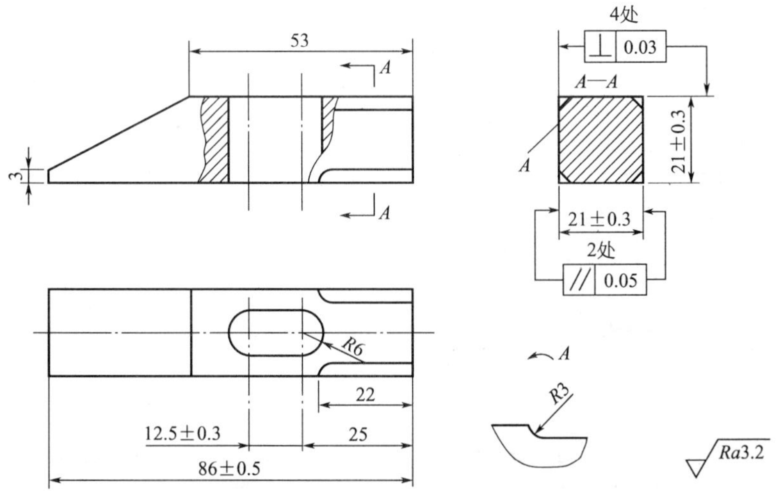

图 1-49 手锤锤头

① 备料　材料45钢，毛坯尺寸 ϕ32mm×88mm。

② 工量具　包括高度尺、钢板尺、划针、钳工锉、钻头、锯弓、手用锯条、样冲、游标卡尺、直角尺、刀口尺等。

③ 训练步骤　按表1-1所示操作步骤制作手锤锤头。

表 1-1　手锤锤头加工步骤　　mm

工序	加工简图	加工内容	工量具
1. 备料	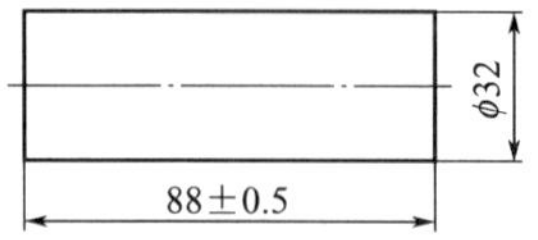 ϕ32；88±0.5	锯切 ϕ32、长88的45圆钢	钢尺、手锯
2. 粗锉长方体	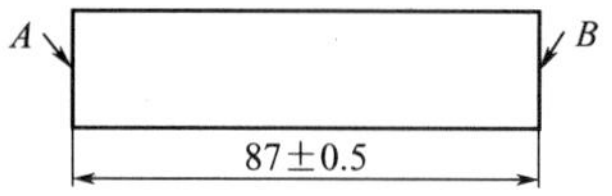 A；B；87±0.5	a. 在 ϕ32 圆柱两端面上划 22.5×22.5 的加工界线及中心孔，打上样冲眼 b. 粗锉长方体四个侧面及两端面 A、B，至 22.5×22.5×87	粗平锉刀、游标卡尺、钢直尺、钳口铁、直角尺等
3. 精锉长方体	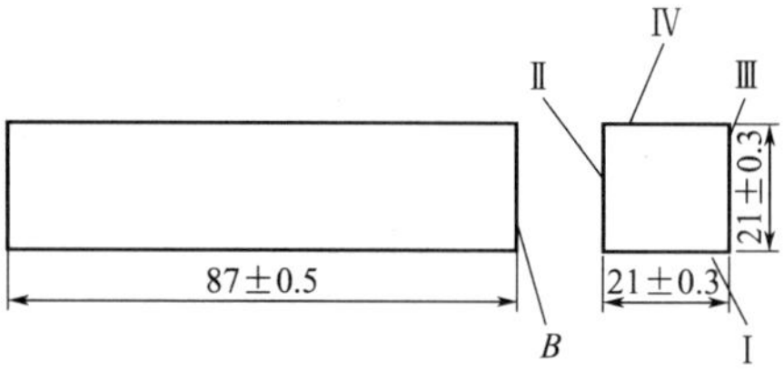 Ⅳ；Ⅱ；Ⅲ；21±0.3；87±0.5；21±0.3；B；Ⅰ	a. 锉Ⅰ面，锉平，Ra3.2 b. 锉Ⅱ面，锉平且垂直Ⅰ面、Ra3.2 c. 锉Ⅲ面，锉平，保证尺寸 21±0.3，且平行Ⅱ面，Ra3.2 d. 锉Ⅳ面，锉平，保证尺寸 21±0.3，且与Ⅰ面平行，Ra3.2 e. 锉端面 B，锉平并与Ⅰ、Ⅱ面垂直	平锉刀、钢板尺、直角尺、钳口铁、游标卡尺等
4. 锯锉斜面和倒角	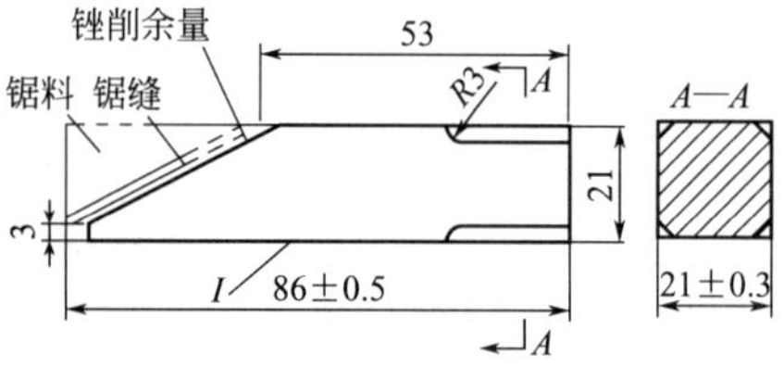 锉削余量；锯料 锯缝；53；R3；A；A—A；21；3；I；86±0.5；21±0.3；A	a. 以端面 B 和 I 面为基准划出锤头外形的加工界线，并用锯削方法去除余量 b. 锉斜面，达到尺寸 53、3，Ra3.2 c. 划 4 个 3×45°倒角和 4 个 R3 的加工界线 d. 用圆锉锉出 R3，用板锉锉出 3×45°倒角，并连接圆滑 e. 锉另一端面，保证尺寸 86±0.5	划规、划针、钢板尺、高度游标尺、锉刀、游标卡尺、直角尺等
5. 加工长圆孔	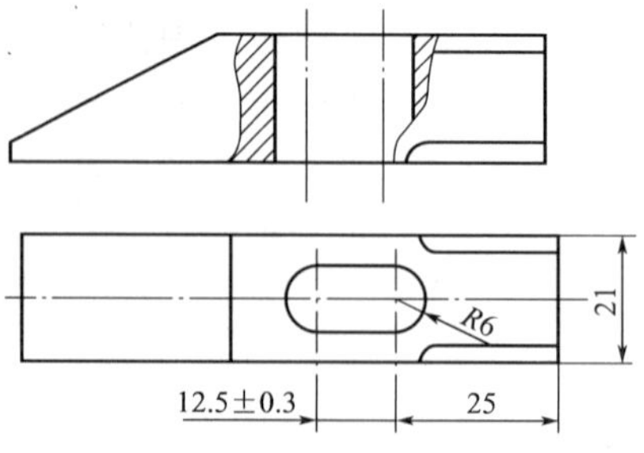 R6；21；12.5±0.3；25	a. 用高度游标卡尺划出圆心位置线，用划规划出所加工圆，打样冲眼 b. 选用 ϕ12 麻花钻，钻两 ϕ12mm 孔 c. 用异形锉锉通两孔，锉好长圆孔	划规、划针、样冲、钢板尺、锉刀、游标卡尺等
6. 整理、抛光	见手锤锤头零件图	a. 按手锤零件图进行精度复检，整理锉痕 b. 用砂布将各加工面全部抛光	锉刀、砂布等

④ 考核标准　手锤锤头加工质量考核见表1-2。

表 1-2　手锤锤头考核配分评分表

姓名		完成工时		成绩	
序号	考核项目	配分	评分标准	检测结果	得分
1	尺寸 21±0.3(2 处)	5×2	超差不得分		
2	手锤长度符合 86±0.5	8	超差不得分		
3	尺寸 53	3	超差不得分		
4	尺寸 25	3	超差不得分		
5	尺寸 22	3	超差不得分		
6	尺寸 3	3	超差不得分		
7	⊥ 0.03 (4 处)	3×4	超差不得分		
8	// 0.05 (2 处)	3×2	超差不得分		
9	*R*3 连接圆滑,无塌角(4 处)	2×4	超差不得分		
10	*Ra*3.2μm(6 处)	2×6	升高一级不得分		
11	整体外形美观,锉纹整齐一致	6	超差不得分		
12	使用工具恰当,不出现意外	8	违者每次扣 2 分		
13	安全文明生产,达 6S 要求	6	违者每次扣 2 分		
14	在指定时间内完成制作	12	提前不加分,每超 20 分钟扣 5 分		
合计		100			
检验员		计分员		时间	年　月　日

1.3　孔加工和螺纹加工

1.3.1　钻孔

钻孔是用钻头在实体材料上加工出孔的操作，钻孔适于加工精度要求不高的孔或进行孔的粗加工，加工精度一般在 IT11 以下，表面粗糙度在 *Ra*12.5μm 左右。

(1) 钻孔工具

钻头是钻孔的主要工具，此外还有钻夹头和钻头套等辅助工具。

① 钻头　钻头种类较多，有麻花钻、中心钻、扁钻和深孔钻等，其中麻花钻是钳工最常用的钻头之一。麻花钻如图 1-50 所示，它由柄部、颈部和工作部分组成。一般直径小于

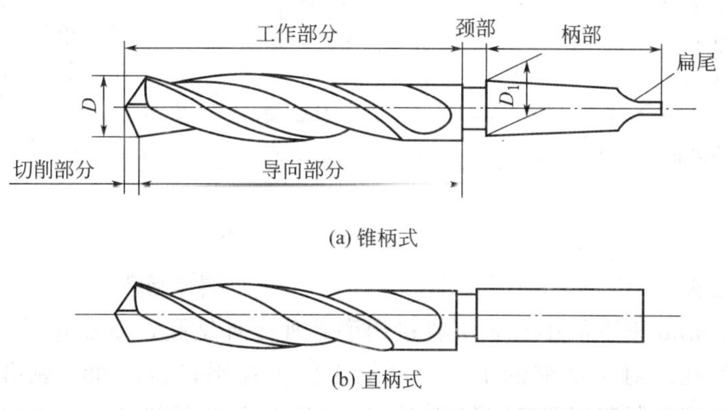

(a) 锥柄式

(b) 直柄式

图 1-50　麻花钻

ϕ13mm 的麻花钻做成直柄；大于或等于 ϕ13mm 的麻花钻做成锥柄，锥柄为莫式锥度。

② 钻夹头 钻夹头用于装夹直柄钻头，如图 1-51 所示。

③ 钻头套 钻头套又称过渡套筒，如图 1-52 所示，当钻头锥柄小于主轴锥孔时，需用钻头套装夹钻头来过渡连接，锥套的一端为锥孔，内接钻头锥柄，另一端为外锥面，用于连接钻床主轴的内锥孔。

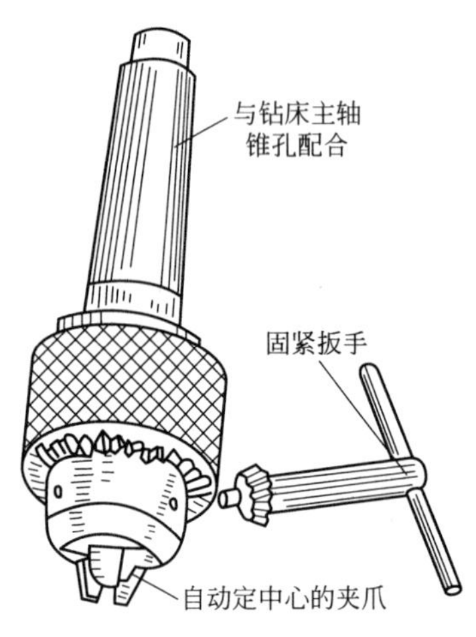

图 1-51 钻夹头

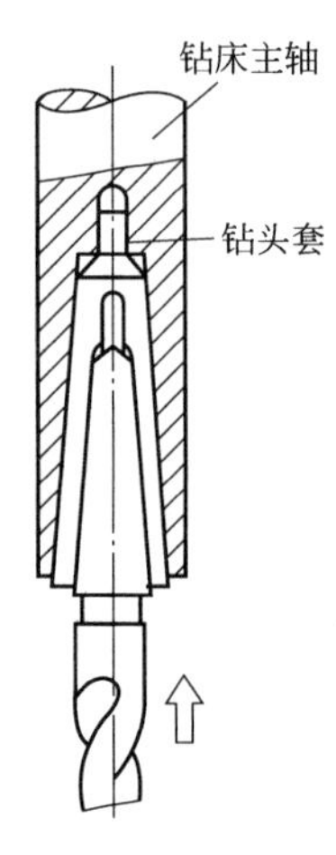

图 1-52 钻头套

(2) 钻头的安装与拆卸

安装钻头时，直柄钻头用钻夹头装夹，如图 1-53(a) 所示；锥柄钻头可以直接装入钻床主轴锥孔内，较小的钻头可用连接锥套安装，如图 1-53(b) 所示。

拆卸钻夹头的方法是将楔铁插入钻床主轴侧边的扁孔内，左手握住钻夹头，右手用锤子敲击楔铁，从而卸下钻夹头，如图 1-53(c) 所示。

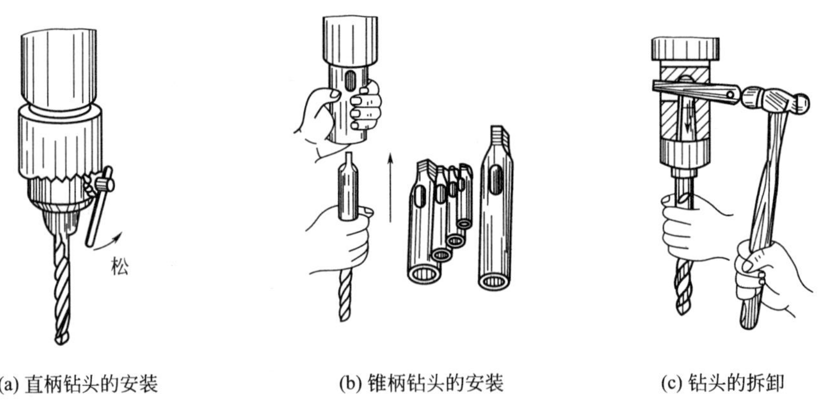

(a) 直柄钻头的安装 (b) 锥柄钻头的安装 (c) 钻头的拆卸

图 1-53 钻头的安装与拆卸

(3) 工件的装夹

一般直径在 ϕ8mm 以下的小孔，可直接用手拿住工件钻孔；直径超过 ϕ8mm 时，必须用台虎钳夹持工件钻孔。对于平整的工件，可把工件夹在平口台虎钳上钻孔；对于圆柱形工件，可把工件夹在带夹紧装置的 V 形铁上钻孔；对于不便用平口虎钳夹紧的工件，可在钻床工作台上用压板、螺栓和垫块把它固定后钻孔。如图 1-54 所示。

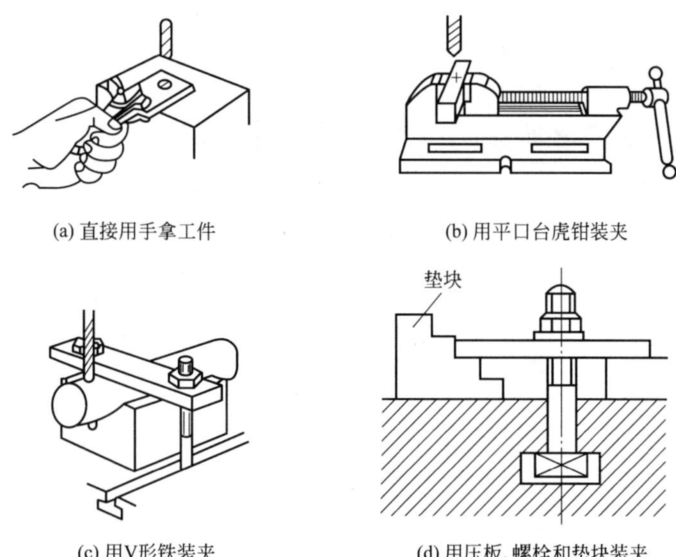

(a) 直接用手拿工件　(b) 用平口台虎钳装夹

(c) 用V形铁装夹　(d) 用压板、螺栓和垫块装夹

图 1-54　工件的装夹

(4) 钻孔操作步骤

钻孔操作步骤如下。

① 划线、打样冲眼　按钻孔的位置尺寸要求划出孔位置的十字中心线，然后打上样冲眼，样冲眼要正确、垂直，样冲眼的位置直接关系到起钻的定心位置。

② 试钻　用钻头在孔的中心试钻一个约孔径 1/4 的浅坑，检查浅坑与所划圆是否同心。如稍偏离，可移动零件找正，若偏离较多，可用尖凿或样冲在偏离的相反方向凿几条槽来纠正，如图 1-55 所示。当对中后方可钻孔。

③ 钻孔　钻孔时进给力不要太大，要时常抬起钻头排屑，同时加冷却润滑液，在孔将要被钻通之前减小进给量，采用手进给方式操作。

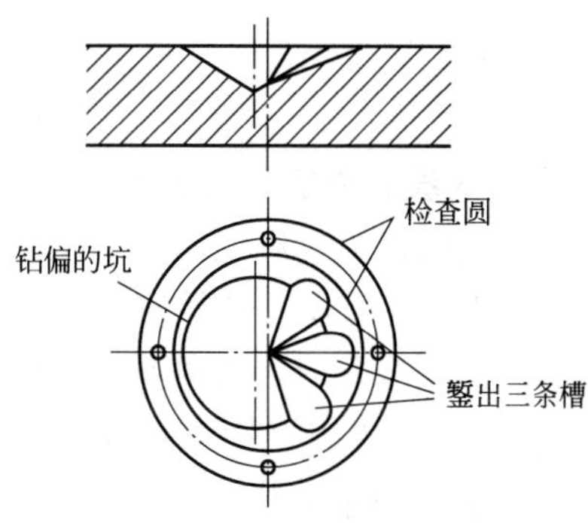

图 1-55　试钻方法

1.3.2　扩孔和铰孔

扩孔是用扩孔工具对已有孔（铸出、锻出或钻出的孔）进行扩大的加工方法；铰孔是用铰刀从孔壁上切除微量金属层，以提高孔的尺寸精度和表面质量的加工方法。

(1) 扩孔

扩孔如图 1-56(a) 所示，扩孔可以校正孔的轴线偏差，并使其获得正确的几何形状和较小的表面粗糙度。扩孔后尺寸精度可达 IT9～IT10，表面粗糙度可达 $Ra3.2 \sim 6.3\mu m$。扩孔可用钻头扩孔，但当孔精度要求较高时常用扩孔钻，扩孔钻如图 1-56(b) 所示。

(2) 铰孔

铰孔是应用较普遍的孔的精加工方法之一，铰孔后尺寸精度可达 IT7～IT9，表面粗糙度可达 $Ra0.8 \sim 3.2\mu m$。

① 铰刀　铰刀是一种尺寸精确的多刃刀具。铰刀按使用方法不同分为机用铰刀和手用铰刀两种，钳工常用手用铰刀进行铰孔，手用铰刀结构如图 1-57 所示。

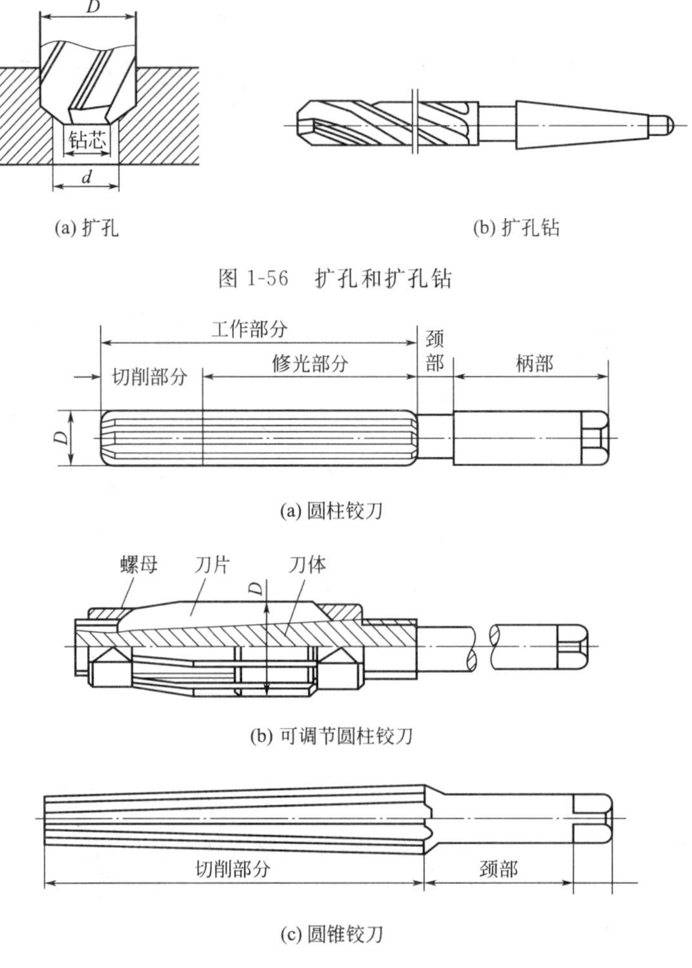

(a) 扩孔

(b) 扩孔钻

图 1-56　扩孔和扩孔钻

(a) 圆柱铰刀

(b) 可调节圆柱铰刀

(c) 圆锥铰刀

图 1-57　手用铰刀

② 手动铰孔方法　将铰刀插入孔内，两手握铰杠手柄，顺时针转动并稍加压力，使铰刀慢慢向孔内进给，注意两手用力要平衡，使铰刀铰削时始终保持与零件垂直。铰刀退出时，铰刀不能反转，应边顺时针转动边向外拔出。反转会使切屑扎在孔壁和铰刀的刀齿后刀面之间，将已加工的孔壁刮毛；同时也使铰刀容易磨损，甚至崩刃。

1.3.3　攻螺纹和套螺纹

用丝锥在工件孔中切削出内螺纹的加工方法称为攻螺纹，用板牙在圆柱杆上切削出外螺纹的加工方法称为套螺纹。

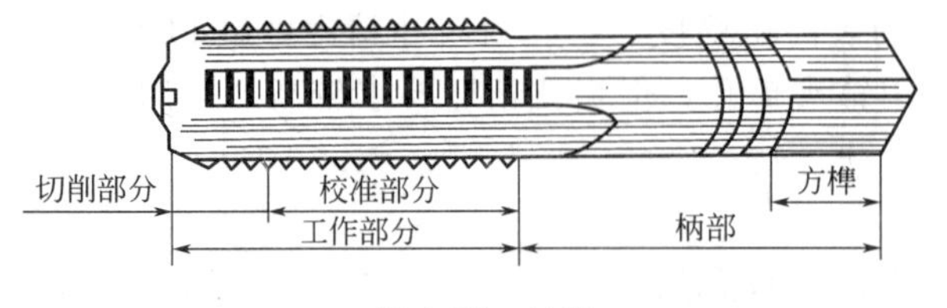

图 1-58　丝锥

(1) 攻螺纹（攻丝）

① 攻螺纹工具　攻螺纹工具有丝锥和铰杠。

丝锥是专门用来加工小直径内螺纹的成形刀具，如图 1-58 所示。它由工作部分和柄部组成。丝锥有 3～4 条容屑槽容纳切屑，并形成切削刃和前角。容屑槽有直槽和螺旋槽两种，螺旋槽有左旋和右旋之分（控制切屑流向）。丝锥一般由两支或三支组成，分别称为头锥、二锥和三锥。攻螺纹时，每支丝锥依次切削分担切削量，以减轻每支丝锥单齿切削负荷。

铰杠是手动攻螺纹时夹持丝锥的工具，按照中心方孔尺寸是否可调，铰杠分为固定式和可调式两种，常用的是可调式铰杠，如图1-59所示。使用时，铰杠的规格应与丝锥大小相适应，小丝锥不可采用大的铰杠，否则会使丝锥折断。

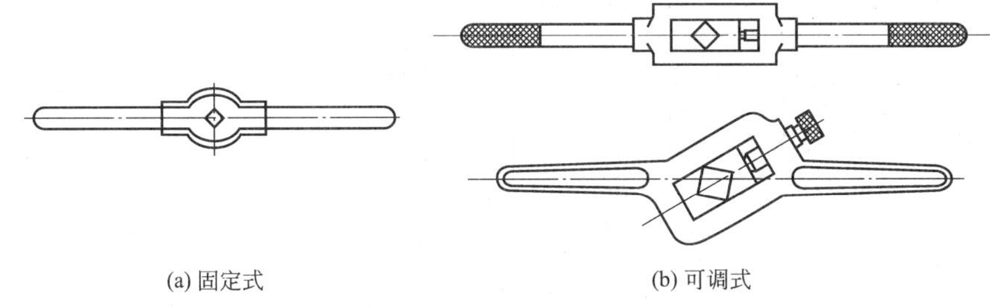

(a) 固定式　(b) 可调式

图1-59 手用铰杠

② 攻螺纹底孔直径和深度的确定　攻螺纹前首先要计算钻底孔的直径和深度。

螺纹底孔直径必须略大于螺纹标准规定的螺纹小径，其值要根据工件材料的塑性大小和钻孔的扩张量来考虑。钻普通螺纹底孔确定其直径大小时可参考下列经验公式计算。

加工钢和塑性较大的材料，扩张量中等的条件下

$$D=d-P$$

式中 D——螺纹底孔直径，mm；

d——螺纹外径，mm；

P——螺纹螺距，mm。

加工铸铁和塑性较小的材料，扩张量较小的条件下

$$D=d-(1.05\sim1.1)P$$

螺纹底孔直径也可从有关手册上查得。

攻不通孔螺纹时，由于丝锥切削部分有锥角，端部不能切出完整的螺纹牙型，所以钻孔深度要大于所需螺纹的有效长度，钻孔深度可按以下经验公式计算

$$L=L_0+0.7d$$

式中 L——钻孔深度，mm；

L_0——螺纹有效长度，mm；

d——螺纹外径，mm。

③ 攻螺纹的操作方法　先依图样划线，打定心冲眼，选择钻头钻底孔，孔口倒角。然后双手转动板牙铰杠，沿丝锥中心线加压力并顺时针转动板牙铰杠起削，当切入1～2圈时，从两个相互垂直的方向检测并校正丝锥的位置；当丝锥位置与螺纹底孔端面垂直后，轴向就不再加压力。两手均匀转动板牙铰杠。每旋进1/2～1圈时，反转1/4～1/2圈，使切屑碎断后排出；使用成套丝锥应以头锥、二锥、三锥顺序攻制。攻制钢材的螺纹时，要注意加冷却润滑液，以减小切削阻力，以便减小所加工螺纹的表面粗糙度和延长丝锥的

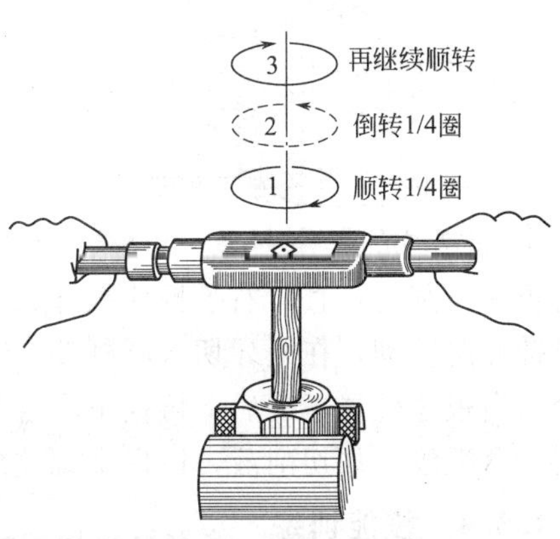

图1-60 手工攻螺纹的方法

使用寿命。攻螺纹方法如图 1-60 所示。

（2）套螺纹

① 套螺纹工具　套螺纹工具有圆板牙和板牙铰杠。

圆板牙如图 1-61 所示，圆板牙的外形像一个圆螺母，只是上面钻有几个排屑孔，并形成刀刃。

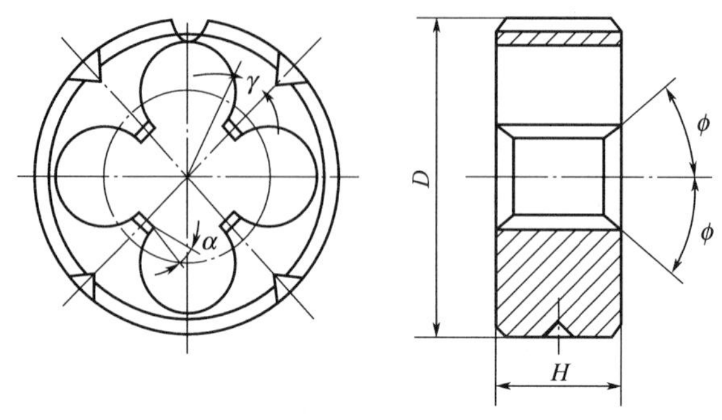

图 1-61　圆板牙

板牙铰杠是装夹圆板牙的工具，如图 1-62 所示。板牙放入后，用螺钉紧固。

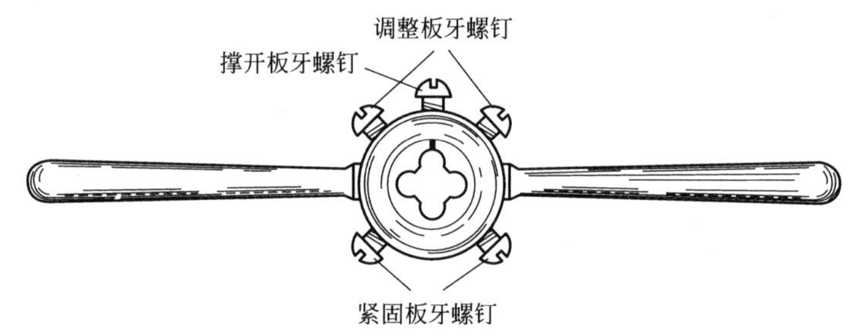

图 1-62　板牙铰杠

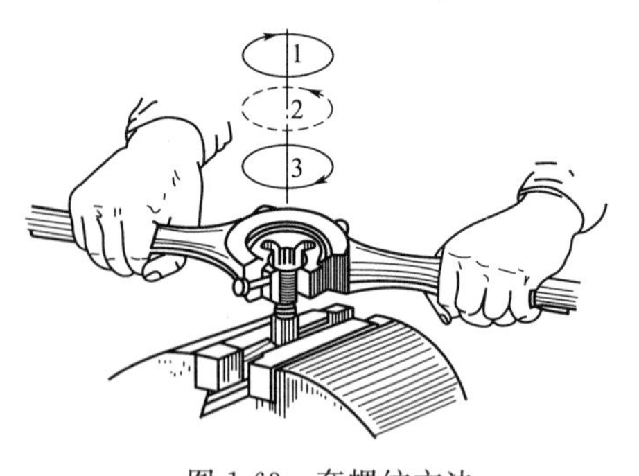

图 1-63　套螺纹方法

② 套螺纹前圆杆直径的确定　与丝锥攻螺纹一样，用板牙在工件上套螺纹时，工件材料同样因挤压而变形，牙顶将被挤高一些，因此，套螺纹前圆杆直径应稍小于螺纹的公称直径。确定圆杆的直径可直接查表，也可按经验公式计算

$$D_0 = d - 0.13P$$

式中　D_0——圆柱杆直径，mm；

d——螺纹外径，mm；

P——螺纹螺距，mm。

③ 套螺纹的操作方法　套螺纹的方法如图 1-63 所示，将板牙套在圆杆头部倒角处，并保持板牙与圆杆垂直，右手握住板牙铰杠的中间部分，加适当压力，左手将板牙铰杠的手柄顺时针方向转动，在板牙切入圆杆 2～3 圈时，应检查板牙是否歪斜，发现歪斜，应纠正后再套，当板牙位置正确后，再往下套就不加压力。套螺纹和攻螺纹一样，应经常倒转以切断切屑。套螺纹应加切削液，以保证螺纹的表面粗糙度要求。

1.3.4　技能训练

训练任务：制作图 1-64 所示六角螺母，材料 45 钢，工时 12h。

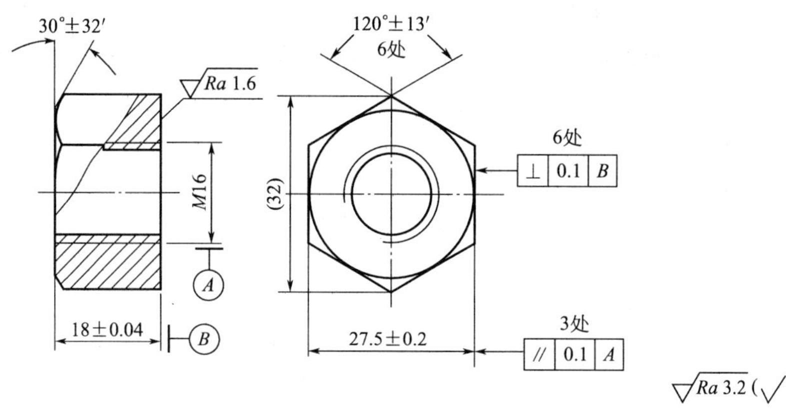

图 1-64　六角螺母

① 备料　材料 45 钢，毛坯尺寸 ϕ32mm×50mm。

② 工量具　主要有钢尺、手锯、粗平锉刀、游标卡尺、直角尺、划规、划针、样冲、钻头、多角样板尺。

③ 加工步骤　按表 1-3 所示步骤加工六角螺母。

表 1-3　六角螺母加工步骤　　mm

工序	加工简图	加工内容	工量具
1. 备料	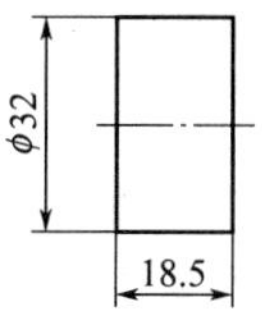	锯切 ϕ32、长 18.5 的 45 圆钢	棒料、钢直尺、钢锯等
2. 锉基准面	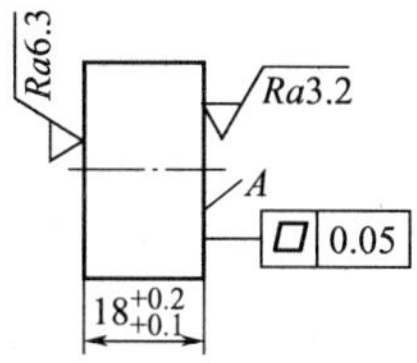	粗、精锉基准面 A，达到平面度和表面粗糙度要求，并做好标记	粗平锉刀、游标卡尺、直角尺
3. 锉另一端面	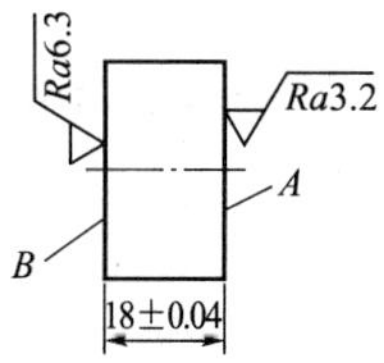	以 A 面为基准，粗锉、精锉相对面，达到尺寸公差、平行度和表面粗糙度的要求	粗平锉刀、游标卡尺、直角尺
4. 划线	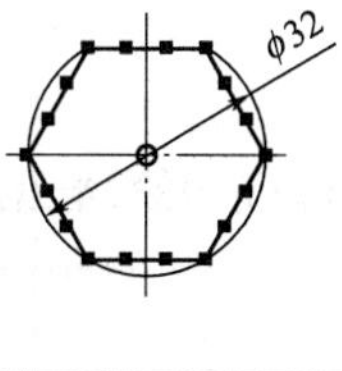	a. 在工件端面 A 上，按图样要求划线 b. 加工划线打 ϕ0.3 样冲眼，在圆心用 ϕ4 麻花钻钻通孔	划规、直角尺、划针、样冲、钻头

续表

工序	加工简图	加工内容	工量具
5. 锉六个侧面	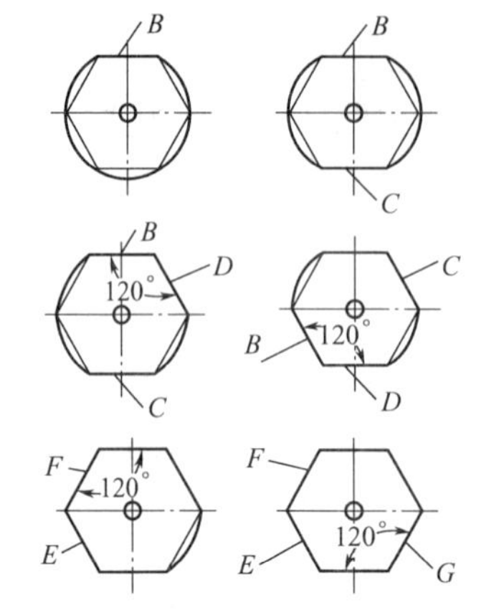 B　B　C　B　D　120°　C　120°　B　C　D　F　120°　E　F　120°　E　G	a. 任选一面粗锉、精锉，达到平面度、表面粗糙度以及与 A 面垂直度等要求，作为基准面 B b. 锉 B 的相对面 C，达到平行度、平面度、表面粗糙度及与 A 面垂直度要求 c. 锉 B 的相邻面 D，达到平面度、表面粗糙度及与 A 面垂直度要求，并以 B 面为基准，锉准 120° d. 按对边加工顺序锉其余三边，达到要求	锉刀、游标卡尺、直角尺、多角样板尺等
6. 钻孔和攻螺纹	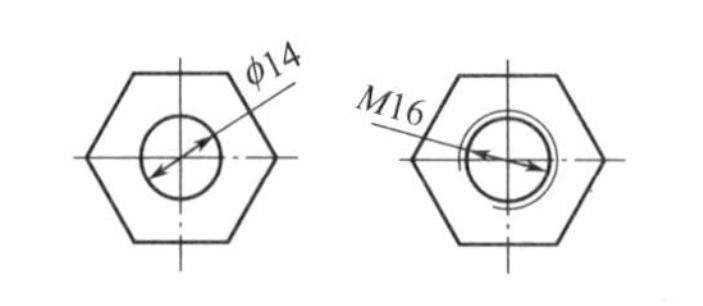 $\phi14$　M16	a. 钻 $\phi14$ 的孔 b. 攻螺纹 M16	$\phi14$ 钻头、M16 的丝锥(1、2 攻)、直角尺
7. 倒角	见零件图尺寸	锉 30°圆弧角	锉刀
8. 精修平面	见零件图尺寸	修整螺母高度、对应边尺寸，理顺加工纹路、达到纹理齐整，表面光洁	锉刀、游标卡尺、直角尺

④ 考核标准　六角螺母加工质量考核见表 1-4。

表 1-4　六角螺母考核配分评分表

姓名		完成工时		成绩	
序号	考核项目	配分	评分标准	检测结果	得分
1	尺寸 18±0.04	5	超差不得分		
2	尺寸 27.5±0.2(3 组)	5×3	超差不得分		
3	120°±13′(6 处)	3×6	超差不得分		
4	平行度 0.10(3 组)	2×3	超差不得分		
5	垂直度 0.10(6 面)	1×6	超差不得分		
6	Ra3.2(5 面)	1×5	升高一级不得分		
7	Ra1.6	2	升高一级不得分		
8	30°±32′	2	超差不得分		
9	平面度 0.05(6 处)	1×6	超差不得分		
10	整体外形美观，锉纹整齐一致	6	超差不得分		
11	使用工具恰当，不出现意外	8	违者每次扣 2 分		
12	安全文明生产，达 6S 要求	6	违者每次扣 2 分		
13	在指定时间内完成制作	15	提前不加分，每超 20min 扣 5 分		
合计		100			
检验员		计分员		时间	年　月　日

1.4　刮削和装配

1.4.1　刮削

用刮刀在已加工工件表面上刮去一层很薄的金属，以提高工件的表面质量和形位精度的操作称为刮削。刮削是钳工的精密加工方法，一般在机械加工之后进行，能消除零件表面机械加工遗留下来的走刀痕迹和细微不平，使表面平整而美观，同时提高零件表面精度和降低表面粗糙度，刮削后的零件表面粗糙度值可达 $Ra1.6\mu m$ 以下，还可以增加零件配合表面的接触面积，改善支承和接触状态，从而减少配合面之间的摩擦和磨损，提高零件的使用寿命。刮削后零件表面的精度以每 25mm×25mm 的面积内均匀分布接触点的数目来表示，接触点的数目愈多，刮削精度愈高。而且零件工作表面上能刮出花纹，既美观又能储存润滑油，还对表面起保护作用，所以刮削主要用于相互配合要求高的滑动表面，如划线平台、机床导轨和滑动轴承配合面等。

(1) 刮削工具

刮削工具主要是刮刀、校准工具和显示剂等。

① 刮刀　刮刀有平面刮刀和曲面刮刀两种。

平面刮刀用于刮削平面和刮花，一般多采用 T10A、T12A 钢制成。常用的平面刮刀有直头和弯头两种，如图 1-65 所示。

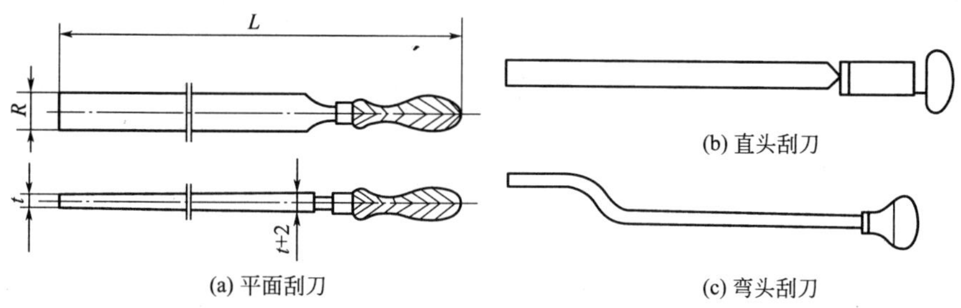

图 1-65　平面刮刀

曲面刮刀用于刮削内曲面，常用的有三角刮刀、柳叶刮刀和蛇头刮刀，如图 1-66 所示。

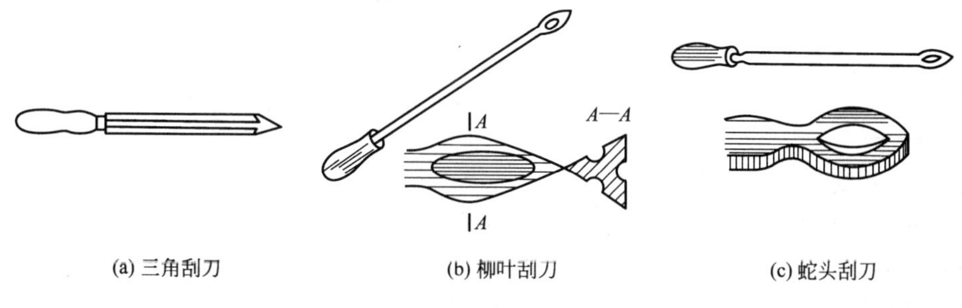

图 1-66　曲面刮刀

② 校准工具　校准工具也称研具，是推磨研点和检查刮削面准确性的工具。常用有校准平板、校准直尺、角度直尺以及根据被刮面形状设计制造的专用校准型板等，如图 1-67 所示。

③ 显示剂　工件和校准工具对研时，在其中间涂上一层有颜色的涂料，经过对研，凸

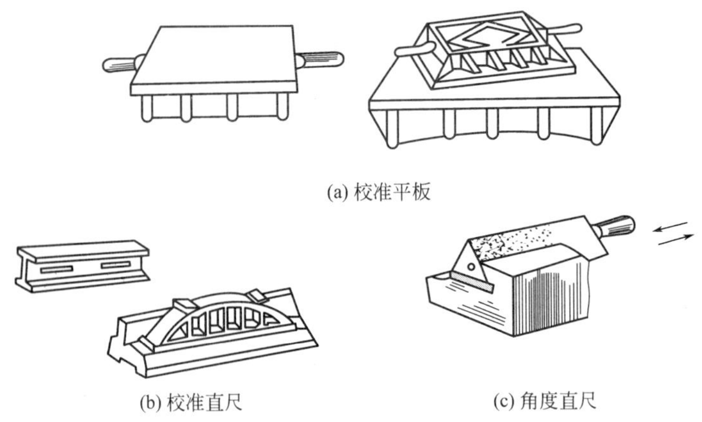

(a) 校准平板

(b) 校准直尺　(c) 角度直尺

图 1-67　校准工具

起处就显示出点子，根据显点用刮刀刮去。中间涂上的涂料称为显示剂，其作用是显示工件误差的位置和大小。常用的显示剂叫红丹粉，刮削时，红丹粉可涂在工件表面上，也可涂在校准工具上，但要保持清洁，不能混进砂粒等污物。

（2）刮削余量

由于刮削加工每次只能刮去很薄的一层金属，因此要求工件在机械加工后留下的刮削余量不宜太大，刮削前的余量一般约在 0.05～0.4mm 之间，具体数值根据工件刮削面积大小而定，见表 1-5。

表 1-5　刮削余量　mm

平面的刮削余量					
平面宽度	平面长度				
	100～500	500～1000	1000～2000	2000～4000	4000～6000
100 以下	0.10	0.15	0.20	0.25	0.30
100～500	0.15	0.20	0.25	0.30	0.40

孔的刮削余量			
孔径	孔长		
	100 以下	100～200	200～300
80 以下	0.05	0.08	0.12
80～180	0.10	0.15	0.25
180～360	0.15	0.20	0.35

（3）平面刮削方法与步骤

① 平面刮削方法　平面刮削方法有手刮法和挺刮法两种。

手刮法姿势如图 1-68(a) 所示。刮削时，右手握刀柄，左手四指向下握住近刮刀头部约 50mm 处，刮刀与被刮削表面成 25°～30°角度，同时，左脚前跨一步，上身随着往前倾斜，使刮刀向前推进，左手下压，落刀要轻，当推进到所需要位置时，左手迅速提起，完成一个手刮动作。

挺刮法姿势如图 1-68(b) 所示。刮削时，将刮刀柄放在小腹右下侧，双手并拢握在刮刀前部距刀刃约 80mm 处，左手下压，利用腿部和臀部力量，使刮刀向前推进，在推动到位的瞬间，同时用双手将刮刀提起，完成一个刮削动作。

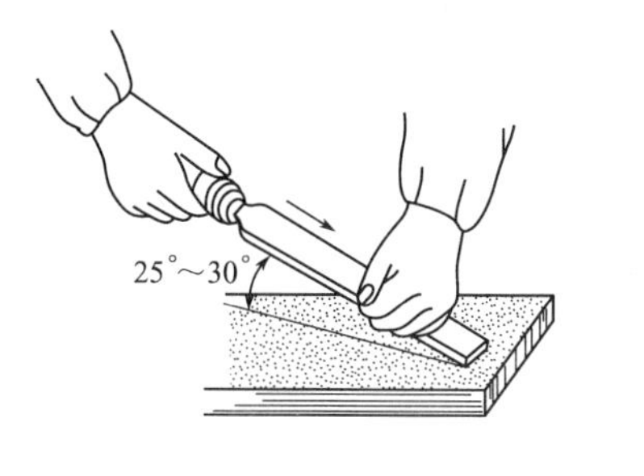

(a) 手刮法

(b) 挺刮法

图 1-68　平面刮削方法

② 平面刮削的步骤　平面刮削一般要经过粗刮、细刮、精刮和刮花纹四个步骤。

粗刮是用粗刮刀在刮削面上均匀地铲去一层较厚的金属，可以采用连续推铲的方法，刀迹要连成长片。刮削后零件表面上接触点达到每 25mm×25mm 的方框内有 2～3 个研点。

细刮是用精刮刀在刮削面上刮去稀疏的大块研点（俗称破点），细刮后零件表面上接触点达到每 25mm×25mm 的方框内有 12～15 个研点。

精刮就是用精刮刀更仔细地刮削研点（俗称摘点），精刮后零件表面上接触点达到每 25mm×25mm 的方框内有 20 个以上研点。

刮花纹是用刮刀在刮好的平面上刮出有规律的、装饰性的花纹。

（4）曲面刮削方法与步骤

曲面刮削一般是指滑动轴承的轴瓦、衬套等零件的内圆弧面的刮削。曲面刮削的方法和步骤与平面刮削基本相同，只不过是选用三角刮刀或蛇头刮刀进行刮削，根据刮刀手柄长短的不同，刮削姿势也有区别，如图 1-69 所示。

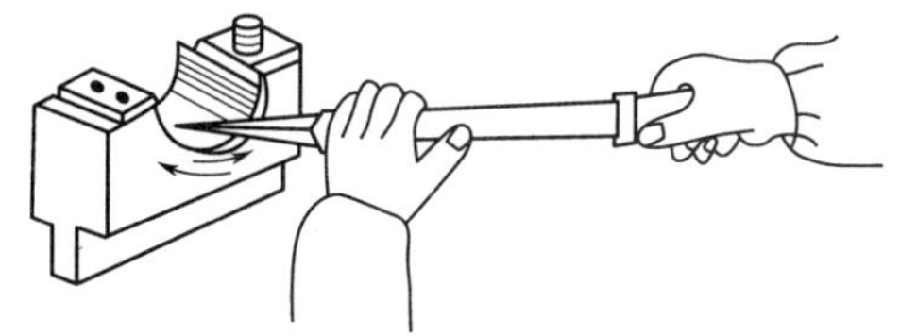
(a) 短刀柄刮削姿势

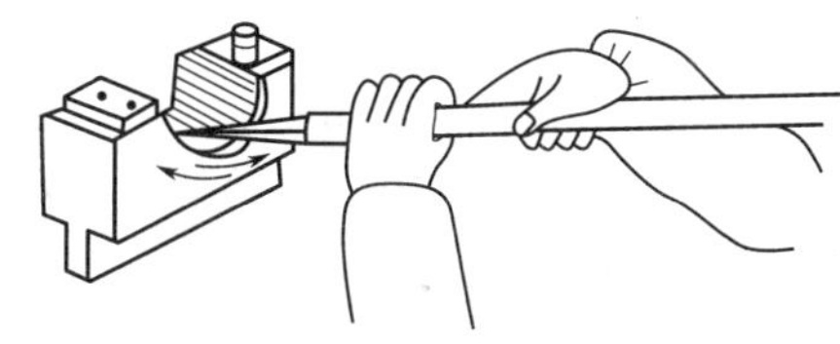
(b) 长刀柄刮削姿势

图 1-69　曲面刮削方法

曲面刮削的步骤也有粗刮、细刮、精刮和刮花纹四个步骤。刮削时，控制好刮刀和圆弧面的接触角度和压力，刮刀在圆弧面内随圆弧运动，刀迹应和圆弧面中心线成 45°角，第二遍刮削要和第一遍刮削垂直交叉进行。粗刮时刮刀的每次行程约 10mm，细刮时刮刀的行程约为粗刮行程的一半。刮削后使零件表面上的接触点在两端多些，一般每 25mm×25mm 面积内有 12～15 个，中间少些，一般每 25mm×25mm 面积内有 6～8 个，这样利于建立油膜，同时还要保证轴孔的配合要求。

1.4.2　机械装配

将合格的零件或零部件按照规定的技术要求，经过调整、检验和试运转，组装成部件或机器，这一过程称为机械装配。机械装配是机器制造中的最后一道工序，装配工作的好坏，对机械能否正常运转、设计性能指标的实现和机械设备的使用寿命等都有很大的影响，因此，机械装配是钳工一项非常重要的工作。

机械装配一般分为组件装配、部件装配和总装配。组件装配是指将若干个分散的零件安装在一个基础零件上而构成组件的过程，如减速器传动轴组件的装配。部件装配是指将若干个零件和组件安装在另一个基础零件上而构成独立的机构即部件的过程，如机器减速器部件的装配。总装配是指将零件、组件、部件连接成一台整体机器或设备的过程。

机械装配要注意保证装配精度和重视装配工作的密封性。

（1）机械装配的工艺过程

机械装配的工艺过程包括机械装配前的准备、装配、调整、检验和试车。

① 机械装配前的准备工作　即要熟悉装配图样、工艺要求和技术文件，了解所装配机械的用途、结构、工作原理、各个零部件的作用、相互关系、连接方法等，掌握它们的数量、重量及其装配的空间位置。制定装配工艺规程，确定装配方法和顺序，准备装配需要的材料、工具、量具等。对零件进行检验、清洗，有的零件还要进行刮削、錾油槽、修配等补充加工和静动平衡试验、渗漏试验、气密性试验等。

② 装配工作　装配要严格按照装配工艺认真、细致地进行，一般步骤是先组件装配，再部件装配，最后机器的总装配。装配还要从里到外，从下到上，以不影响下一道装配工序为原则。

③ 检验、调整和试运转　机械装配后要进行检验和调整。检验要根据设计的技术要求对机器进行全面的检测，包括静态时的几何精度检测和动态时的工作精度检测。不合格必须调整，通过调整运动副间的间隙和相关零部件之间的位置精度，使机械设备达到规定的技术要求。最后按设计要求进行试运转，来检查机械设备的动态性能。

（2）机械装配的方法

为了保证机械装配精度，按照有关技术要求、产品结构、生产条件和生产批量不同，常用的装配方法有以下几种。

① 完全互换装配法　零件无需选择修整，即达装配要求。装配过程简单，生产率高，精度要求不高或大批量生产中应用。

② 选择装配法　分为直接选配法和分组选配法。直接选配法是工人凭经验挑选合适零件试凑的装配方法；分组选配法是先将互配零件测量和分组，然后按对应组零件装配。一般用于组成环少，大批量生产，对精度要求高的场合。

③ 修配装配法　装配时，修去指定零件上的预留修配量，以达到装配精度的装配方法。一般用于单件、小批量生产，装配精度高的场合。

④ 调整装配法　装配时用改变调整件在机器结构中的相对位置或选用合适的调整件来达到装配精度的装配方法。除必须采用分组装配的精密配件外，调整法一般可用于各种装配场合。

（3）典型连接件的装配

① 滚动轴承的装配　滚动轴承的装配多数为较小的过盈配合，装配时可采用锤击或压力机压入等压装配合法，对于过盈量较大的配合，采用温差法装配。

滚动轴承的装配要点如下。

a. 装配前清洗、检查滚动轴承，检查和滚动轴承相配合的轴颈的尺寸精度、表面粗糙度等，确定装配方法。

b. 装配前在滚动轴承、和滚动轴承相配合的零件表面涂抹一层润滑油，以利于装配。

c. 无论采用哪种方法装配滚动轴承，压力只能施加在过盈配合的套圈上，不允许通过滚动体传递压力。

d. 装配时一般将滚动轴承上带有标记的一端向外，便于检查型号。

e. 采用压装配合时，在锤子或压力机等施力体和滚动轴承受力套圈之间要垫上材料比较软的套筒、铜棒等，避免滚动轴承受到损伤。

f. 采用温差法装配时，滚动轴承的加热温度为80～100℃，加热时间根据滚动轴承的大小而定，一般为10～30min，冷却温度不得低于－80℃。

② 螺纹连接的装配　螺纹连接是一种可拆卸的固定连接，常见的螺纹连接件有螺钉、螺母、双头螺栓等，螺纹连接形式如图1-70所示。

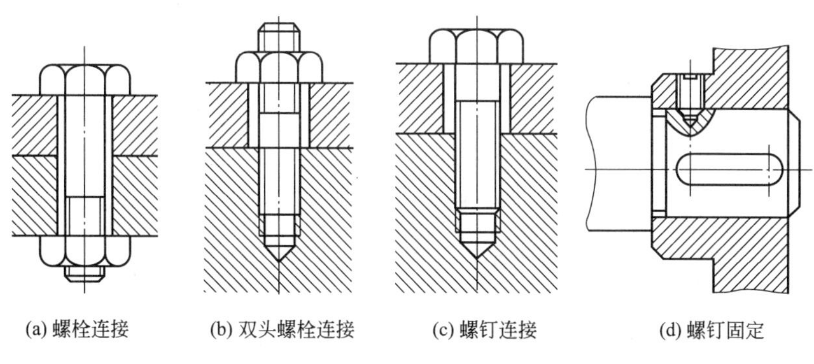

图1-70　螺纹连接形式

螺纹连接装配要点如下。

a. 做好被连接件和连接件的清洁工作。

b. 装配时应做到用手自由旋入，过紧咬坏螺纹，过松螺纹易断。对于一般的螺纹连接可用普通扳手拧紧。而对于有规定预紧力要求的螺纹连接，为了保证规定的预紧力，常用测力扳手或其他限力扳手以控制扭矩，如图1-71所示。

c. 螺栓、螺母端面应与螺纹轴线垂直以便受力均匀，螺杆不产生弯曲变形。

d. 成组螺钉或螺母拧紧时，为了保证零件贴合面受力均匀，应根据连接件的形状及分布情况，按一定顺序来旋紧，并且不要一次旋紧，要分两次或三次完成。如可按图1-72所示的编号顺序逐次拧紧。

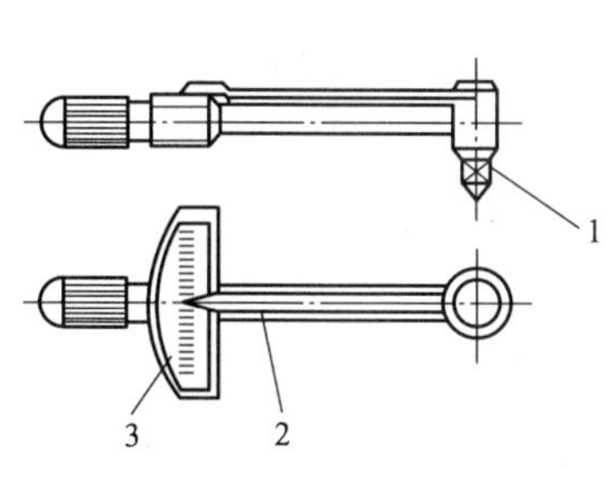

图1-71　测力扳手

1—扳手头；2—指示针；3—读数

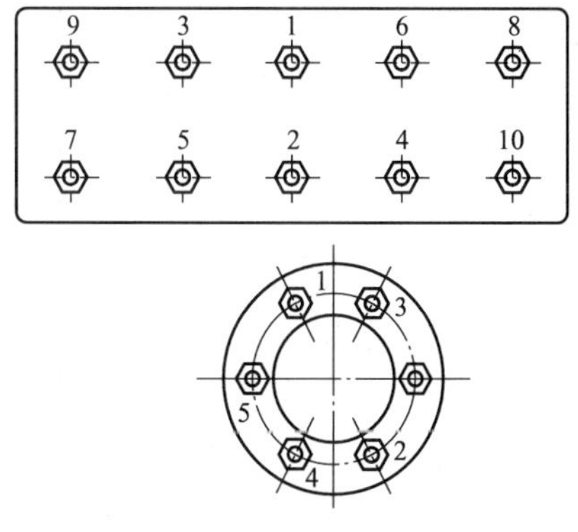

图1-72　拧紧成组螺母顺序

e. 螺母与被连接件的贴合面应平整光洁，否则螺纹容易松动。为提高贴合面质量，可加垫圈。在工作中有振动或冲击时，为防止螺纹连接的松动，可用弹簧垫圈、双螺母、开口销、止退垫圈和串联钢丝等防松装置，如图1-73所示。

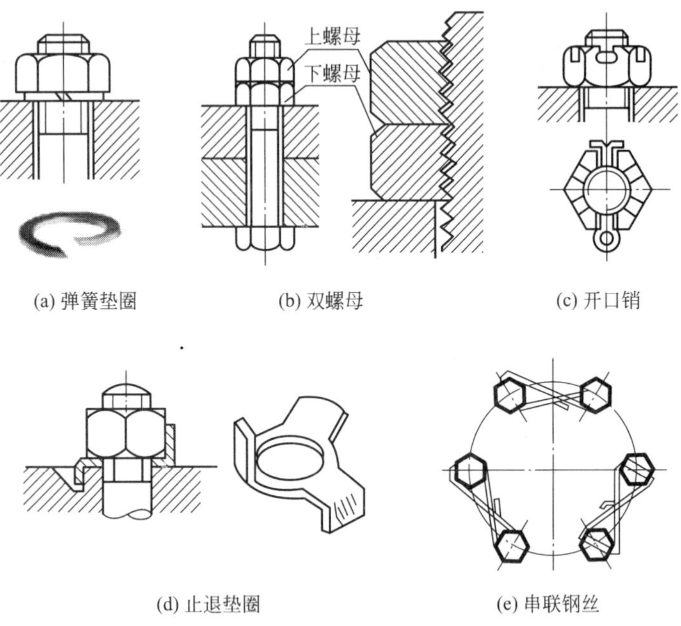

(a) 弹簧垫圈　(b) 双螺母　(c) 开口销

(d) 止退垫圈　(e) 串联钢丝

图 1-73　螺母防松装置

1.5　钳工中级技能强化训练

(1) 六角外镶配合件的制作

训练任务：制作图 1-74 所示六角外镶配合件，材料 Q235，工时 6h。

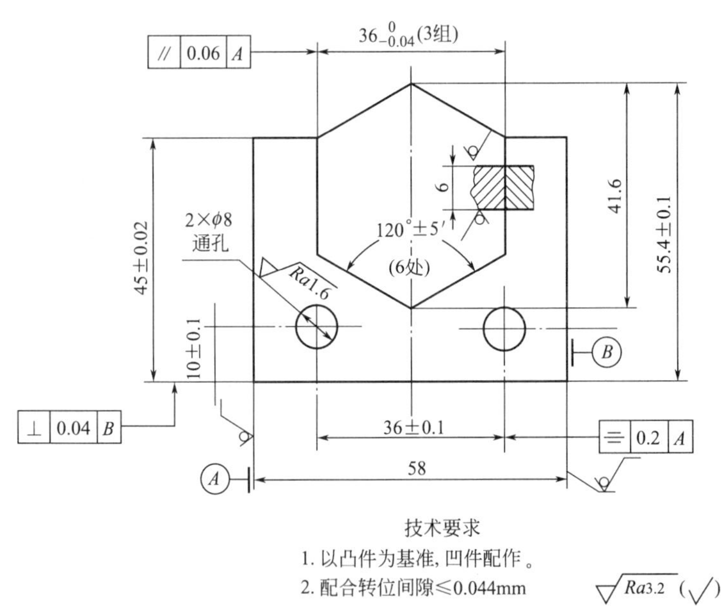

图 1-74　六角外镶配合件

① 下料　毛坯尺寸 (60±0.1) mm× (87±0.1) mm，厚度 6mm，材料 Q235。

② 操作过程

a. 检测坯料情况，作必要修整。

b. 划出凹、凸件加工线，锯割分料。

c. 加工凸件。用手锯去除多余的材料 $36_{-0.04}^{0}$ mm，再用锉刀加工，达到尺寸和角度要求。

d. 加工凹件。划出凹件各面加工位置线；钻排孔去除余料，粗锉接近尺寸线；锉削外形尺寸（45±0.02)mm 和两侧面，并用凸件试塞，达到要求；以两侧为导向，以凸件为基准修锉 120°角，达到配合间隙要求；作转位试配、修整；划线，钻、铰孔。

e. 去毛刺，全面复检精度要求。

f. 交检。

③ 安全及注意事项　穿好工作服进入车间；加工六角时，三组尺寸 $36_{-0.04}^{0}$ mm 间的误差值应尽可能小，同时要保证平行和角度准确；注意清角；按操作规程正确操作；做到 6S 要求。

④ 考核标准　六角外镶配合件加工质量考核见表 1-6。

表 1-6　六角外镶配合件考核配分评分表

姓名		完成工时		成绩		
序号	考核项目		配分	评分标准	检测结果	得分
1	凸件	$36_{-0.04}^{0}$(3 组)	5×3	超差不得分		
2		120°±5′(6 处)	1.5×6	超差不得分		
3		Ra3.2(6 处)	0.5×6	升高一级不得分		
4	凹件	45±0.02	4	超差不得分		
5		⊥ 0.04 B	3	超差不得分		
6		// 0.06 A	3	超差不得分		
7		Ra3.2(6 处)	0.5×6	升高一级不得分		
8		2×ϕ8	1.5×2	超差不得分		
9		10±0.1	2	超差不得分		
10		36±0.1	6	超差不得分		
11		⌯ 0.2 A	5	超差不得分		
12		Ra1.6(2 处)	2	升高一级不得分		
13	配合	间隙≤0.04(24 面)	1×24	超差不得分		
14		55.4±0.1(6 次)	1×6	超差不得分		
15	其他	在指定时间内完成制作	6	每延迟 10min－2 分		
16		安全文明生产,达 6S 要求	1×6	每差一个 S－1 分		
合计			100			
检验员		计分员		时间	年　月　日	

(2) 燕尾转位配合件的制作

训练任务：制作图 1-75 所示燕尾转位配合件，材料 Q235，工时 6h。

① 下料　按图 1-76 所示坯料图下料。

② 操作过程

a. 检查坯料情况，做必要修整。

b. 按图样划出凹、凸件的全部加工线，锯割分料。

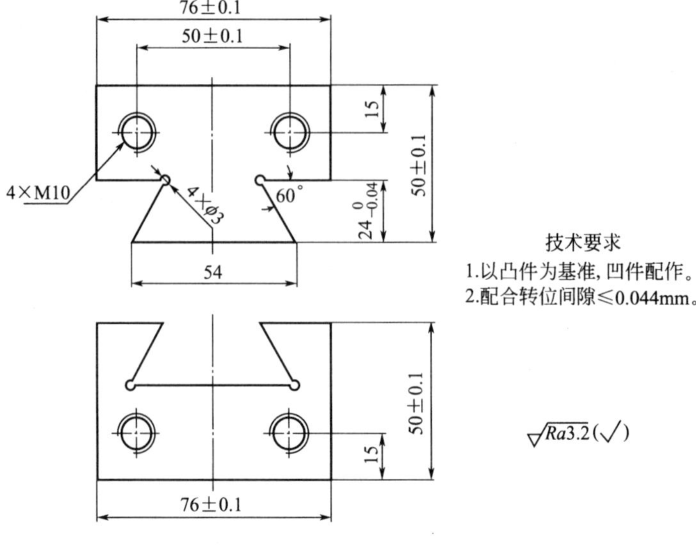

图 1-75　燕尾转位配合件

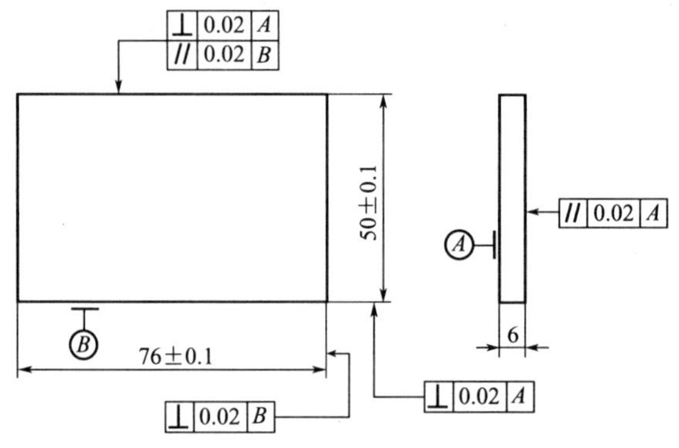

图 1-76　燕尾转位配合件坯料图

c. 加工凸件：钻 ϕ3mm 工艺孔；加工左燕尾，保证角度准确；加工右燕尾，达到图纸要求；加工外形尺寸（50±0.1)mm、(76±0.1)mm，达到尺寸公差；划线，钻、铰孔；去毛刺，检查。

d. 加工凹件：钻排孔去除余料，粗锉接近尺寸线；以凸件为基准配锉凹件直角边和其余各边，达到配合互换要求。

e. 凹凸件配合后划出孔距尺寸线，钻、铰孔。

f. 去毛刺，全面复检。

③ 安全注意事项　穿好工作服进入车间；加工凹件一定要保证左右对称；按操作规程正确操作；做到 6S 要求。

④ 考核标准　燕尾转位配合件加工质量考核见表 1-7。

(3) 双凸形镶配件的制作

训练任务：制作图 1-77 所示双凸形镶配件，材料 Q235，工时 8h。

① 下料　按图 1-78 所示坯料图下料。

② 操作过程

a. 检查坯料尺寸，作必要修整。

表 1-7　燕尾转位配合件考核配分评分表

姓名		完成工时			成绩	
序号	考核项目		配分	评分标准	检测结果	得分
1	凸件	76±0.1	5×3	超差不得分		
2		50±0.1	2.5×6	超差不得分		
3		54	0.5×6	超差不得分		
4		15	4	超差不得分		
5		50±0.1	3	超差不得分		
6		*Ra*3.2(8处)	3	升高一级不得分		
7		M10(2处)	0.5×6	超差不得分		
8	凹件	*Ra*3.2(8处)	1×8	升高一级不得分		
9		76±0.1	6	超差不得分		
10		50±0.1	6	超差不得分		
11		15	3	超差不得分		
12		M10(2处)	2×2	超差不得分		
13	配合	间隙≤0.06(5面)	2×5	超差不得分		
14		60°±8′	5	超差不得分		
15	其他	在指定时间内完成制作	6	每延迟10min－2分		
16		安全文明生产，达6S要求	1×6	每差一个S－1分		
合计			100			
检验员		计分员		时间		年　月　日

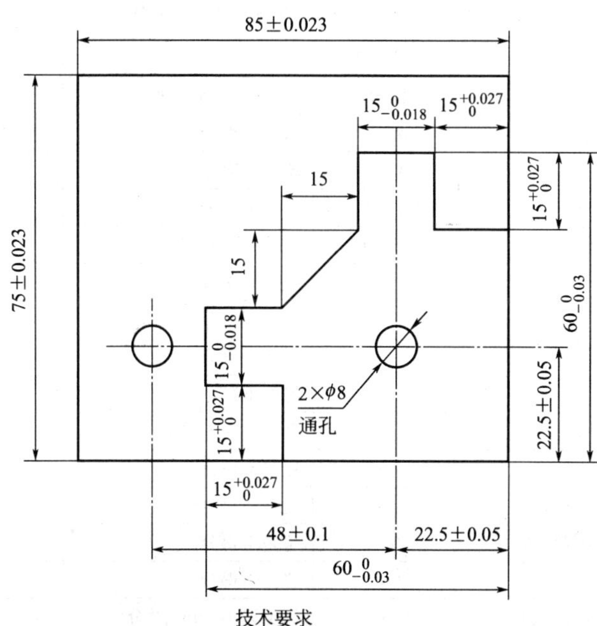

图 1-77　双凸形镶配件

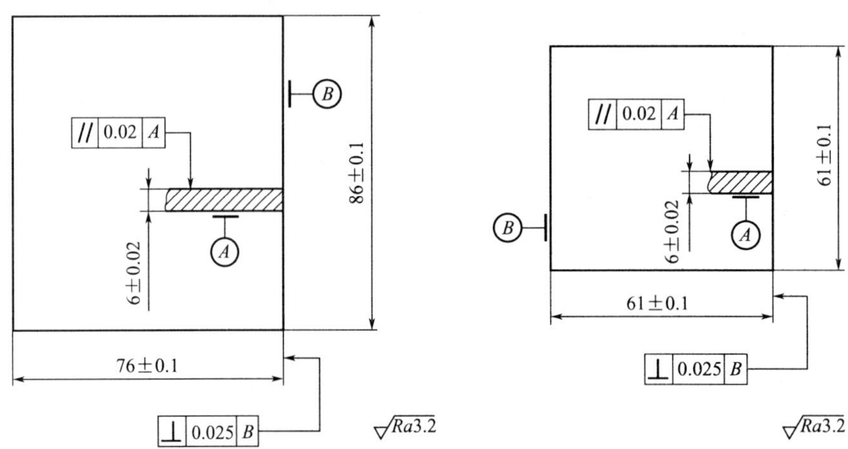

图 1-78 双凸形镶配件坯料图

b. 划出凸件各面加工线，一次加工各面，达到图纸要求。

c. 锉削凹件外形尺寸 85mm×75mm，达到尺寸公差，并保证垂直度。

d. 划出凹件各面加工线，钻排孔去除余料，粗锉接近尺寸线。

e. 以凸件为基准锉配凹件，达到配合要求。

f. 划线，钻、铰孔。

g. 去毛刺，检查全部精度要求。

③ 安全注意事项 穿好工作服进入车间；加工凸件时，各对应形状尺寸间的误差值应尽可能小；锉配修整时，应综合分析，避免盲目修锉；按操作规程正确操作；做到 6S 要求。

④ 考核标准 双凸形镶配件加工质量考核见表 1-8。

表 1-8 双凸形镶配件考核配分评分表

姓名			完成工时		成绩	
序号	考核项目		配分	评分标准	检测结果	得分
1	凸件	$15_{-0.018}^{0}$(2 处)	4×2	超差不得分		
2		$15_{0}^{+0.027}$(4 处)	4×4	超差不得分		
3		$60_{-0.03}^{0}$(2 处)	3×2	超差不得分		
4		$Ra3.2$(12 处)	0.5×12	升高一级不得分		
5		$\phi 8$	2	超差不得分		
6		22.5±0.05	2×2	超差不得分		
7	凹件	85±0.023	2	超差不得分		
8		75±0.023	3	超差不得分		
9		$Ra3.2$(14 处)	0.5×14	升高一级不得分		
10		$\phi 8$	2	超差不得分		
11	配合	间隙≤0.08(18 面)	1×18	超差不得分		
12		错位量≤0.05(4 次)	2×4	超差不得分		
13		48±0.1(2 处)	3×2	超差不得分		
14	其他	在指定时间内完成制作	6	每延迟 10min－2 分		
15		安全文明生产，达 6S 要求	1×6	每差一个 S－1 分		
合计			100			
检验员		计分员		时间		年 月 日

（4）板件镶配制作

训练任务：完成图1-79所示板件镶配，材料Q235，工时8h。

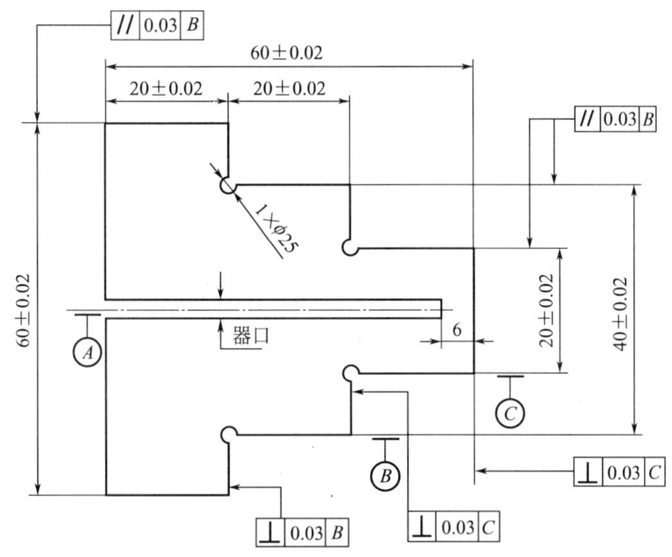

技术要求

1. 阶台侧面表面粗糙度Ra1.6，配合间隙≤0.04，其余表面粗糙度Ra3.2。
2. 整体检查全部尺寸；从锯口6mm处断开，检查配合间隙。

图1-79　板件镶配

① 下料　按图1-80所示坯料图下料。

② 操作过程

a. 检查坯料情况，做必要修整。

b. 按图样划出全部加工线。

c. 用手锯去除多余材料。

d. 用锉刀粗、精加工至图纸要求的尺寸，达到尺寸公差。

e. 划线，锯割。

f. 去毛刺，全面复检。

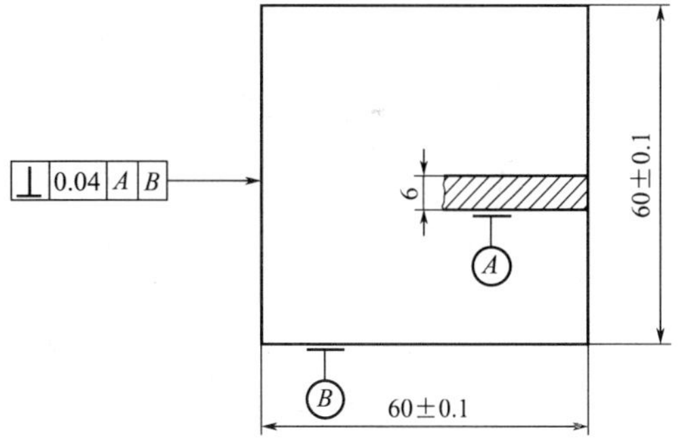

图1-80　板件镶配坯料图

③ 安全注意事项　穿好工作服进入车间；用锉刀粗加工时，应随时检查各面的平面度和垂直度，并为精加工留有一定余量；用锉刀精加工时，用力要轻，应随时用游标卡尺检查各尺寸，避免盲目锉削；按操作规程正确操作；做到6S要求。

④ 考核标准　板件镶配加工质量考核见表1-9。

表1-9　板件镶配考核配分评分表

姓名		完成工时		成绩	
序号	考核项目	配分	评分标准	检测结果	得分
1	60±0.02(3处)	4×3	超差不得分		
2	20±0.02(5处)	4×5	超差不得分		
3	Ra3.2(6处)	2×6	升高一级不得分		

续表

姓名			完成工时		成绩	
序号	考核项目		配分	评分标准	检测结果	得分
4	*Ra*1.6(10 处)		1×10	升高一级不得分		
5	⊥ 0.03 B (2 处)		2×2	超差不得分		
6	⊥ 0.03 C (4 处)		1×6	超差不得分		
7	// 0.03 B (3 处)		2×3	超差不得分		
8	40±0.02		3	超差不得分		
9	配合间隙≤0.04(5 处)		3×5	超差不得分		
10	在指定时间内完成制作		6	每延迟 10min－2 分		
11	安全文明生产，达 6S 要求		1×6	每差一个 S－1 分		
合计			100			
检验员		计分员		时间	年 月 日	

(5) 五方配合件制作

训练任务：制作图 1-81 所示五方配合件，材料 Q235，工时 6h。

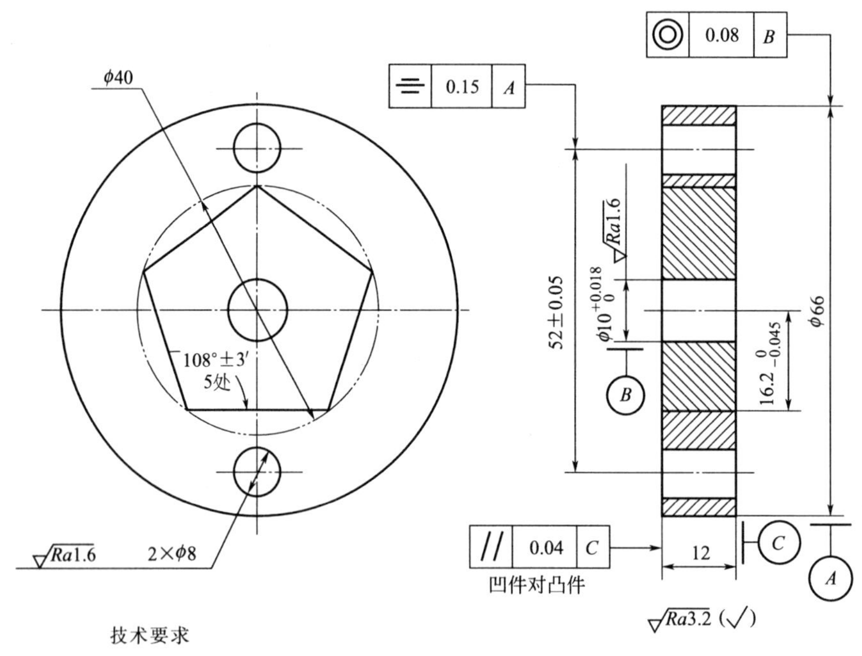

技术要求

1. 以凸件为基准锉配凹件，达配合间隙≤0.04mm。
2. 孔口倒角 0.5mm×45°，锐边倒钝。

图 1-81　五方配合件

① 下料　按图 1-82 所示坯料图下料。

② 操作过程

a. 检查坯料情况，划出凹、凸件的中心线和各尺寸线。

b. 加工凸件：钻、铰中心孔；以孔 $\phi10^{+0.018}_{0}$mm 为中心加工五方，达到图样要求。

c. 加工凹件：用坐标法划出凹件各加工线，粗锉接近尺寸；以凸件为基准锉配凹件，达到配合要求；划线，钻、铰 ϕ8mm 两孔。

d. 去毛刺，全面复检。

e. 交检。

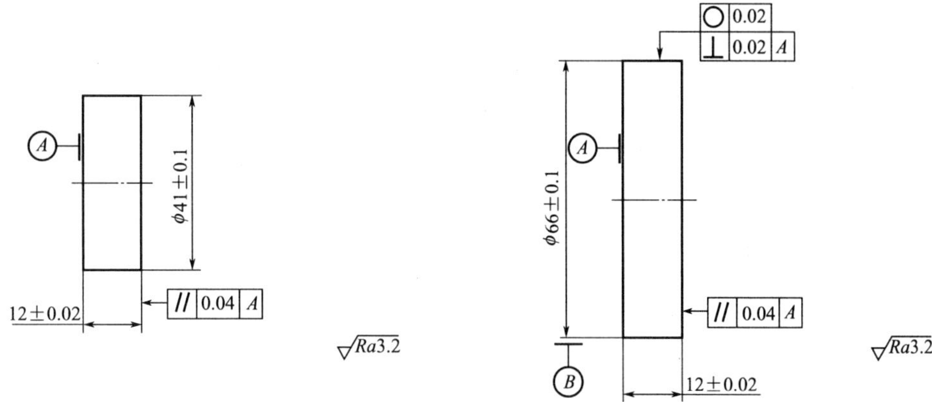

图 1-82　五方配件坯料图

③ 安全及注意事项　穿好工作服进入车间；尺寸 16.2mm 五处之间的误差值应尽可能小；钻孔时工件表面应与主轴垂直，并夹持牢固。

④ 考核标准　五方配件加工质量考核见表 1-10。

表 1-10　五方配件考核配分评分表

姓名		完成工时		成绩	
序号	考核项目	配分	评分标准	检测结果	得分
1	108°±3′(5处)	3×5	超差不得分		
2	$16.2_{-0.045}^{0}$(5处)	3×5	超差不得分		
3	$Ra3.2$(5处)	1×5	升高一级不得分		
4	$\phi 10_{0}^{+0.018}$	2	超差不得分		
5	$Ra3.2$(5处)	1×5	升高一级不得分		
6	$Ra1.6$(3处)	1×3	升高一级不得分		
7	φ8(2处)	2×2	超差不得分		
8	52±0.05	6	超差不得分		
9	⌯ 0.15 A	5	超差不得分		
10	间隙≤0.04(5面)	3×5	超差不得分		
11	// 0.04 C	5	超差不得分		
12	◎ 0.08 B	8	超差不得分		
13	在指定时间内完成制作	6	每延迟 10min－2 分		
14	安全文明生产，达6S要求	1×6	每差一个 S－1 分		
合计		100			

检验员		计分员		时间	年　月　日

思考与练习

1. 填空题

（1）__________是直接划线或找正位置的常用工具。

（2）____________是精确的量具及划线工具，它可用来测量高度，又可用其量爪直接划线。

（3）手锯由__________和__________组成。根据其构造，锯弓可分为__________和__________两种。

（4）起锯质量的好坏直接影响锯削质量。起锯方法分__________和__________。一般采用____________。

（5）根据孔的用途不同，孔的加工方法有两类：一类是在实心材料中加工孔，即__________；另一类是对已有的孔进行再加工，即__________、__________和__________。

（6）钻头是钻孔用的主要刀具，由__________、__________和__________三部分构成。

（7）按锉刀的用途不同，可分为__________、__________、__________三种形式。

（8）划规是用来划圆和圆弧、等分线段、量取尺寸的工具。常用的划规有__________、__________、__________三种形式。

（9）刮削是一种繁重的操作，每次的刮削量很小，刮削余量不能太大，一般在______________之间。

（10）刮削工具有__________和__________。

2. 单项选择题

（1）钳台的高度一般为（　　）。

A. 700～800mm　　B. 800～900mm　　C. 900～1000mm

（2）台式钻床是一种小型钻床，一般用来钻（　　）mm 以下的孔。

A. 12mm　　B. 13mm　　C. 15mm　　D. 20mm

（3）无论用哪一种起锯方法，起锯角度都要小些，一般不大于（　　）

A. 12°　　B. 15°　　C. 18°　　D. 25°

（4）在检查刮削精度时常采用贴合点的数目来表示，即以边长为（　　）的正方形内含有的贴合点的数目来表示。

A. 25mm　　B. 20mm　　C. 15mm　　D. 30mm

（5）改变调整件在机器结构中的相对位置或选用合适的调整件来达到装配精度的装配方法称为（　　）。

A. 调整法　　B. 修配法　　C. 选配法　　D. 互换法

（6）将若干个零件、组件连接组合成一个完整机构的过程叫（　　）。

A. 部件装配　　B. 总装配　　C. 零件装配　　D. 间隙调整

3. 简述题

（1）钳工主要工作包括哪些？

（2）划线工具有几类？如何正确使用？

（3）有哪几种起锯方式？起锯时应注意哪些问题？

（4）什么是锉削？其加工范围包括哪些？

（5）怎样正确采用顺向锉法、交叉锉法和推锉法？

（6）钻孔、扩孔与铰孔各有什么区别？

（7）什么是攻螺纹？什么是套螺纹？

（8）什么是装配？装配方法有几种？

（9）套螺纹前圆杆直径为什么要比螺纹直径小一些？

（10）划线有何作用？常用的划线工具有哪些？

（11）划线工作全过程包括哪些步骤？

（12）锯削可应用在哪些场合？试举例说明。

（13）怎样选择锯条？安装锯条应注意什么？

(14) 锯条的正确安装时锯齿应朝哪个方向?
(15) 什么叫锯路? 它有什么作用?
(16) 起锯方法有几种? 起锯角为多少?
(17) 什么叫锉削? 锉削能达到哪些精度要求?
(18) 平面锉削有哪几种方法? 各有什么特点? 在什么场合下使用?
(19) 什么叫扩孔? 扩孔的特点有哪些?
(20) 钻孔操作要点有哪些? 安全注意事项是什么?
(21) 手动铰孔时为什么不能反转?

模块2　车　工

【学习目的】 车削加工是机械加工中应用最为广泛的加工方法之一，在机械加工中占有重要地位。通过车工实习，使学生了解机械加工的工艺过程，熟悉车削加工的工艺范围、加工特点及工艺装备，学会轴、套类零件的车削加工，养成安全操作、文明生产的习惯。通过实习，达到车工初级标准。

2.1　车工入门

2.1.1　车削加工的工艺范围

车削加工主要用于回转体零件的加工，加工表面有内外圆柱面、端面、沟槽、内外圆锥面、内外螺纹面、成形面以及孔，此外还可滚花、盘绕弹簧等，其主要加工表面见表 2-1。一般车削加工后，尺寸精度可达 IT7～IT9，表面粗糙度可达 Ra1.6～6.3μm。

表 2-1　车削加工工艺范围

名称	加工简图	名称	加工简图
车外圆		车孔	
车锥面		攻螺纹	
车成形面		车端面	
钻中心孔		切槽	

续表

名称	加 工 简 图	名称	加 工 简 图
车螺纹	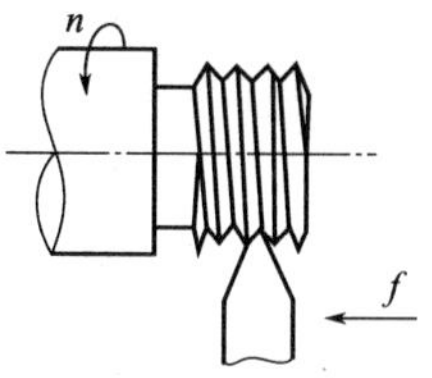 n　f	铰孔	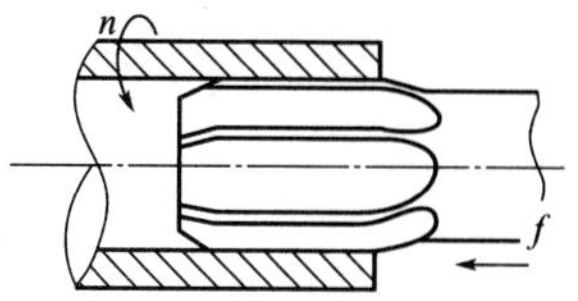 n　f
钻孔	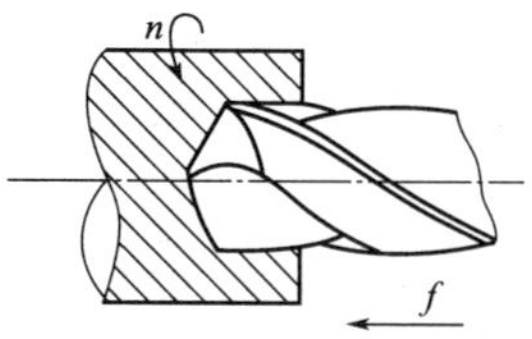 n　f	滚花	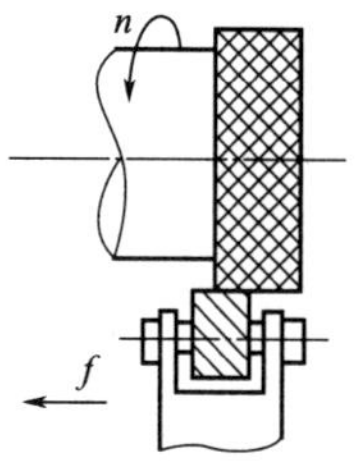 n　f

2.1.2　车削运动与切削用量

车削加工时，工件旋转为主运动，刀具移动为进给运动。车削加工中始终存在着切削速度、进给速度或进给量、背吃刀量这三个切削要素。

① 切削速度 v_c　切削速度是刀具切削刃上的某一点相对于待加工表面在主运动方向上的瞬时速度，可用下式表示

$$v_c=\frac{\pi Dn}{1000}$$

式中　v_c——切削速度，m/min；

D——工件待加工表面的直径，mm；

n——主轴转速，r/min。

② 进给速度 v_f 与进给量 f　进给运动的速度可用进给速度 v_f 或进给量 f 表示。进给速度 v_f 是单位时间内，车刀相对工件沿进给方向的相对位移，单位为 mm/min；进给量 f 是工件每转一周，车刀沿进给方向的相对位移，单位为 mm/r。

③ 背吃刀量 a_p　背吃刀量是垂直于进给速度方向的切削层最大尺寸，一般指工件已加工表面和待加工表面间的垂直距离，可用下式计算

$$a_p=\frac{D-d}{2}$$

式中　D——待加工表面处的直径，mm；

d——已加工表面处的直径，mm。

2.1.3　车床

（1）车床型号编制

按照 GB/T 15375—1994《金属切削机床型号编制方法》的规定，机床型号由汉语拼音字母及阿拉伯数字组成，举例如下：

CM6139.A

C——机床类别代号，即车床类；

M——机床通用特性代号，即精密机床；

6——机床组别代号，即落地及卧式车床组；

1——机床系别代号，即卧式车床系；

39——主参数代号，即床身上最大回转直径 320mm；

A——重大改进顺序号，即第一次重大改进。

由于该标准颁布前的机床型号编制方法有不同规定，其型号表示方法也不同，如 C620-1、CA6140 等。

(2) 车床的组成

车床的种类很多，主要有卧式车床、立式车床、六角车床、多刀车床、自动及半自动车床、仪表车床、数控车床等。车床种类虽多，但基本部件大致相同。下面以 C6132 卧式车床为例，介绍车床组成，如图 2-1 所示。

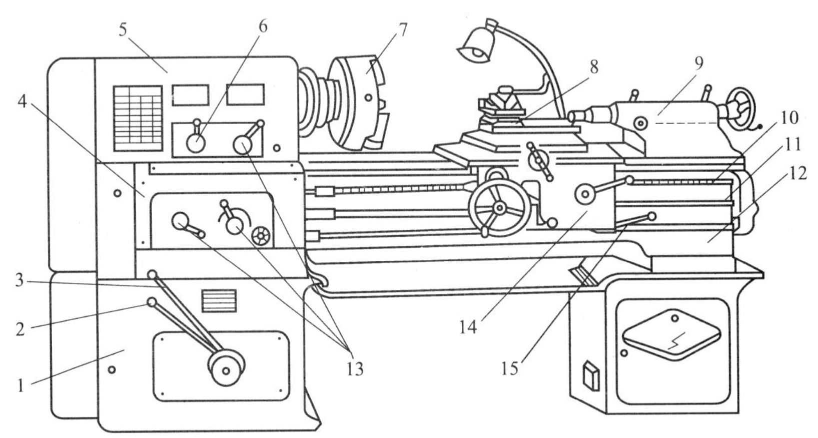

图 2-1 C6132 卧式车床

1—变速箱；2—短手柄；3—长手柄；4—进给箱；5—主轴箱；6—换向手柄；7—卡盘；8—刀架；9—尾座；10—丝杠；11—光杠；12—床身；13—变速手柄；14—溜板箱；15—操纵手柄

① 主轴箱　主轴箱 5 内装有主轴变速机构和一根空心主轴。主轴的前端可以安装卡盘或拨盘，也可利用主轴前端内锥（为莫氏锥度）安装顶尖。通过变换主轴箱上手柄的位置，可以获得主轴 12 种不同转速。

② 变速箱　电动机通过联轴器直接驱动变速箱中齿轮传动。变速箱 1 外设有两个长、短手柄，变换其位置，可以获得 6 种转速。通过带传动将变速箱的运动传至主轴箱。变速箱远离主轴，目的是减小变速箱中传动件产生的振动和热量对主轴的影响。

③ 进给箱　进给箱 4 内装有进给变速机构。主轴的运动通过齿轮传入进给箱，经过变速机构带动光杠或丝杠以不同的转速转动，最终通过溜板箱带动刀具实现进给运动。通过调整进给箱上进给手柄的位置，可获得各种进给量或螺距。

④ 溜板箱　溜板箱 14 与床鞍连在一起，它将光杠传来的旋转运动通过齿轮和齿条变为车刀的纵向或横向的直线移动，或将丝杠传来的旋转运动通过开合螺母直接变为车刀的移动，用以车削螺纹。调整溜板箱外面手柄的位置，可实现各种进给运动。

⑤ 光杠和丝杠　光杠 11 和丝杠 10 的作用是将进给箱传递的运动传递给溜板箱。光杠转动使刀具作进给运动；丝杠转动则用于车削螺纹。

⑥ 刀架　刀架 8 用来安装车刀，它由床鞍、中滑板、转盘、小滑板、方刀架组成。

⑦ 尾座　尾座 9 用于安装后顶尖，以支持较长工件进行加工；或安装钻头、铰刀、丝锥或板牙等刀具进行孔加工。

⑧ 床身　床身是车床的基础部件，用来连接各主要部件并保证各部件之间有正确的相

对位置。

（3）车床的传动

C6132 卧式车床的传动系统如图 2-2 所示，传动路线如图 2-3 所示。

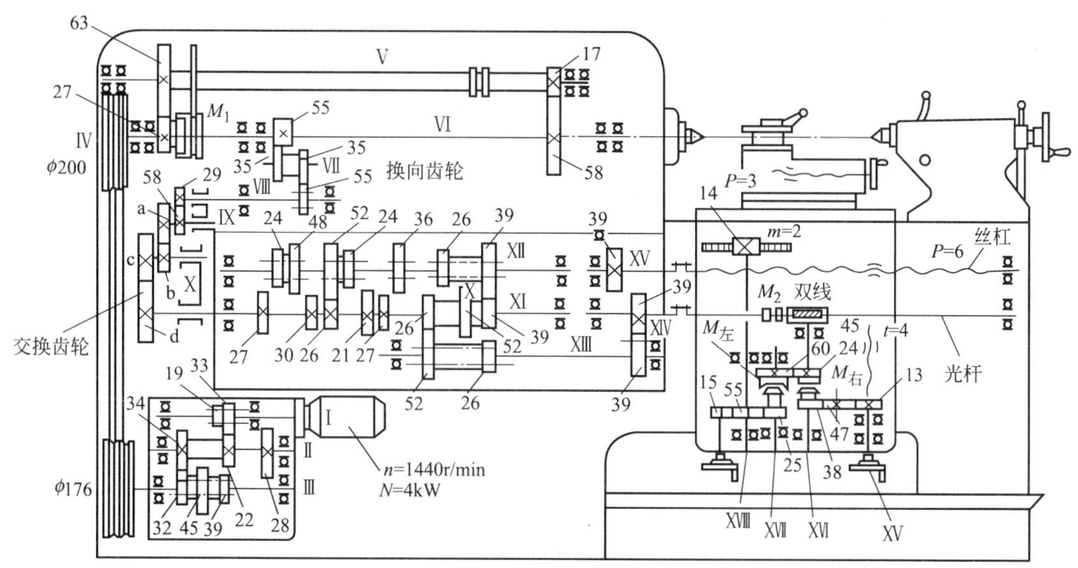

图 2-2　C6132 卧式车床的传动系统图

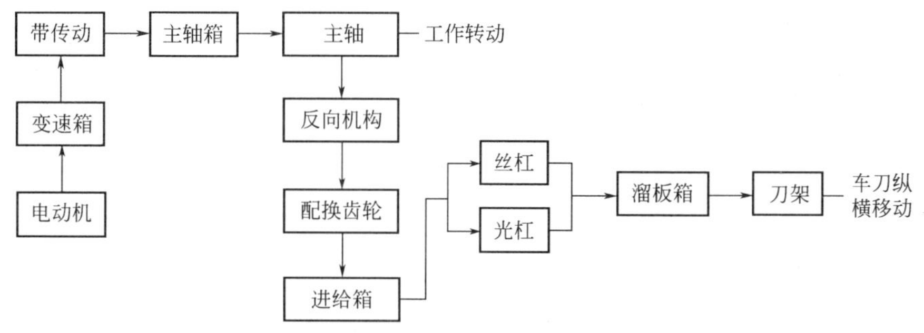

图 2-3　C6132 卧式车床的传动路线示意图

2.1.4　车刀

（1）车刀的种类

车刀按用途不同可分为外圆车刀、切槽刀、螺纹车刀、内孔车刀、成形车刀等，如图 2-4 所示；按结构不同可分为整体车刀、焊接车刀、机夹可转位车刀，如图 2-5 所示；按切削部分材料不同可分为高速钢车刀、硬质合金车刀、陶瓷车刀等；按切削刃复杂程度不同可分为普通车刀和成形车刀。

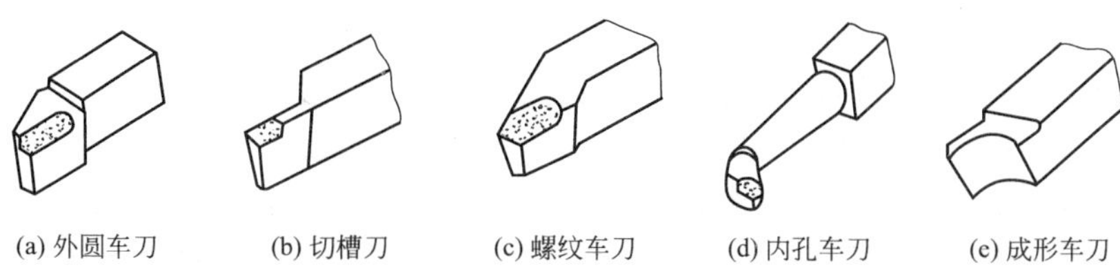

图 2-4　车刀按用途分类

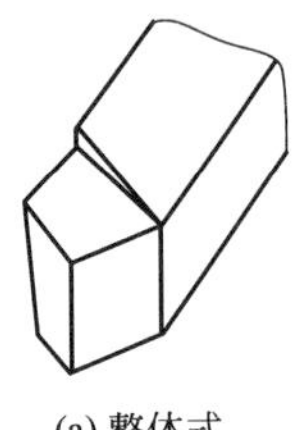
(a) 整体式

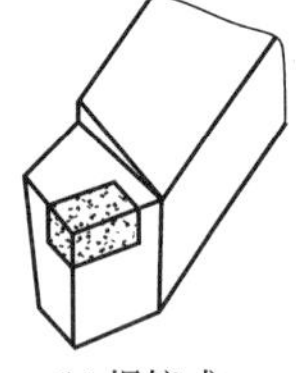
(b) 焊接式

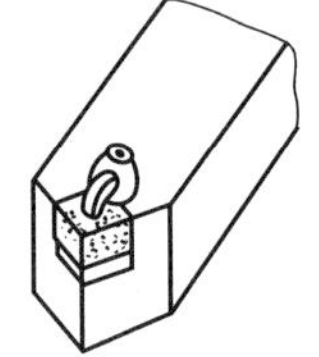
(c) 机夹可转位式

图 2-5 车刀按结构分类

(2) 车刀的组成

车刀由刀头和刀杆两部分组成，刀头是车刀的切削部分，刀杆是车刀的夹持部分。

刀头由“三面”、“两刃”和“一尖”组成，如图 2-6 所示。

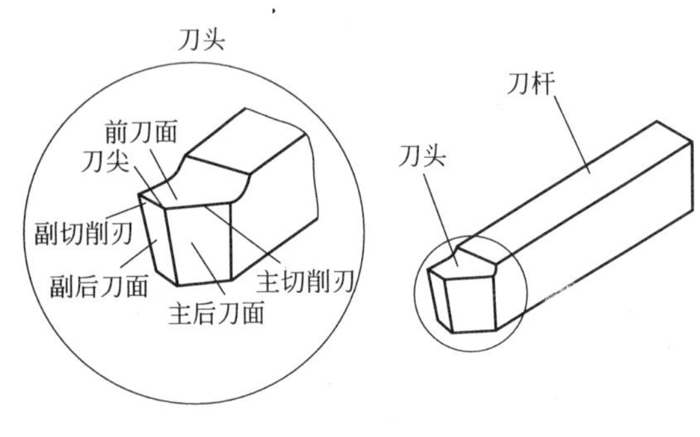

图 2-6 车刀的组成

① 前刀面 前刀面是切屑切离工件时经过的表面，也是车刀刀头的上表面。

② 主后刀面 主后刀面是与工件切削表面相对的那个面。

③ 副后刀面 副后刀面是与工件已加工表面相对的那个面。

④ 主切削刃 主切削刃是前刀面与主后刀面的交线，它担负着主要的切削任务。

⑤ 副切削刃 副切削刃是前刀面与副后刀面的交线，它担负着少量的切削任务。

⑥ 刀尖 刀尖是主切削刃与副切削刃的交点，实际上刀尖是一小段圆弧过渡刃。

(3) 车刀几何角度

为了确定车刀切削部分各几何要素的空间位置，需要建立相应的参考系，一般有两类，一是刀具静止角度参考系，二是刀具工作角度参考系。刀具静止角度参考系是在假定运动条件和假定安装条件下建立的参考系，由基面、切削平面和正交平面三个相互垂直的平面构成，如图 2-7 所示。

① 基面（P_r）：通过切削刃上选定点，与该点切削速度方向相垂直的平面。

② 切削平面（P_s）：通过切削刃上选定点，与切削刃相切，并垂直于基面的平面。

③ 正交平面（P_0）：通过切削刃上选定点，同时垂直于基面和切削平面的平面。

车刀切削部分主要有六个独立的基本角度：前角、主后角、副后角、主偏角、副偏角、刃倾角；两个派生角度：楔角和刀尖角。车刀的几何角度如图 2-8 所示。

① 前角（γ_0）：正交平面内前刀面与基面的夹角。前角影响刃口的锋利程度和强度，影响切削变形和切削力。前角增大，使刃口锋利，减小切削变形，切削省力，排屑顺利；前角减小，可增加刀头强度和改善刀头的散热条件。一般 $\gamma_0=-5°\sim25°$，粗加工或切削较硬材料时，γ_0 取小值。

② 后角（α_0）：正交平面内后刀面与切削平面间的夹角。后角的主要作用是减小后刀面与工件的摩擦。一般 $\alpha_0=3°\sim12°$，粗加工或切削较硬材料时取小值，反之，取大值。

③ 主偏角（κ_r）：主切削刃在基面上的投影与进给方向间的夹角。主偏角主要影响切削力的分配和散热情况。车刀主偏角常见有 45°、60°、75°和 90°几种。

④ 副偏角（κ_r'）：副切削刃在基面上的投影与进给方向的反方向间的夹角。副偏角主要影响已加工表面的粗糙度。一般 $\kappa_r'=5°\sim15°$。

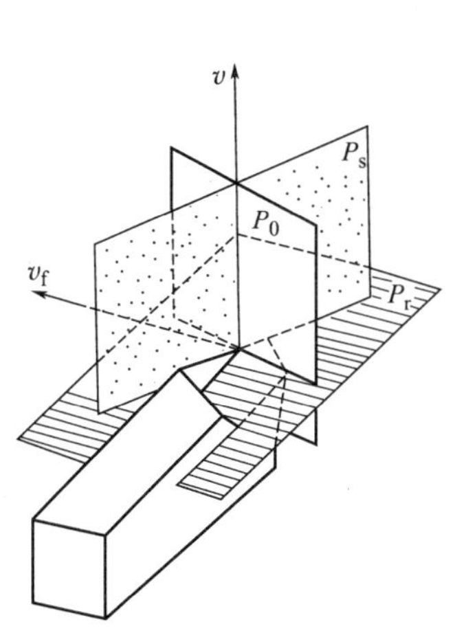

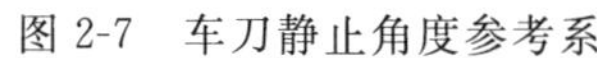
图 2-7　车刀静止角度参考系

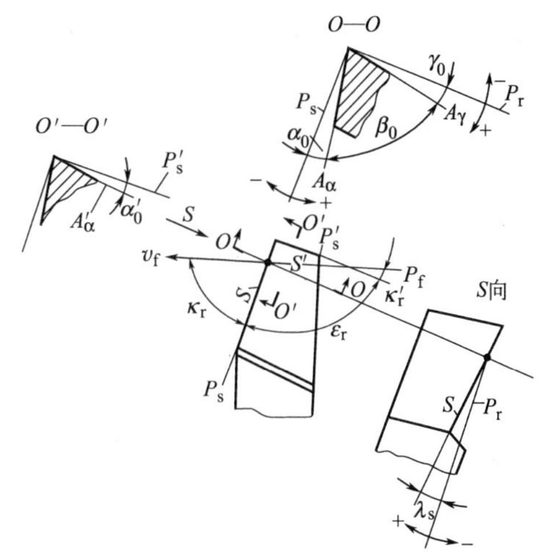

图 2-8　车刀的几何角度

⑤ 刃倾角（λ_s）：切削平面内主切削刃与基面间的夹角。刃倾角主要影响切屑的流向和刀头强度。刃倾角为正值时，切屑流向待加工表面；刃倾角为负值时，切屑流向已加工表面。

⑥ 楔角（β_0）：正交平面内前刀面与主后刀面间的夹角。楔角影响刀头强度。

⑦ 刀尖角（ε_r）：主、副切削刃在基面上的投影间的夹角。刀尖角主要影响刀尖强度。

（4）车刀的刃磨

刃磨车刀前，要先选择砂轮。一般高速钢刀具选择氧化铝砂轮（白色），硬质合金刀具选择碳化硅砂轮（绿色）；粗磨时用粗粒度砂轮，精磨时用细粒度砂轮。

下面以硬质合金外圆车刀为例，说明车刀刃磨步骤与方法，见表 2-2。

表 2-2　硬质合金外圆车刀刃磨步骤

步　骤	简　　图	操 作 要 点
1. 磨刀头柄部		磨车刀主后刀面、副后刀面的刀柄部分，一般比刀片后角大 2°～3°
2. 粗磨刀片主后刀面		使车刀主切削刃平行砂轮外圆，刀体底面向砂轮方向倾斜（比主后角大 2°），平行靠近砂轮，接触后，适当加压并慢慢地左右平行移动，直至磨至刀刃
3. 粗磨刀片副后刀面		使刀柄尾部向下倾斜约等于所磨副后角，刀柄尾部向右转约副偏角角度，平行靠近砂轮，接触后适当加压，并慢慢左右平行移动，直至磨至刀尖
4. 粗磨前刀面		将车刀的前刀面轻轻靠在砂轮的端面上，即可磨出前刀面及前角

续表

步 骤	简 图	操作要点
5. 精磨前刀面及断屑槽		根据加工要求精磨前刀面，向下或向上磨断屑槽；车脆性材料不磨断屑槽，车塑性材料磨断屑槽
6. 精磨主后刀面、副后刀面		将车刀底面放在调整好角度的托架上，使主切削刃与砂轮端面平行，向前平行移动车刀，靠近砂轮时稍加压力，接触并产生火花后，沿砂轮端面左右移动，精磨 1mm 宽即可；精磨副后刀面同理
7. 磨负倒棱和过渡刃		将主切削刃后端轻轻靠向砂轮端面，出现火花后，慢慢摆动，逐渐磨至刀尖处，可采用直磨法或横磨法；一般负倒棱宽度为进给量的 0.5～0.8 倍，负倒棱倾斜角度一般为 $-10°\sim-5°$
8. 研磨车刀		用油石研磨车刀刀刃，研磨后表面粗糙度应达到 $Ra0.2\sim0.4\mu m$

刃磨车刀应注意以下问题。磨刀前，先检查砂轮有无防护罩、砂轮有无裂纹、砂轮轴螺母是否拧紧；磨刀时要戴防护眼镜，人应站在砂轮机的侧面，不要正对砂轮；磨刀用力要均匀，但不能过大，用力过猛会使车刀打滑而伤手；磨好的车刀需向上抬起离开砂轮，防止磨好的刀刃被砂轮碰伤；磨高速钢车刀时要随时将车刀浸入水中冷却，防止退火；磨硬质合金车刀时，可将刀体浸入水中冷却，不可将刀头浸入水中；磨刀时应左右移动车刀，使砂轮表面磨损均匀，防止出现凹槽。

2.1.5 车床附件

(1) 三爪自定心卡盘

三爪自定心卡盘的结构如图 2-9 所示。使用三爪自定心卡盘装夹工件操作简便，可自动定心，一般不需要找正，适宜装夹圆钢、六角钢及已车削过外圆的零件，但不宜装夹铸、锻毛坯，以免降低卡盘精度。

(2) 四爪单动卡盘

四爪单动卡盘结构如图 2-10 所示。它有四个各自独立的卡爪，装夹工件时需找正工件回转轴线与机床主轴轴线重合，安装调整较困难，适宜装夹大型或形状不规则的工件。

(3) 顶尖、拨盘和夹头

双顶尖装夹工件如图 2-11 所示。前顶尖同主轴一起旋转。后顶尖有两种：一种是固定顶尖（也称死顶尖），如图 2-12(a) 所示，用于低速车削精度要求较高的工件；一种是回转顶尖（也称活顶尖），如图 2-12(b) 所示，用于高速车削。前、后顶尖只对工件起到定心和支撑作用，需要借助拨盘和夹头实现主轴动力的传递，夹头如图 2-13 所示。双顶尖装夹工件不需找正，装夹精度高，但只能承受较小切削力，一般用于精加工。

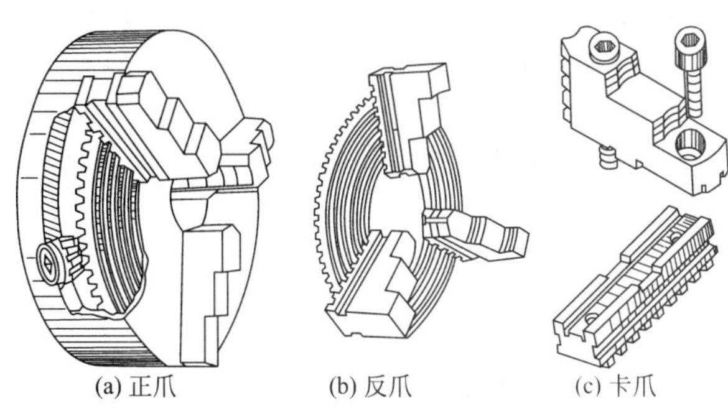

(a) 正爪　(b) 反爪　(c) 卡爪

图 2-9　三爪自定心卡盘

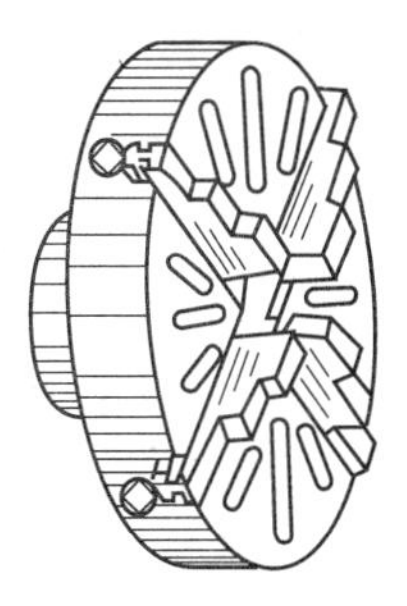

图 2-10　四爪单动卡盘

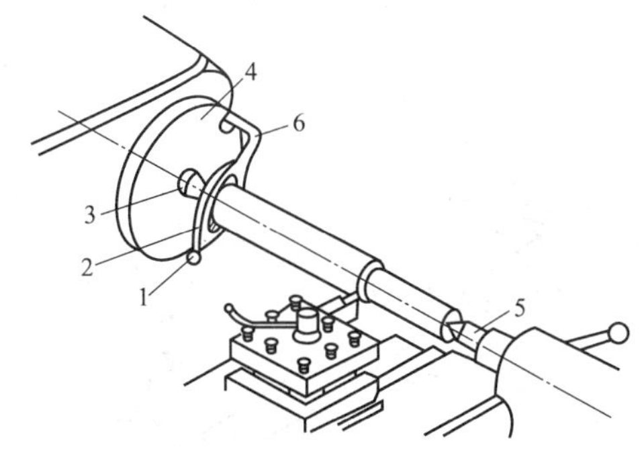

图 2-11　双顶尖安装工件

1—卡箍螺钉；2—卡箍；3—前顶尖；4—拨盘；5—后顶尖；6—弯曲拨杆

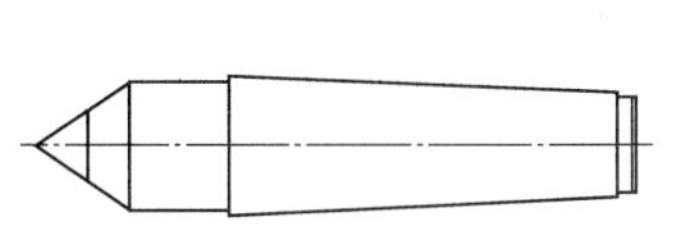

(a) 固定顶尖

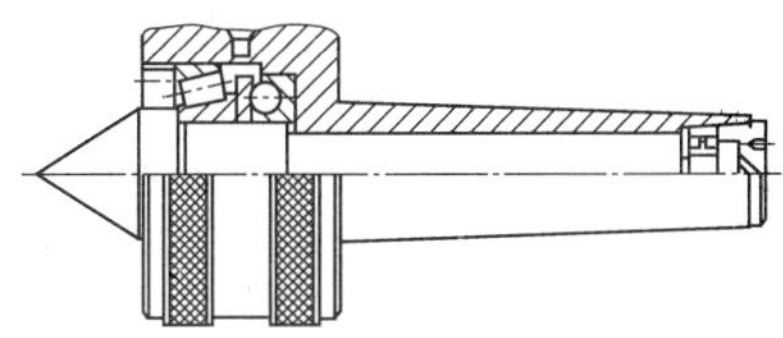

(b) 回转顶尖

图 2-12　后顶尖

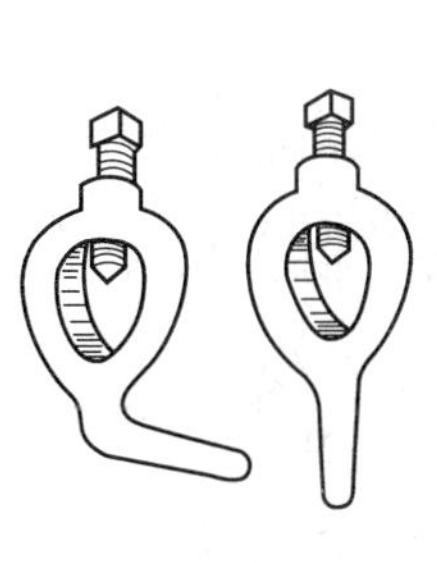

(a) 鸡心夹头

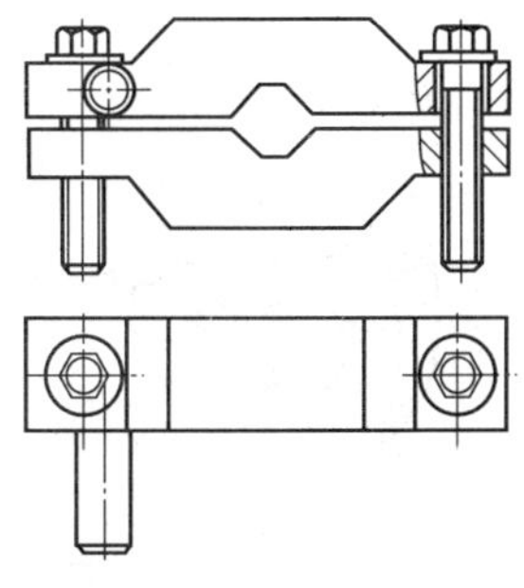

(b) 对分夹头

图 2-13　夹头

卡盘和后顶尖配合装夹工件，工件刚性好，能承受较大的轴向切削力。但同轴度有一定误差，因此常用于轴类工件的粗加工和半精加工。

(4) 中心架和跟刀架

加工细长轴时，为了防止工件受径向切削分力的作用而产生弯曲变形，常用中心架或跟刀架作为辅助支承。中心架如图 2-14 所示，使用时将其固定在机床导轨上；跟刀架如图 2-15所示，使用时将其固定于床鞍的左侧，随床鞍一起移动，以增加切削处工件的刚度和抗振性。

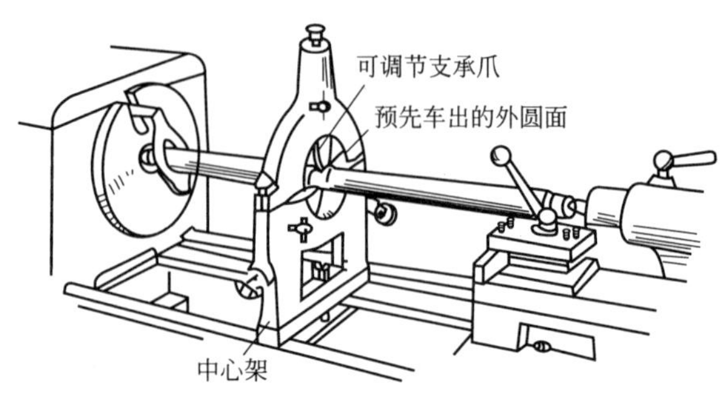

图 2-14 中心架及其应用

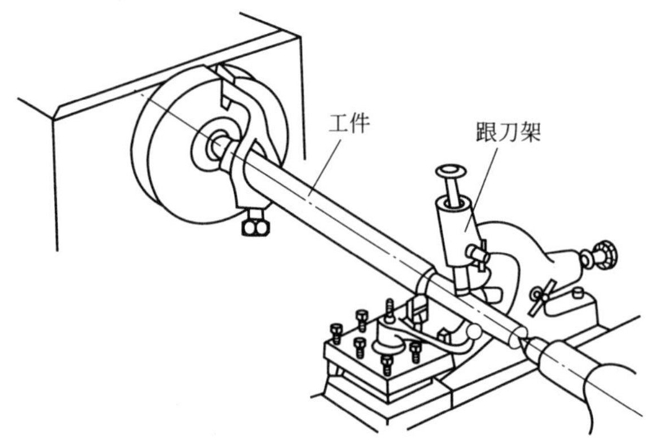

图 2-15 跟刀架及其应用

(5) 花盘

花盘是安装在车床主轴上的一个大圆盘，其端面有许多长槽，用来安装螺栓、压板和角铁，以压紧工件。花盘的端面需平整，且应与主轴中心线垂直。花盘适宜安装形状不规则或大而薄的工件，如图 2-16 所示。

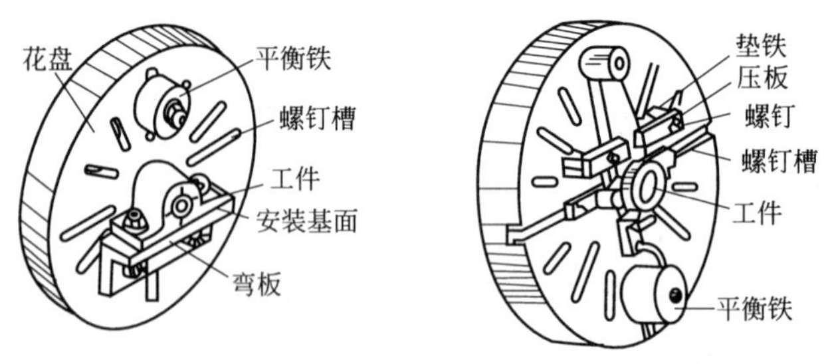

图 2-16 花盘及其应用

2.1.6 车工安全操作与文明生产

(1) 车工安全操作规程

① 上岗前穿好工作服，扎好袖口，女工戴好工作帽，严禁戴手套操作。

② 认真检查设备各部分及防护罩、限位块、保险螺钉等安全装置是否完好有效。

③ 工作前，对各油孔加注油润滑，空转试车确认无故障方可工作。

④ 机床运转时，不得用手检查工件表面光洁度或测量工件尺寸。

⑤ 不准用手缠绕砂布去打磨转动的零件。

⑥ 更换齿轮、装卸夹具必须切断电源，停稳后才能进行操作。

⑦ 对高速转动的偏心工件或畸形工件要加配重，并作平衡试验，突出部分加护罩。

⑧ 下班时，要将各种进给手柄放在空挡设置，拉下电门，并擦拭机床、打扫卫生。

(2) 车工文明生产

现代工厂对文明生产十分重视，因为它直接关系着产品的质量和企业的荣誉，因此在学习车工操作技能的同时，就必须培养自己具有文明生产的习惯。文明生产主要包括以下几个方面内容。

① 工作服、鞋、帽等应保持整洁。

② 正确使用机床和做好设备的维护保养工作，使设备处于完好状态，如操作时切削用量不能选得过大，防止机床因超负荷运转而损坏等。

③ 图样、工艺卡片安放位置应便于阅读，并注意保持清洁和完整。

④ 工具、刃具和量具都要按现代工厂对定置管理的要求，做到分类定置和分格存放。使用时要求做到重的放下面，轻的放上面；不常用的放里面，常用的放在随手取用方便处。工具箱一般标有定置图，应按定置图所示位置存放，每班工作结束应整理清点一次。

⑤ 精加工零件应用工位器具存放，使加工面隔开，以防止相互磕碰而损伤表面。加工完工后的零件表面，应适当涂油以防锈蚀。

2.2　车外圆、端面、阶台和钻中心孔

2.2.1　车外圆

将工件外表面车削成圆柱面，这一操作称之为车外圆，它是车削加工最常见、最基本的操作，也是车工基本技能之一。

(1) 安装工件

车外圆前首先要安装工件，卧式车床上车外圆时常用的装夹方案见表2-3，加工时应根

表 2-3　车外圆常用的工件装夹方案

名称	简图	备注
三爪自定心卡盘装夹		对中性好，适宜长径比小于4、重量轻的圆钢、六角钢及已车削过外圆的工件
四爪单动卡盘装夹		夹紧力大，需找正，适宜大型或形状不规则的工件

续表

名称	简图	备注
双顶尖装夹		定心精度高，可重复装夹，适宜长径比为4～20的实心轴，一般用于精加工
双顶尖、中心架装夹		有接刀痕，适宜长径比大于15的细长轴，一般用于粗加工
一夹一顶、跟刀架装夹		同轴度有一定误差，适宜长径比大于15的细长轴，一般用于半精、精加工
花盘装夹		适宜形状不规则的，孔或外圆与定位基准面有垂直度要求的工件

据工件形状和加工要求确定具体装夹方案。工件装夹后有时需找正，一般粗加工用划针、精加工用百分表进行找正。

(2) 车刀选择与安装

车外圆常用45°、75°和90°车刀，如图2-17所示。45°弯头车刀刀尖强度好，车削时可采用较大的背吃刀量；75°直头车刀主要用于粗车外圆；90°偏刀刀尖强度较差，适宜车阶台轴和细长轴。

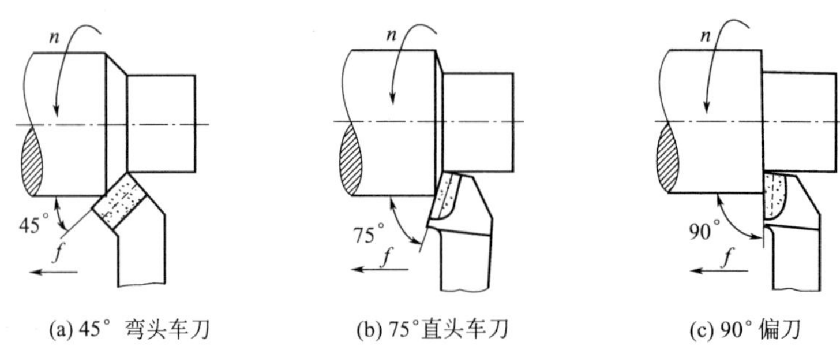

图2-17 常用外圆车刀

车刀安装应规范、可靠，否则影响工件加工质量。安装车刀时应注意以下几点。

① 车刀伸出刀架长度不宜过长，约等于刀柄厚度的 1.5 倍。

② 刀体轴线方向应与工件轴线方向垂直，且刀尖与车床主轴中心等高，可用尾座顶尖粗找正，如图 2-18 所示；必要时用车端面的方法精确找正，如图 2-19 所示。

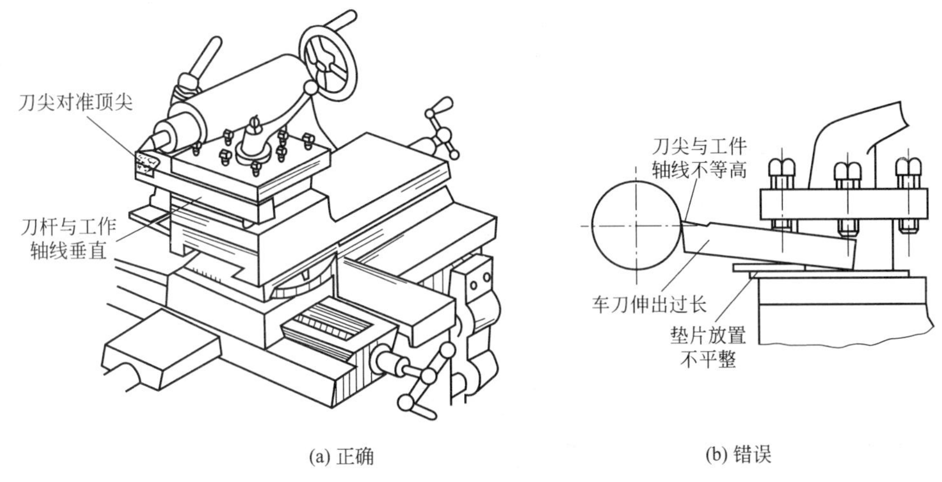

(a) 正确　(b) 错误

图 2-18　车刀安装

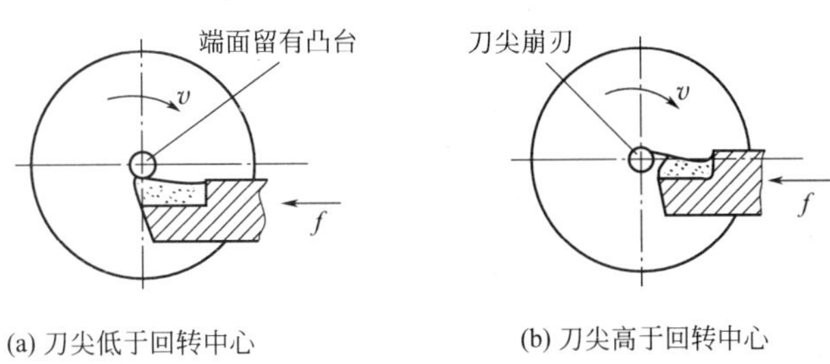

(a) 刀尖低于回转中心　(b) 刀尖高于回转中心

图 2-19　刀尖高度找正

③ 装夹车刀所用刀垫要平，数量要少；夹持车刀的前、后螺钉要轮换拧紧，拧好后要及时取下扳手。

(3) 调整车床

调整车床即调整车床主轴转速和进给量。主轴转速是根据切削速度计算选取的，根据选定的切削速度计算车床主轴的转速，再对照车床主轴转速铭牌，选取车床上最近似计算值而偏小的一挡，然后扳动手柄即可。特别注意的是扳动手柄必须在停车状态下进行。车外圆时切削用量的选择可参考表 2-4。

表 2-4　车外圆切削用量推荐值

加工阶段	背吃刀量/mm	进给量/(mm/r)	切削速度/(m/min)	
			高速钢	硬质合金
粗车	1～4	0.2～0.5	10～60	30～80
精车	0.2～0.5	0.06～0.2	<5 或>70	

注：由本表选择切削速度时，车硬度高的钢比车硬度低的钢的转速应低一些。

(4) 车外圆操作方法

车外圆操作步骤如下。

① 车前准备。根据工件图样测量毛坯尺寸，计算加工余量，选择背吃刀量，从而确定

进给次数。

② 标记车削长度。用车刀刀尖配合钢直尺或样板在工件表面划一条线痕，从而确定车削长度。

③ 试切。试切操作步骤见表 2-5。

表 2-5 试切法车外圆操作步骤

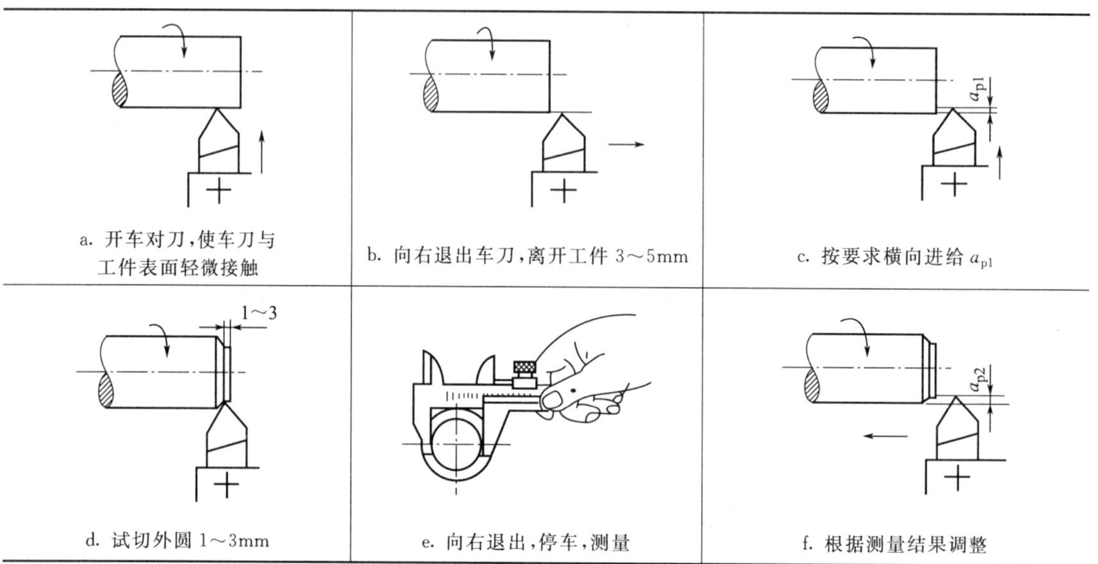

a. 开车对刀，使车刀与工件表面轻微接触

b. 向右退出车刀，离开工件 3～5mm

c. 按要求横向进给 a_{p1}

d. 试切外圆 1～3mm

e. 向右退出，停车，测量

f. 根据测量结果调整

④ 正常车削。选择手动或机动纵向进给，车削到标记位置时，横向退刀，停车测量，纵向移动刀架滑板或床鞍至右端，横向进刀，如此重复，直到尺寸合格为止。

车外圆操作要点如下。

① 利用进给手轮上的刻度盘调整背吃刀量，可以迅速而准确控制尺寸；若手轮不慎摇过头，需多退几十小格再顺转到所需位置，以消除间隙。

② 测量试切尺寸应准确，否则无法保证零件的尺寸精度；精车测量时，应注意工件温度对尺寸的影响。

③ 根据工件精度及生产批量合理选择不同精度等级的测量工具，如尺寸精度要求较低时选用游标卡尺测量，精度要求较高时选用外径千分尺测量，大批量生产则选用环规测量等。

④ 合理使用冷却液可提高表面加工质量。

(5) 车外圆质量缺陷及其原因分析

车外圆时，易产生的质量缺陷及其原因分析见表 2-6。

表 2-6 车外圆质量缺陷及其原因分析

质量缺陷	原因分析
尺寸精度不够	刻度盘计算错误；量具本身有误差或测量不准确；没有试切；切削热产生影响
表面粗糙度差	工艺系统刚性不足；车刀几何角度不合理；车刀安装不正确或刀具磨损，以及切削用量选择不当；车床各部分间隙过大
圆度、圆柱度超差	车床间隙大；毛坯余量不均匀；顶尖装夹时中心孔接触不良；主轴径向跳动大
外径有锥度	工件悬臂装夹，切削力使前端让开；车刀逐渐磨损；车刀或拖板松动；用小滑板车削时转盘下基准线不对准“0”线；尾座轴线偏移主轴轴线

2.2.2　车端面

（1）车刀选择与安装

车端面常用45°弯头车刀和90°偏刀。相比较，45°弯头车刀刀尖强度好，车端面时可采用较大的背吃刀量，因此使用最多；90°右偏刀刀尖强度较差，常用于精车端面或车削工件中心有孔的端面如图2-20所示。

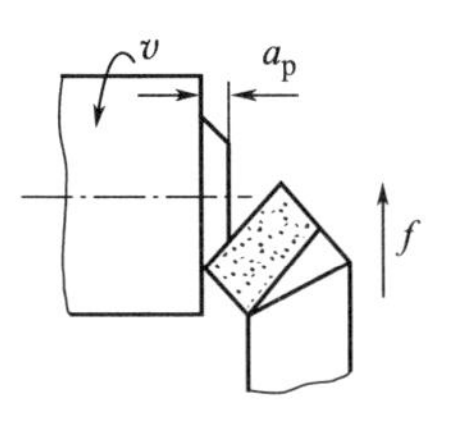

(a) 45°弯头车刀车端面

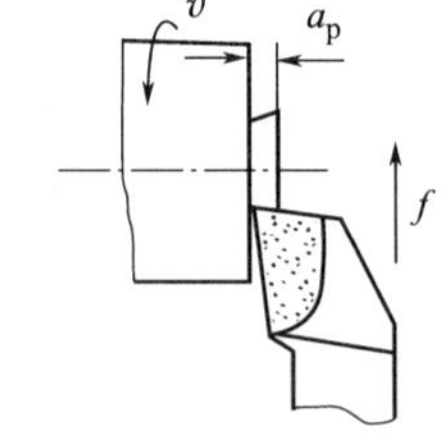

(b) 90°偏刀从外向里车端面

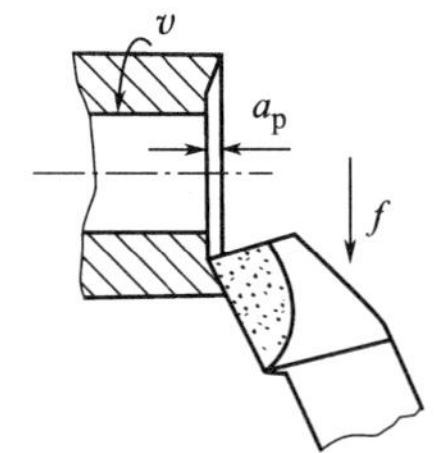

(c) 90°偏刀从内向外车端面

图2-20　车端面

安装端面车刀时，刀尖应严格对准工件中心。此外，安装90°偏刀时，车刀主切削刃与端面要有一定的夹角，否则，车出的端面或阶台与轴线不垂直。

（2）车端面操作方法

车端面时，将车刀靠近工件端面，锁紧床鞍，用小滑板刻度盘控制背吃刀量，最后用中滑板横向走刀。端面车削后用钢直尺或刀口形直尺检查端面直线度。

车端面时操作要点如下。

① 车端面时的切削速度，应按端面最大直径计算。

② 车端面时切削速度从外到内逐渐减小，因此车刀接近中心时应放慢切削速度。

③ 用90°偏刀从外到中心车端面时，若背吃刀量较大，容易扎刀，一般取0.1～1mm。

④ 对于有硬皮的毛坯，车端面前一般先倒角，车端面的第一刀背吃刀量要超过硬皮层，否则刀尖很快磨损。

（3）车端面质量缺陷及其原因分析

车端面时，易产生的质量缺陷及其原因分析见表2-7。

表2-7　车端面质量缺陷及其原因分析

质量缺陷	原因分析
端面有凸台	车刀刀尖未对准工件中心
端面平面度差	床鞍未锁紧；中滑板间隙大；车刀或方刀架未锁紧；吃刀深度过大，车刀磨损
表面粗糙度差	车刀不锋利；手动走刀不均匀或太快；自动走刀切削用量选择不当

2.2.3　车阶台

（1）车刀选择与安装

车阶台通常选用90°偏刀。安装时应使车刀主切削刃垂直于工件的轴线或与工件轴线约成95°角。

（2）车阶台操作方法

车阶台与车外圆基本相同。车低阶台（直径差小于10mm）时，可用90°车刀直接车出；车高阶台（直径差大于10mm）时，应分层切削。车阶台如图2-21所示。

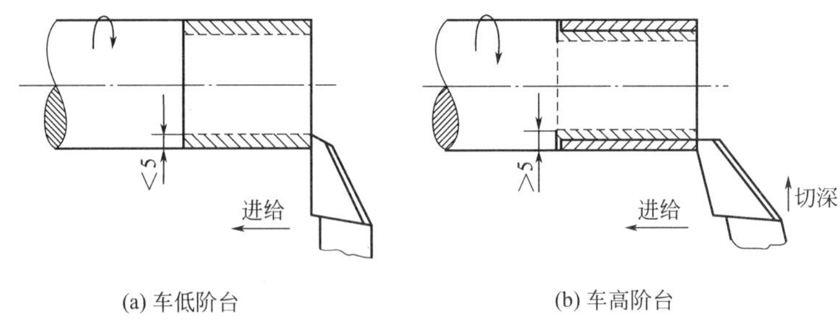

(a) 车低阶台　　　　(b) 车高阶台

图 2-21　车阶台

车阶台时长度尺寸的控制，常用刻线痕法或刻度盘法控制。刻线痕法，即用钢直尺或样板量出阶台长度尺寸，再用刀尖车出比阶台长度略短的刻痕作为加工界限；刻度盘控制法，即根据阶台长度尺寸要求，或直接用床鞍刻度盘控制，或用小滑板刻度盘控制。两种方法均有一定误差，故需留 0.5～1.0mm 轴向余量。批量生产时，一般用行程挡块控制。

车阶台时操作要点如下。

① 精车时，当车至近阶台处，要以手动进给代替机动进给。

② 车至阶台处，应移动中滑板由里向外慢慢精车，以确保阶台端面对轴线的垂直度。

(3) 阶台长度的测量

阶台长度的测量如图 2-22 所示。对于未注尺寸公差的阶台长度可用钢直尺测量；对于尺寸公差要求高的阶台长度，需用深度游标卡尺测量；对于大批生产的阶台长度，可用样板检测。

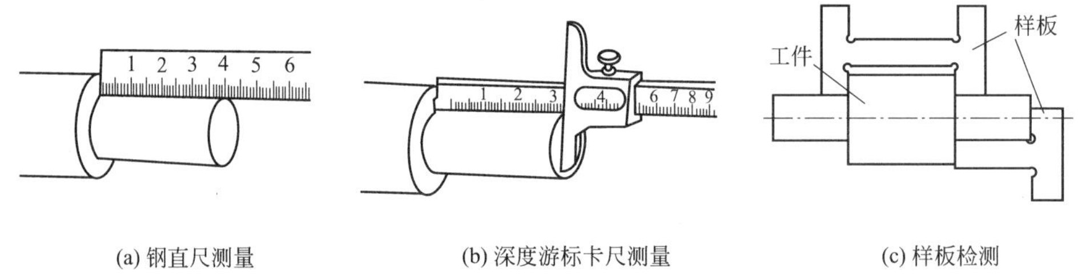

(a) 钢直尺测量　　(b) 深度游标卡尺测量　　(c) 样板检测

图 2-22　阶台长度的测量

(4) 车阶台质量缺陷及其原因分析

车阶台易产生的质量缺陷及其原因分析见表 2-8。

表 2-8　车阶台质量缺陷及其原因分析

质量缺陷	原因分析
阶台长度不正确、不垂直	刀具产生让刀；自动走刀控制不当；车刀刃磨不当；车刀装得歪斜
表面粗糙度差	车床刚性不足、不平衡或主轴太松引起振动；车刀刚性不足或伸出太长引起振动；工件刚性不足，引起振动；车刀不锋利；手动走刀不均匀或太快；切削用量选择不当

2.2.4　钻中心孔

当工件用顶尖安装时，工件端面应先钻出中心孔。

(1) 中心钻的选择

国家标准规定的中心孔有 A 型（不带保护锥）、B 型（带保护锥）和 C 型（带螺纹）三种，如图 2-23 所示。其中 A 型中心孔适于精度要求不高、中心孔不需要重复使用的轴类零件；B 型中心孔比 A 型多一个 120°的保护锥，适于精度要求高、中心孔需多次重复使用的轴类零件；C 型中心孔内有螺纹，适于轴向需要固定其他零件的轴类工件。

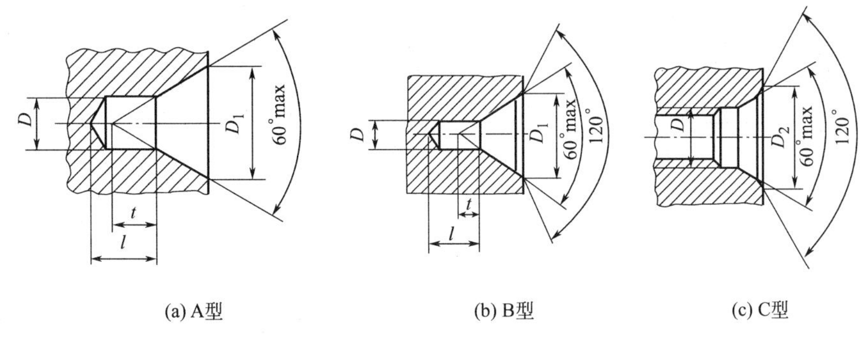

图 2-23　中心孔的类型

选择中心钻，即选择中心钻的类型和规格。A、B 型中心钻如图 2-24 所示，常用规格有 1.5mm、2mm 和 3mm，其值与被加工工件的重量有关。

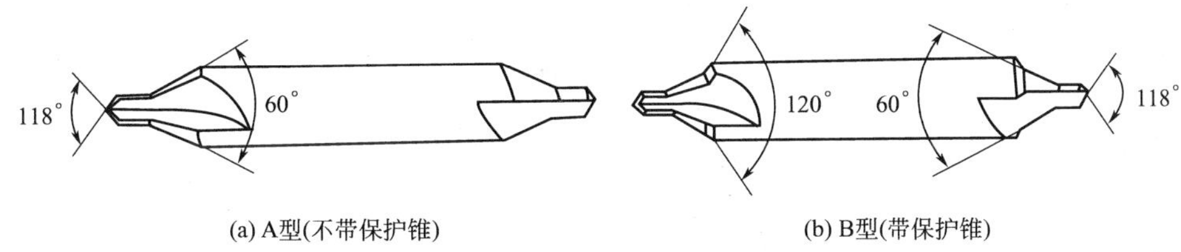

图 2-24　中心钻

(2) 中心钻的安装

安装中心钻时，旋转钻夹头钥匙张开钻夹头三个卡爪，装入中心钻（中心钻伸出长度要短些），反方向旋转钻夹头钥匙使钻夹头夹紧中心钻。擦净钻夹头柄部和尾座锥孔，将钻夹头锥柄部沿锥孔轴线用力插入锥孔中，如果钻夹头柄部与锥孔大小不吻合，可增加一适宜的过渡锥套后再插入锥孔。

(3) 钻中心孔操作方法

钻中心孔操作步骤如下。

① 试钻。移动尾座，使其接近工件，并将尾座锁紧；旋转主轴，手摇进给中心钻，当钻入工件端面约 0.5mm 时，退出中心钻，目测试钻情况。若中心钻对准工件旋转中心，孔呈锥形；否则，呈环形。

② 钻中心孔。使中心钻缓慢、匀速进给，中途退出 1～2 次去除切屑，控制中心孔圆锥大端直径尺寸（A 型取 2.1 倍中心钻直径，B 型取 3.1 倍中心钻直径），当钻到尺寸时，停止进给，修光中心孔。

钻中心孔时操作要点如下。

① 钻中心孔前先要车平端面，否则易折断中心钻。

② 钻中心孔时主轴转速较高，一般大于 1000r/min，3mm 以下的中心孔，转速一般取 2000r/min 左右。

③ 钻中心孔前应检查中心钻的磨损状况，磨损后的中心钻强行钻入工件，易使中心钻折断。

④ 为了增加切削时的刚性，尾座套筒伸出不宜过长。

⑤ 钻中心孔时，切削液浇注要充分。

2.2.5 技能训练

训练任务：车削如图 2-25 所示阶梯轴，材料 45 钢，工时 180min。

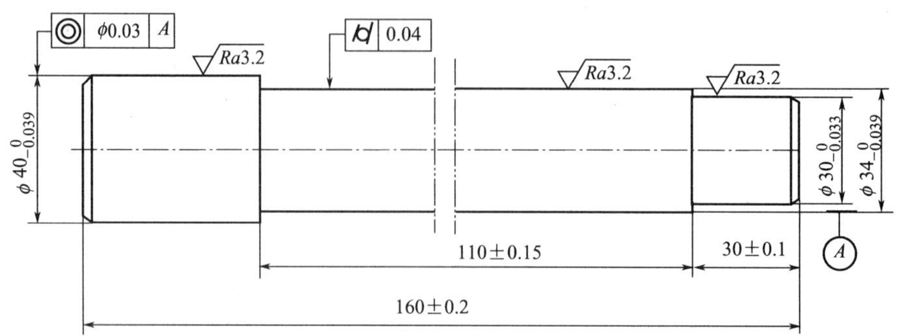

图 2-25 阶梯轴

① 备料 材料 45 钢，毛坯尺寸 ϕ45mm×165mm。

② 工装准备

a. 夹具：三爪自定心卡盘、尾座顶尖。

b. 刀具：45°弯头车刀、90°外圆粗车刀、90°外圆精车刀、A3 中心钻。

c. 量具：钢直尺、游标卡尺、千分尺、表面粗糙度样板。

d. 工具：划针盘、钻夹头、常用工具。

③ 工艺参数 加工阶梯轴切削用量选择见表 2-9。

表 2-9 车削阶梯轴切削用量选择

序号	工艺内容	背吃刀量 /mm	主轴转速 /(r/min)	进给量 /(mm/r)	备注
1	切端面	4	500	0.15	硬质合金切断刀
2	钻中心孔	1.5	800	0.2	A3 中心钻
3	粗车	2～3	700	0.3	硬质合金 90°外圆粗车刀
4	精车	0.4	1000	0.08	硬质合金 90°外圆精车刀

④ 车削步骤 阶梯轴车削步骤如表 2-10 所示。

表 2-10 阶梯轴车削步骤

安装号	装夹方式	工艺内容	工量刃具
1	三爪自定心卡盘装夹(工件伸出约 50mm)	a. 车端面(当工件跳动较大时需找正)	45°车刀、划针盘
		b. 钻 ϕ3mm 中心孔	钻夹头、中心钻
2	一夹一顶(夹持约 30mm)	粗车工艺外圆约 ϕ41mm	90°粗车刀、游标卡尺
3	调头，三爪自定心卡盘装夹(工件伸出约 50mm)	a. 车端面，控制总长，留 1mm 精车余量	45°车刀、游标卡尺
		b. 钻 ϕ3mm 中心孔	钻夹头、中心钻

续表

安装号	装夹方式	工艺内容	工量刃具
4	一夹一顶（夹持工艺外圆约25mm）	a. 粗车工件右端 ϕ34mm 外圆，留径向精车余量1mm、长度余量0.5mm	90°粗车刀、游标卡尺
		b. 粗车工件右端 ϕ30mm 外圆，留径向精车余量1mm、长度余量0.5mm	
		c. 精车 ϕ34mm 外圆至尺寸，长度至尺寸	90°精车刀、千分尺、游标卡尺
		d. 精车 ϕ30mm 外圆至尺寸，长度至尺寸	
		e. 倒角 2×45°	45°车刀
5	调头，三爪自定心卡盘装夹（需找正）	a. 精车左端面，控制总长至尺寸	铜皮、90°精车刀、游标卡尺、千分尺
		b. 精车 ϕ40mm 外圆至尺寸	
		c. 倒角 2×45°	45°车刀

⑤ 加工技巧 对有同轴度、圆柱度要求的工件，最好在一次装夹下完成各表面的加工，如若不能，需调头装夹，则调头后一般应找正，直至达到图样要求；采用一夹一顶装夹，夹持部分不宜过长，以免工件的自由度重复限制；一夹一顶装夹时，最好轴向有限位，否则在轴向切削力的作用下，工件容易产生轴向位移；尾座顶尖装夹过紧，工件容易发热、变形；尾座顶尖装夹过松，工件将产生轴向窜动和径向跳动，切削时易振动；合理选择和刃磨断屑槽的宽度和形式，避免铁屑缠绕到工件或刀具上；为减小加工过程中工件热变形及刀具磨损，最好加冷却液；加工中检查刀具磨损程度，及时修磨。

⑥ 考核标准 阶梯轴加工质量考核见表2-11。

表 2-11 车削阶梯轴考核标准

姓名			完成工时		成绩	
序号	考核项目	考核要点	配分	评分标准	检测结果	得分
1	车外圆	$\phi40_{-0.039}^{0}$，Ra3.2	6，4	每降一级扣3分		
2		$\phi34_{-0.039}^{0}$，Ra3.2	6，4	每降一级扣3分		
3		$\phi30_{-0.033}^{0}$，Ra3.2	6，4	每降一级扣3分		
4	车长度	160±0.2	6	超差不得分		
5		30±0.1	6	超差不得分		
6		110±0.15	6	超差不得分		
7	其他	◎ ϕ0.03 A	6	超差不得分		
8		⌭ 0.04	6	超差不得分		
9		Ra6.3(4处)	3×4	每降一级扣3分		
10		2×45°(2处)	3×2	超差不得分		
11	现场操作规范	工量刃具的使用	5	一处未达标扣1分		
12		安全文明生产	5	一处未达标扣1分		
13	误差分析	误差分析	5	一处分析不到位扣2分		
14	完成工时	指定时间内完成	7	每超20min扣2分		
合计			100			
检验员		计分员		时间		年 月 日

2.3 切断、车外沟槽和端面车槽、车圆锥和车螺纹

2.3.1 切断

（1）车刀选择与安装

常用切断刀有整体式高速钢切断刀、焊接式硬质合金切断刀和弹性机夹式切断刀，如图2-26所示。其中整体式高速钢切断刀和弹性机夹式切断刀适于切断小直径工件，焊接式硬质合金切断刀适于切断大直径工件。选择切断刀时应注意刀头长度要大于切深，但不宜过长，否则引起振动甚至折断刀头。

高速钢切断刀几何角度如图2-27所示，硬质合金切断刀几何角度如图2-28所示。

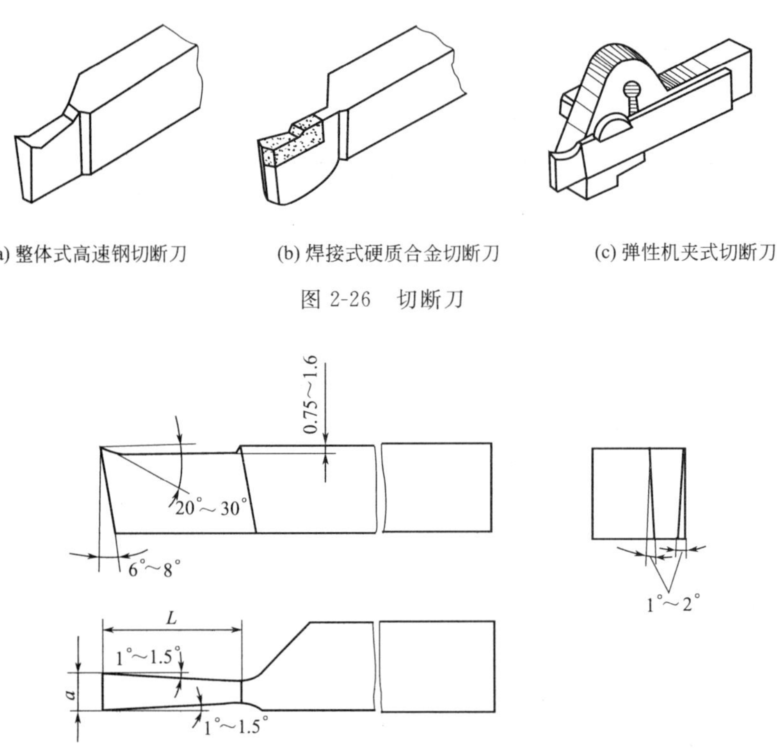

(a) 整体式高速钢切断刀　(b) 焊接式硬质合金切断刀　(c) 弹性机夹式切断刀

图2-26 切断刀

图2-27 高速钢切断刀几何角度

安装切断刀时，应使其主切削刃与工件轴线平行且等高、两侧副偏角对称相等、两侧刃副后角对称相等、且不可为负值。

（2）切断操作方法

切断工件常用直进法和左右借刀法，如图2-29所示。其中直进法操作简便，应用较多；当机床、工件刚性不足或工件直径大时，一般采用左右借刀法。

切断工件操作要点如下。

① 工件、车刀装夹要牢固；悬伸工件要用顶尖顶住或用中心架支撑，以增加工件刚度；工件切断处应距卡盘近些。

② 横向机动进给时，当接近工件时，停止机动进给，改用手动进给；切断实心件至ϕ2～3mm处时，停止进给，将车刀退出，停车后用手将工件扳断。

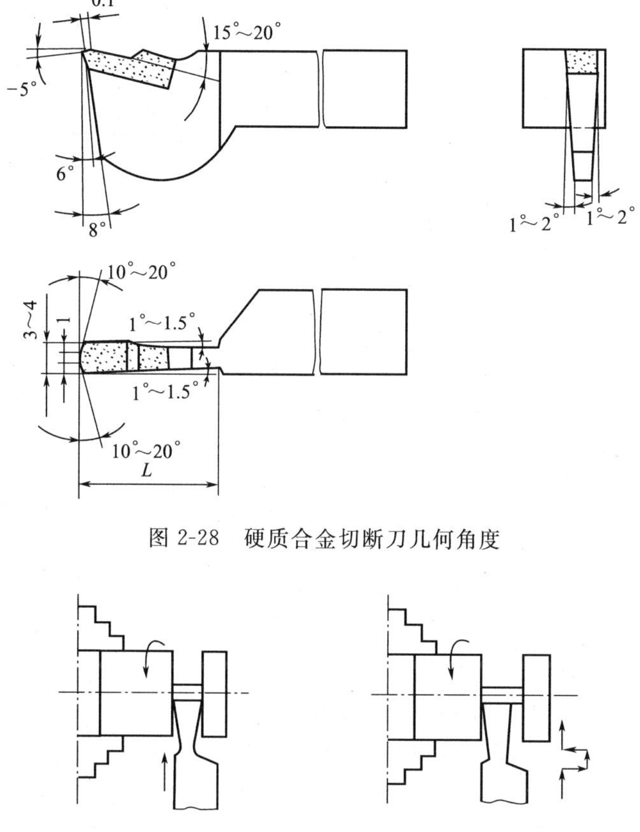

图 2-28　硬质合金切断刀几何角度

图 2-29　切断方法

2.3.2　车外沟槽和端面直槽

(1) 车刀选择与安装

外沟槽车刀的几何角度、安装与切断刀基本相同，只是刀头长度比切断刀短些。

端面直槽的车削过程如图 2-30(a) 所示，端面直槽刀如图 2-30(b) 所示，为避免车刀侧面与圆弧形槽壁产生干涉，端面直槽刀的一副后刀面应磨成弧形。

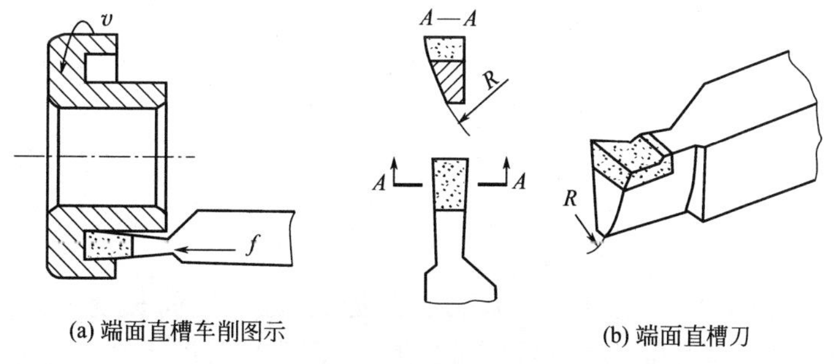

图 2-30　端面直槽及端面直槽刀

(2) 车外沟槽操作方法

当槽宽小于 5mm（称窄槽）时，可利用主切削刃宽度一次切出；当槽宽大于 5mm（称宽槽）时，一般给槽底和侧边留 0.5mm 精车余量，先分几次粗车，再精车槽的一侧面和全槽底，最后车槽宽至尺寸；当槽宽大于 50mm 时，一般先用弯头车刀车出凹槽，再用车槽刀两侧面接平，如图 2-31 所示。

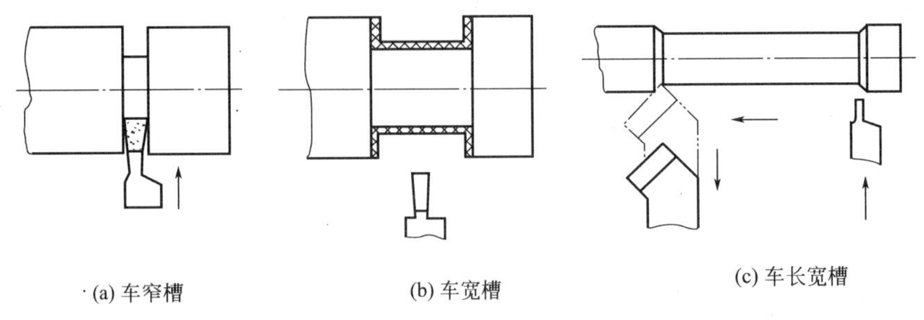
(a) 车窄槽　(b) 车宽槽　(c) 车长宽槽

图 2-31　车外沟槽

车外沟槽时的尺寸控制，小批量生产用刻度盘控制，大批量生产用挡铁控制。

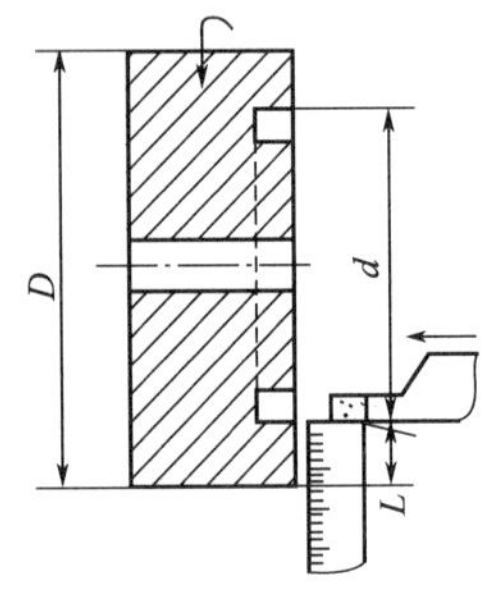

图 2-32　端面槽刀径向尺寸控制

(3) 车端面直槽操作方法

对于精度要求不高的窄槽，可利用主切削刃宽度一次切出；对于精度要求高的窄槽，应先粗车，后精车；对于宽槽，应采用多次直进粗车，再精车。

车端面直槽时径向尺寸的控制，通常先测量工件外径，减去所切端面槽外圆尺寸，再除以 2，得到工件外圆与车槽刀外侧之间的距离，即可定位，如图 2-32 所示。

(4) 外沟槽和端面直槽检测

外沟槽可用游标卡尺或千分尺测量，批量生产可用样板检验，如图 2-33 所示。

端面直槽可用游标卡尺或千分尺、深度游标卡尺、样板等量具检测。

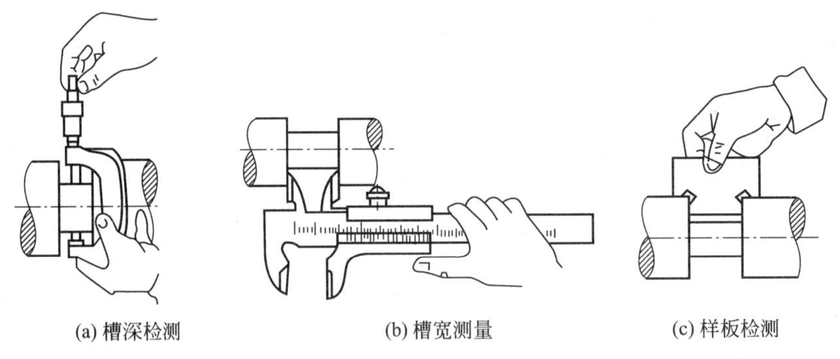
(a) 槽深检测　(b) 槽宽测量　(c) 样板检测

图 2-33　外沟槽检测

2.3.3　车圆锥

(1) 圆锥参数及尺寸计算

圆锥表面有 5 个参数：圆锥角 α、圆锥半角 $\alpha/2$、锥体轴向长度 L、锥体大端直径 D、锥体小端直径 d，如图 2-34 所示。圆锥的锥度 C 可用下式表示

$$C=\tan\alpha=\frac{D-d}{L}$$

(2) 车圆锥操作方法

车床上车圆锥的方法有很多，如转动小滑板法、偏移尾座法、机械靠模法和宽刀法等，

其加工方法、特点、适用场合各不相同。

① 转动小滑板法。计算工件圆锥半角 $\alpha/2$，将小滑板转过 $\alpha/2$ 后固定。车削时摇小滑板手柄，使车刀沿圆锥母线进给，即可车出锥体，如图 2-35 所示。该方法操作简单，但劳动强度较大，表面粗糙度取决于操作技术。转动小滑板法可加工任意锥度的圆锥，但受小滑板行程的制约，不能加工长圆锥。

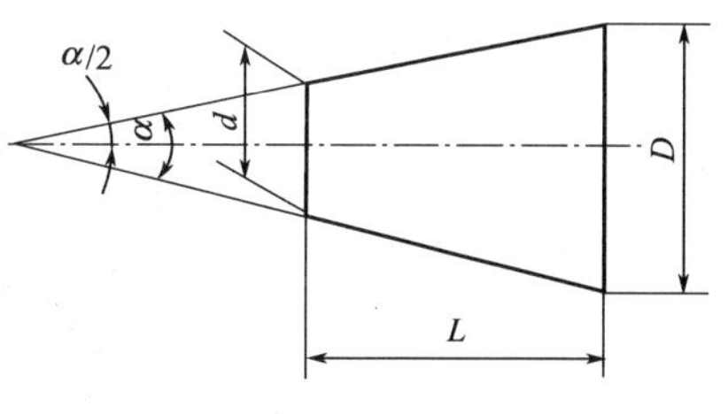

图 2-34　圆锥参数

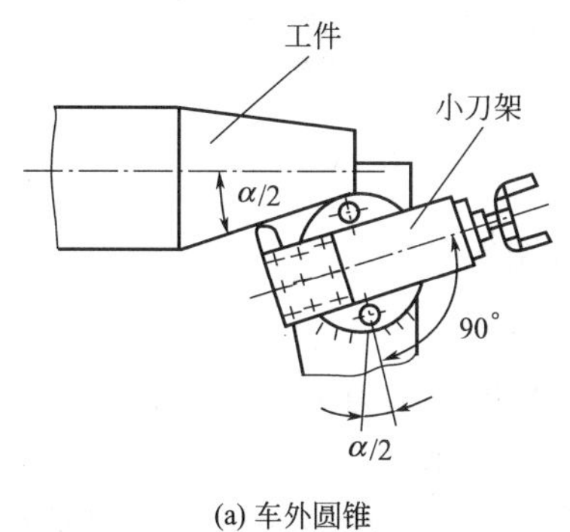

(a) 车外圆锥

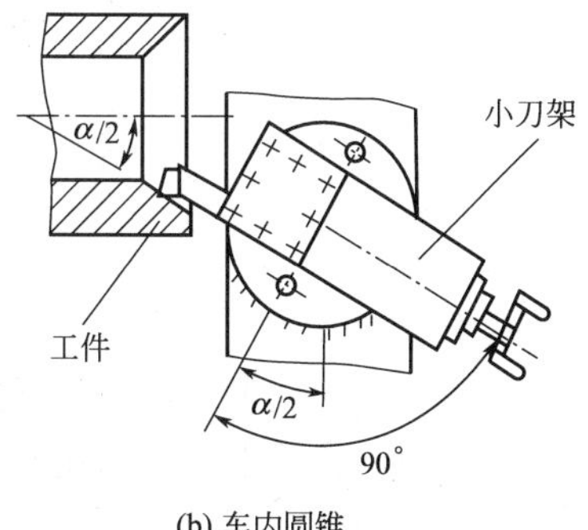

(b) 车内圆锥

图 2-35　转动小滑板法车圆锥

② 偏移尾座法。将尾座偏移一个距离 S，使工件轴心线与车刀纵向进给方向交角等于圆锥半角 $\alpha/2$，如图 2-36 所示，利用车刀纵向进给，车出锥面。当 α 很小时尾座偏移量 S 按下式计算

$$S=l\times\tan\frac{\alpha}{2}=l\times\frac{D-d}{2\times L}\approx l\times\frac{\alpha}{2}$$

式中　S——尾座偏移量，mm；

l——工件长度，mm；

L——锥体轴向长度，mm；

$\alpha/2$——圆锥半角，(°) 或弧度。

偏移尾座法适用于加工小锥度的长锥体。用该方法成批生产时，应保证工件总长及中心孔深度一致，否则在相同的偏移量下会出现锥度误差。

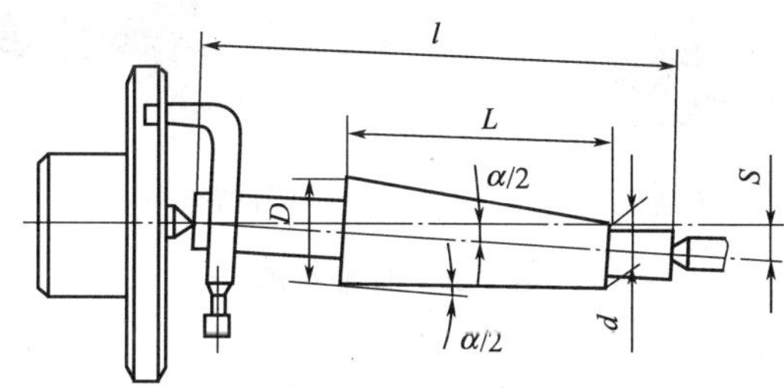

图 2-36　偏移尾座法车圆锥

③ 靠模法。机械靠模法是采用专用靠模工具进行锥面加工的方法，如图 2-37 所示。该方法适用于批量生产小锥度、精度要求高的圆锥表面。

④ 宽刀法。宽刀法，即利用车刀主切削刃横向进给，直接车出圆锥面，如图 2-38 所示。该方法适用于批量生产长度较短的圆锥。

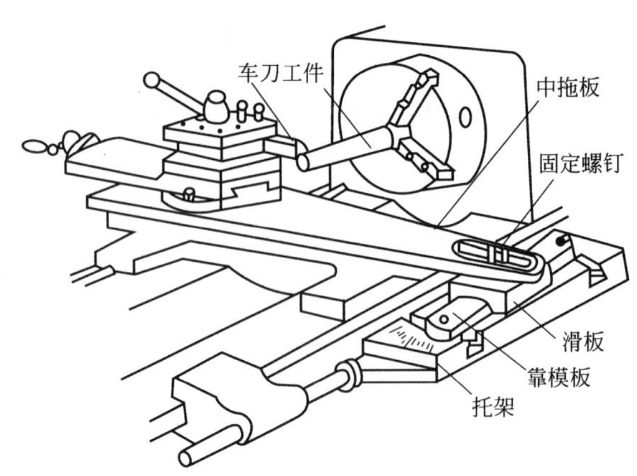

图 2-37 靠模法车圆锥

车圆锥操作要点如下。

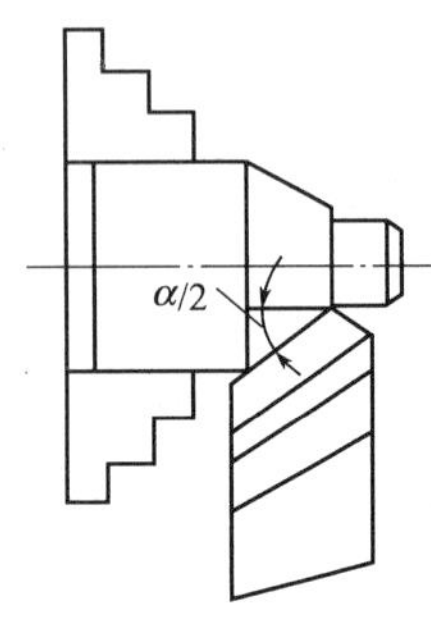

图 2-38 宽刀法车外圆锥

① 无论采用何种方法车圆锥，车刀刀尖都必须严格对准工件的旋转中心，否则车出的圆锥素线不直。

② 转动小滑板法车圆锥时，要先修整小滑板，镶条与导轨配合松紧要适当，使其具有良好的直线性，且能均匀摇动；小滑板转动的角度不得小于计算值，否则容易造成废品。

③ 采用宽刀法车圆锥时，装刀角度要正确，刀架螺钉及刀架手柄应紧固，在不影响操作的前提下，中、小滑板间隙调整得要小一些，以防振动。

(3) 圆锥检测

圆锥加工后，应根据圆锥的结构特点、精度要求和生产批量，采用不同的检测方法。

对于标准圆锥，一般用标准量规检测，标准量规如图 2-39 所示，其中圆锥套规用于检测外圆锥，圆锥塞规用于检测内锥孔。检测时，被测圆锥面在套规或塞规的界限之内为合格，反之为不合格，如图 2-40 所示。

(a) 圆锥套规

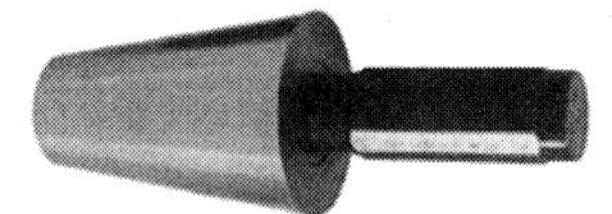

(b) 圆锥塞规

图 2-39 标准量规

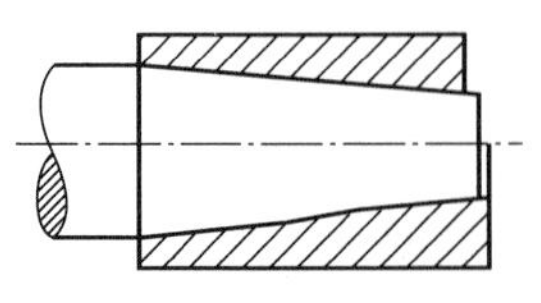

(a) 圆锥套规检验外圆锥

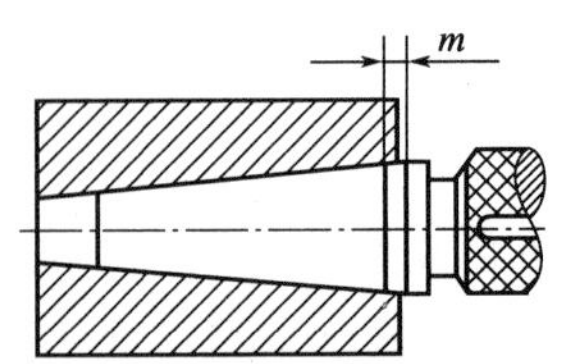

(b) 圆锥塞规检验内锥孔

图 2-40 标准量规检测圆锥面

对于一般角度的圆锥，可用游标万能角度尺检测，如图 2-41 所示。

批量生产时，可用角度样板检测圆锥面，如图 2-42 所示。

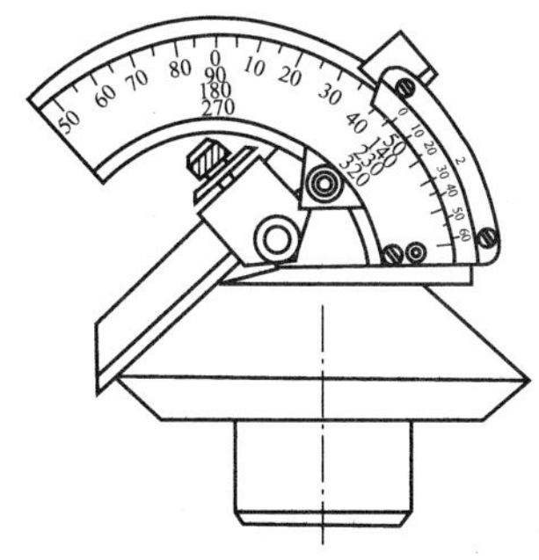

图 2-41　游标万能角度尺测量圆锥面

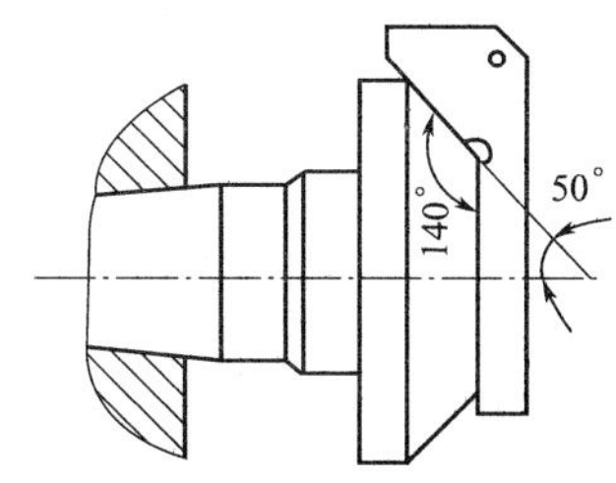

图 2-42　角度样板测量圆锥面

对于配合精度要求较高的圆锥面，一般用着色法检验。检测时，先在锥体表面沿锥面母线薄而均匀地涂上三条红丹或印油，如图 2-43(a) 所示，将圆锥套规轻轻套入锥体，轴向稍加用力，并转动套规 1/3～1/2 转，如图 2-43(b) 所示，再拔出圆锥套规，若锥体上的颜色被均匀擦去，说明锥度正确；若大端表面被擦去，小端表面未被擦去，说明锥度太大；反之锥度太小。着色法检验圆锥锥度时，圆锥表面粗糙度 Ra 值应小于 3.2μm，且无毛刺。

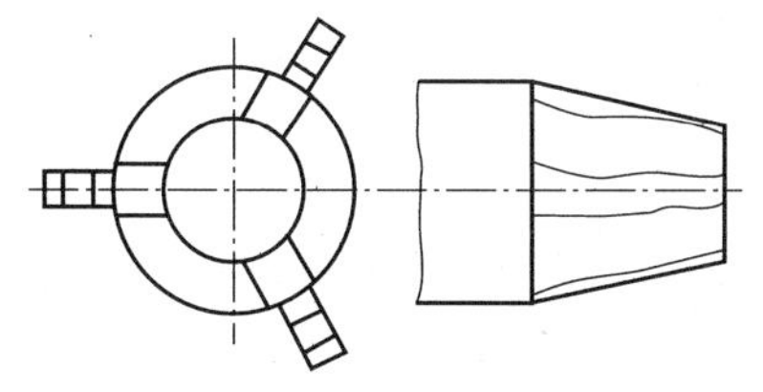

(a) 锥体表面涂上三条显示剂

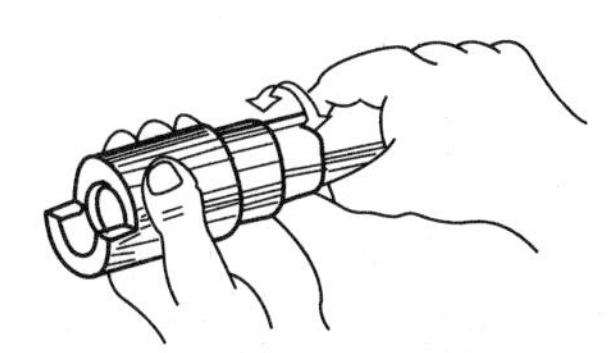

(b) 转动套规

图 2-43　涂色检测圆锥面

(4) 质量缺陷及其原因分析

车圆锥易产生的质量缺陷及其原因分析见表 2-12。

表 2-12　车圆锥质量缺陷及其原因分析

质量缺陷	原因分析
锥度不正确	用转动小溜板车削时，小溜板转角计算错误或小溜板移动松紧不均
	用偏移尾座车削时，尾座偏移位置不正确或工件长度变化
	用靠模车削时，靠模角度调整不正确或工件长度变化
	用成形车刀车削时，装刀不正确或刀刃不直
	铰刀铰锥孔时，铰刀安装不正确或铰刀锥度不正确
大小端尺寸不正确	车削时，背吃刀量控制不正确
双曲线误差	车刀未对准工件中心

2.3.4　车外螺纹

螺纹类型虽多，但车削的基本规律相同。下面以三角形螺纹为例，说明外螺纹车削过程及方法。

(1) 三角形螺纹各部分名称及尺寸计算

三角形螺纹基本牙型如图 2-44 所示，图中大、小写字母分别代表内、外螺纹。三角形螺纹各部分名称及尺寸计算如下。

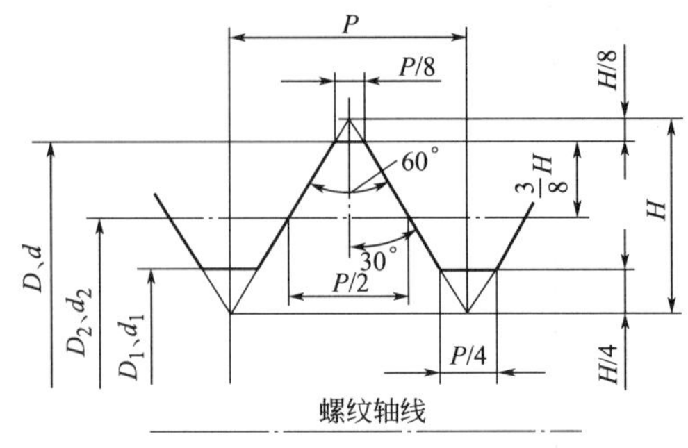

图 2-44 三角形螺纹基本牙型

大径 $D(d)$：螺纹的公称直径。

螺距 P：相邻两牙在轴线方向上对应点间的距离。

中径 $D_2(d_2)$：由下式计算

$$D_2=D-0.6495P$$
$$d_2=d-0.6495P$$

小径 $D_1(d_1)$：由下式计算

$$D_1=D-1.082P$$
$$d_1=d-1.082P$$

牙型角 α：螺纹轴向剖面内螺纹两侧面的夹角，米制牙型角为 60°，英制牙型角为 55°。

线数 n：同一螺纹上螺旋线根数。

导程 L：同一螺旋线上相邻牙在中径线上对应两点间的轴向距离，与螺距、线数间关系可用下式表示

$$L=nP$$

（2）车刀选择与安装

高速钢螺纹车刀用于低速车削或精车螺纹，硬质合金螺纹车刀用于高速车削螺纹。外螺纹车刀几何角度如图 2-45 所示，螺纹车刀两侧后角不相等，进给方向后角比另一侧后角约大 2°，由于硬质合金车刀高速切削螺纹时实际牙型角会扩大，因此刀尖角为 59°30′。螺纹车刀前、后刀面表面粗糙度值要求很小，精车时可用油石研磨螺纹车刀前后刀面，以提高精车质量。

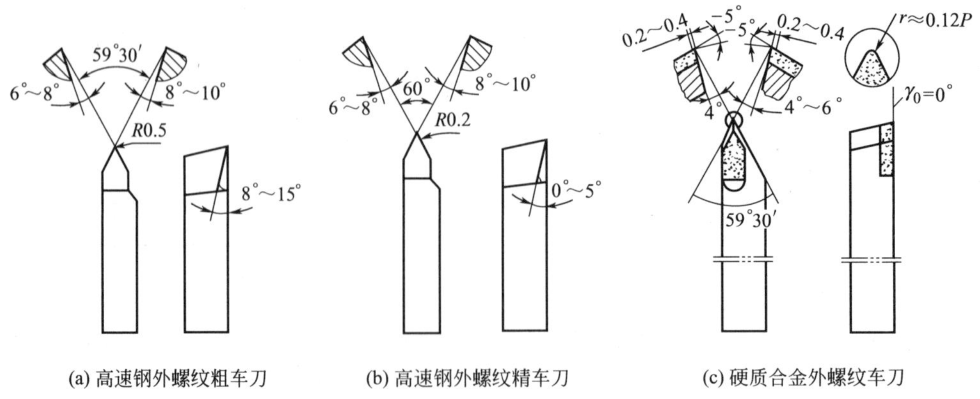

图 2-45 三角形外螺纹车刀

刃磨后的螺纹车刀，一般采用样板利用透光法进行检验，如图 2-46 所示。

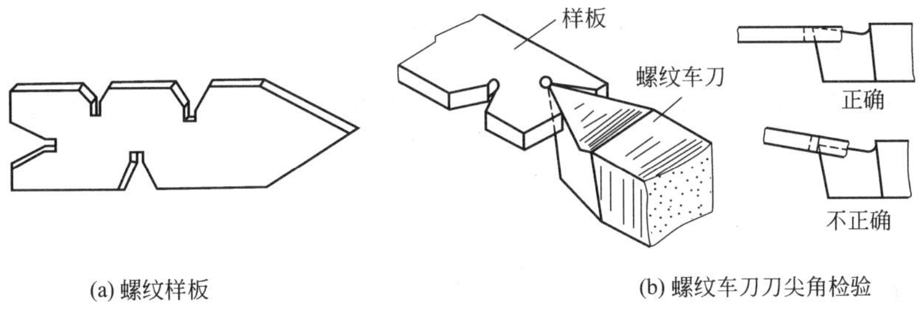

图 2-46　用螺纹样板检验螺纹车刀刀尖角

安装螺纹车刀时，车刀伸出刀座的长度不应超过刀杆截面高度的 1.5 倍，刀尖中心与主轴轴线要严格等高，且保证刀尖角的角平分线垂直主轴轴线，如图 2-47 所示。

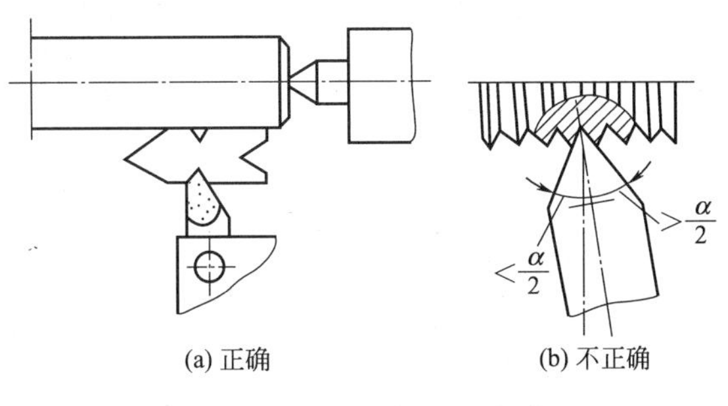

图 2-47　外螺纹车刀的安装

(3) 调整车床

在车床上车螺纹时，必须保证工件每转一转，车刀移动一个螺距或导程，要满足这一条件，必须用丝杠带动刀架进给。车螺纹时的传动路线如图 2-48 所示。车床调整时首先通过开合螺母把丝杠接通，此时主轴的旋转运动通过三星齿轮和配换齿轮传给丝杠。主轴与丝杠的传动比是依靠配换齿轮来调整的。三星齿轮的作用是改变丝杠的旋转方向，以便车削右旋或左旋螺纹。

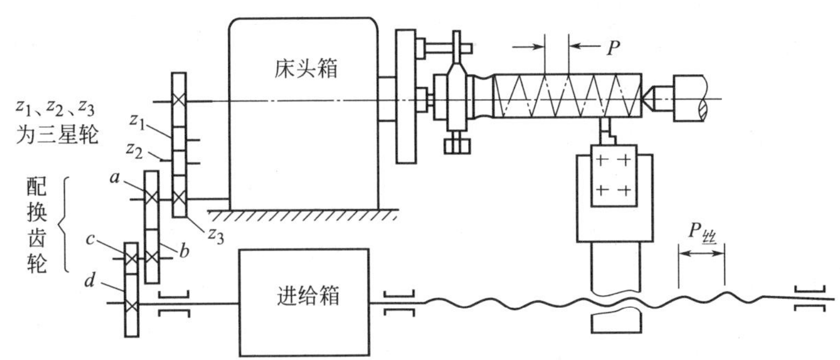

图 2-48　车螺纹时的传动路线

车三角形螺纹时切削用量选择可参考表 2-13。

表 2-13　车三角形螺纹切削用量选择参考

刀具材料	加工阶段	切削速度/(m/min)	背吃刀量/mm	备　注
高速钢	粗车	10～20	≈0.15	留精车余量<0.2mm
	精车	5～7	0.02～0.05	
硬质合金	粗车	20～60	≈0.25	留精车余量<0.2mm
	精车	20～60	<0.1	

注：车削脆性材料比车削塑性材料切削用量小些；直进法车削比左右进刀法车削切削用量小些；车削内螺纹比车削外螺纹切削用量小些。

(4) 车外螺纹操作方法

① 车外螺纹操作步骤　车外螺纹操作步骤见表 2-14。

表 2-14　车外螺纹操作步骤

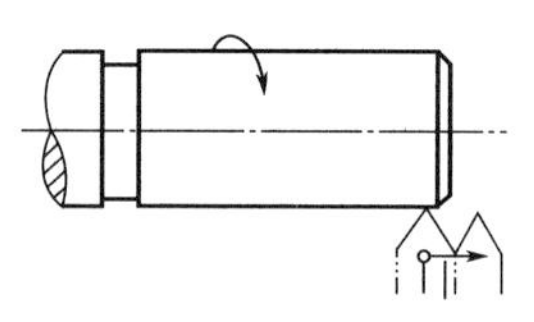 a. 开车，刀尖轻微接触工件表面，中滑板刻度调至零，向右退出车刀	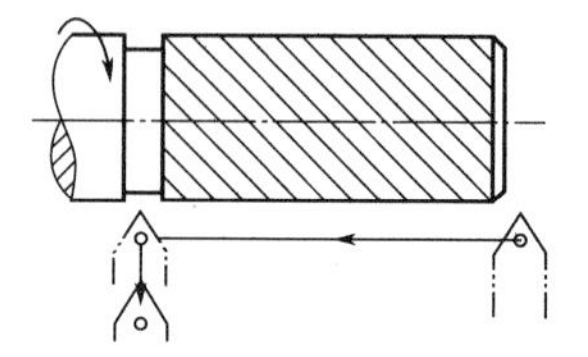 b. 合上开合螺母，在工件表面车出一条螺旋线，横向退出车刀	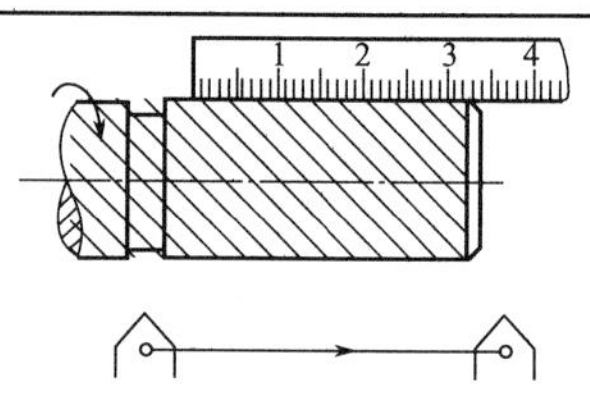 c. 开反车把车刀退到工件右端，停车，用钢尺检查螺距是否正确
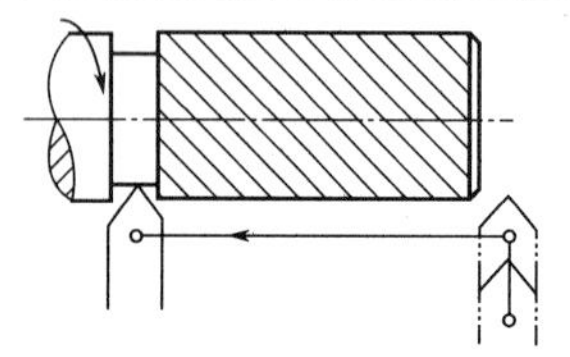 d. 用刻度盘调整背吃刀量，开车切削	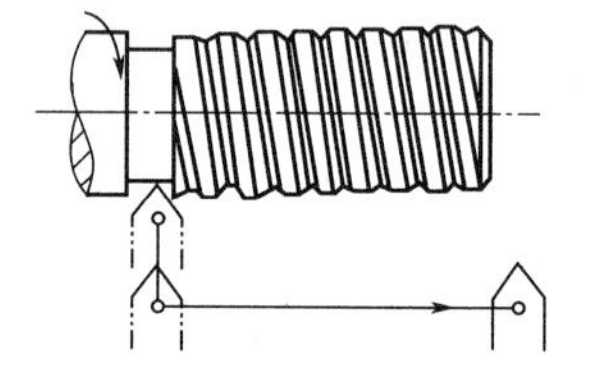 e. 车刀将至终点时，应做好退刀停车准备，先快速退出车刀，然后开反车退出刀架	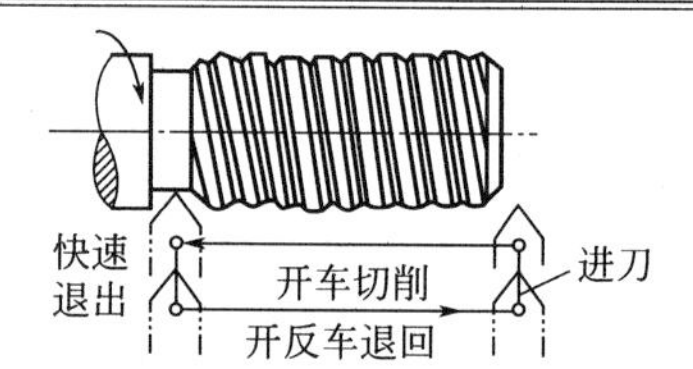 f. 再次横向进刀，继续切削至车出正确的牙型

② 车三角形螺纹进刀方法　车三角形螺纹进刀方法见表 2-15。

表 2-15　车三角形螺纹进刀方法

类　型	名　称	简　　图	特　　点	备　　注
低速车削	直进法		车刀两切削刃同时车削，切削力较大，易产生振动和扎刀，但获得的牙型较准确	适用于螺距小于 3mm 的三角形螺纹车削
	左右切削法		车刀单刃车削，刀尖受力小，排屑顺利，不易扎刀	适用于除梯形螺纹车削外的各种螺纹粗、精车，精车时左右进给量一般应小于 0.05mm，否则易造成牙底过宽或牙底不平
	斜进法		车刀单刃车削，排屑顺利，不易扎刀，操作方便	适用于螺距大于 1.5mm 的三角螺纹的粗车，精车时要用左右切削法才能保证螺纹精度
高速车削	直进法		车刀两切削刃同时车削，切削力大	使用弹性刀杆螺纹车刀，并适当减小床鞍、滑板与导轨的间隙，可防止振动和扎刀

③ 车螺纹注意事项　车螺纹时应注意以下几点。

a. 当车床丝杠螺距是工件导程的整倍数时，车螺纹时不会乱扣；当车床丝杠螺距不是工件导程的整倍数时，为防止车螺纹乱扣，应采取主轴反转，将车刀退回原位的方法车螺纹，此时不能提起开合螺母。

b. 采用正反车法时，主轴换向不能太快，否则会使机床的传动件受冲击而损坏，且在卡盘处应装有保险装置，以防主轴反转时卡盘脱落。

c. 当车床丝杠螺距是工件导程的整倍数时，可采用抬闸法车螺纹，但此时如果开合螺母手柄没有完全压合，使螺母没有抱紧丝杠，也会乱扣。

d. 使用两顶尖装夹工件车螺纹时，工件卸下后再重新车削时，应先对刀，以免乱扣；车螺纹应始终保持刀刃锋利，重磨后的车刀重新安装后，需重新对刀，否则车刀与工件的相对位置发生变化，也会发生乱扣。

e. 车削螺纹时，由于材料受到车刀的挤压作用，使其尺寸发生变化，故低速车削外螺纹时的工件直径应比螺纹大径减小约 $0.12P$，高速车削外螺纹时的工件直径应比大径减小约 $0.15P$。

f. 车左旋螺纹的方法与车右旋螺纹基本相似，只是车刀切入、切出点与车右旋螺纹正好相反。

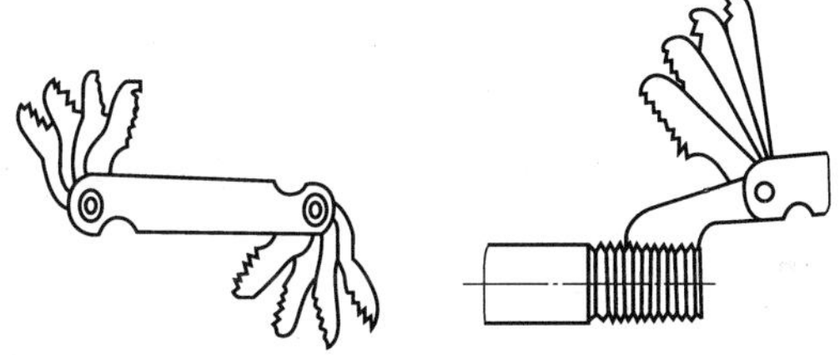

图 2-49　螺纹样板及螺距和牙型角测量

(5) 螺纹检测

螺纹加工后，主要测量螺距、牙型角和螺纹中径。由于螺距是由车床的运动关系来保证的，所以用钢直尺测量即可；牙型角是由车刀的刀尖角以及正确安装来保证的，一般用样板同时测量螺距和牙型角，如图 2-49 所示；螺纹中径常用螺纹千分尺测量，如图 2-50 所示。批量生产时，可用螺纹量规（螺纹环规和螺纹塞规）综合检测。

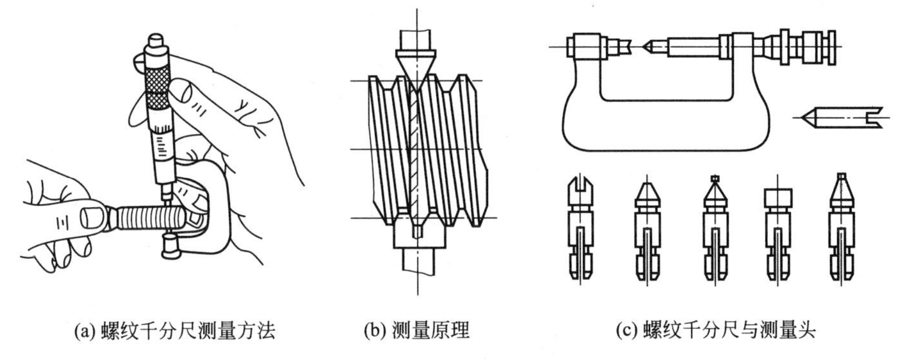

(a) 螺纹千分尺测量方法　(b) 测量原理　(c) 螺纹千分尺与测量头

图 2-50　螺纹千分尺测量螺纹中径

(6) 车螺纹质量缺陷及其原因分析

车螺纹易产生的质量缺陷及其原因分析，见表 2-16 所示。

表 2-16　车螺纹质量缺陷及其原因分析

质量缺陷	原因分析
螺距不正确	进给箱手柄位置错误或交换齿轮搭配错误；开合螺母自行抬起；进给丝杠或主轴窜动量大
牙型不正确	车刀刀尖刃磨不对；车刀磨损；车刀安装不正确

续表

质量缺陷	原　因　分　析
尺寸不正确	车螺纹前的外径或内孔尺寸不准；螺纹切深不准；刀尖磨损
螺纹表面粗糙	车刀磨损或刃磨质量不高；切削用量选择不当；刀杆刚度不够，产生振动；积屑瘤或排屑不正确
扎刀	前角大；横向进给丝杠间隙过大

2.3.5 技能训练

训练任务：车削如图 2-51 所示螺纹轴，材料 45 钢，工时 240min。

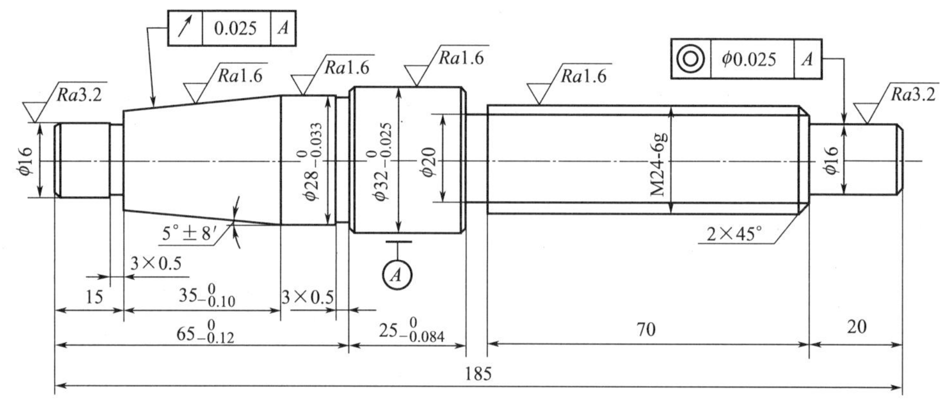

技术要求

1. 未注倒角1×45°。
2. 未注公差尺寸按IT14加工。
3. 不允许用锉刀、砂布修整。

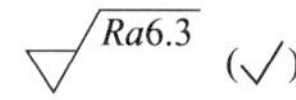

图 2-51　螺纹轴

① 备料　材料 45 钢，毛坯尺寸 ϕ35mm×190mm。

② 工装准备

a. 夹具：三爪自定心卡盘、前顶尖、回转顶尖、鸡心夹头。

b. 刀具：45°弯头车刀、90°外圆车刀、60°外螺纹车刀、3mm 宽切槽刀、A3 中心钻。

c. 量具：钢直尺、游标卡尺、外径千分尺、螺纹环规、角度尺、表面粗糙度样板。

d. 工具：划针盘、钻夹头、齿形样板、其他常用工具。

③ 工艺参数　加工螺纹轴切削用量选择见表 2-17。

表 2-17　车削阶梯轴切削用量选择

序号	工艺内容	背吃刀量/mm	主轴转速/(r/min)	进给量/(mm/r)	备　注
1	切端面	4	500	0.15	硬质合金切断刀
2	钻中心孔	1.5	800	0.2	A3 中心钻
3	粗车	2～3	700	0.3	硬质合金 90°外圆车刀
4	精车	0.4	1000	0.08	
5	车槽	3	400	0.2	高速钢宽 3mm 切槽刀
6	粗车螺纹	0.25	400	3	硬质合金 60°外螺纹车刀
7	精车螺纹	0.08	400	3	

④ 车削步骤　阶梯轴车削步骤见表 2-18 所示。

表 2-18　阶梯轴车削步骤

安装号	装夹方式	工艺内容	工量刃具
1	三爪自定心卡盘装夹(工件伸出约 50mm)	a. 车端面(当工件跳动较大时需找正)	45°车刀、划针盘
		b. 钻 ϕ3mm 中心孔	钻夹头、中心钻
2	一夹一顶(夹持约 30mm)	a. 粗车工艺外圆约 ϕ34mm	90°车刀、游标卡尺
3	调头,三爪自定心卡盘装夹(夹工艺外圆、工件伸出约 50mm)	a. 车端面,控制总长至尺寸	45°车刀、游标卡尺
		b. 钻 ϕ3mm 中心孔	钻夹头、中心钻
4	一夹一顶(夹持工艺外圆约 25mm)	a. 粗车工件右端 ϕ32mm 外圆,留径向精车余量 1mm	90°车刀、游标卡尺
		b. 粗车右端 M24 外圆,留径向精车余量 1mm、长度余量 0.5mm	
		c. 粗车右端 ϕ16mm 外圆,留径向精车余量 1mm、长度余量 0.5mm	
5	调头,一夹一顶(夹持 M24 粗车外圆)	a. 粗车工件左端 ϕ28mm 外圆,留径向精车余量 1mm、长度余量 0.5mm	90°车刀、游标卡尺
		b. 粗车左端 ϕ16mm 外圆,留径向精车余量 1mm、长度余量 0.5mm	
6	双顶尖装夹(夹持左端 ϕ16mm 外圆)	a. 精车右端 ϕ16mm 外圆,长度至尺寸	90°精车刀、千分尺、游标卡尺
		b. 精车 M24-6g 外圆,长度至尺寸	
		c. 精车 ϕ32mm 外圆	
		d. 倒角 2×45°、1×45°(两处)	45°车刀、游标卡尺
		e. 车槽 5×ϕ20mm 至尺寸	3mm 宽槽刀、卡尺
		f. 粗车螺纹 M24-6g,留径向精车余量 0.08mm	60°外螺纹车刀、游标卡尺、螺纹环规
		g. 精车螺纹 M24-6g 至尺寸	
7	调头,双顶尖装夹(夹持左端 ϕ16mm 外圆、找正)	a. 精车左端 ϕ16mm 外圆,长度至尺寸	铜皮、90°车刀、游标卡尺、千分尺
		b. 精车 ϕ28mm 外圆至尺寸	
		c. 粗车锥面	90°车刀、游标卡尺、角度尺
		d. 精车锥面至尺寸	
		e. 车槽 3×0.5(两处)至尺寸	3mm 宽槽刀、卡尺
		f. 倒角 1×45°	45°车刀

⑤ 加工技巧　为提高工件刚性，粗加工时采用一夹一顶装夹方案；为保证工件精度要求，精加工时采用双顶尖装夹方案。为减小加工过程工件热变形及刀具磨损，应加冷却液。

⑥ 考核标准　螺纹轴加工质量考核见表 2-19。

表 2-19 车削螺纹轴考核标准

姓名			完成工时		成绩	
序号	考核项目	考核要点	配分	评分标准	检测结果	得分
1	车外圆	$\phi28_{-0.033}^{0}$,Ra1.6	4,3	每降一级扣2分		
2		$\phi32_{-0.025}^{0}$,Ra1.6	4,3	每降一级扣2分		
3		ϕ16(左),Ra3.2	2,2	超差不得分		
4		ϕ16(右),Ra3.2	2,2	超差不得分		
5		◎ | ϕ0.025 | A	5	超差不得分		
6	车锥面	5°±8′,Ra1.6	5,3	每降一级扣2分		
7		↗ | 0.025 | A	5	超差不得分		
8	车退刀槽	3×0.5(左),Ra6.3	2,1	超差不得分		
9		3×0.5(右),Ra6.3	2,1	超差不得分		
10		ϕ20,Ra6.3	1,1	超差不得分		
11	车螺纹	$\phi24_{-0.432}^{-0.048}$(大径),Ra1.6	4,3	每降一级扣2分		
12		$\phi22.051_{-0.248}^{-0.048}$(中径),$Ra$1.6	5,3	每降一级扣2分		
13	车长度	$35_{-0.1}^{0}$	2	超差不得分		
14		$65_{-0.12}^{0}$	2	超差不得分		
15		$25_{-0.084}^{0}$	2	超差不得分		
16		185	1	超差不得分		
17		20	1	超差不得分		
18		70	1	超差不得分		
19		15	1	超差不得分		
20	其他	Ra6.3(6处)	1×6	超差不得分		
21		2×45°	1	超差不得分		
22		1×45°(4处)	1×4	超差不得分		
23	现场操作规范	工量刃具的使用	4	一处未达标扣1分		
24		安全文明生产	4	一处未达标扣1分		
25	误差分析	误差分析	4	分析不到位每处扣2分		
26	完成工时	指定时间内完成	4	每超20min扣2分		
合计			100			
检验员		计分员		时间	年 月 日	

2.4 孔 加 工

孔加工包括钻孔、扩孔、铰孔，以及车孔、车内沟槽、车内螺纹等，钻孔、扩孔、铰孔参看1.3，这里仅介绍内孔、内沟槽、内螺纹的车削方法。

2.4.1 车孔

车孔是用内孔车刀对已铸出、锻出或钻出的孔作进一步的加工。车孔尺寸精度可达IT7，表面粗糙度 Ra 可达1.6μm。在车床上可进行通孔、不通孔、台阶孔的加工，如图2-52所示。

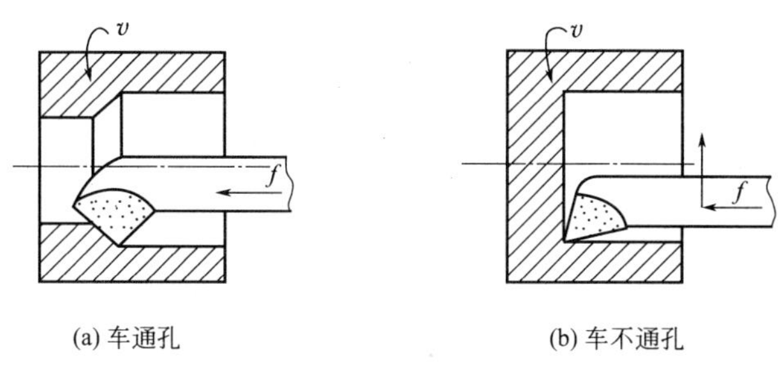

(a) 车通孔　　(b) 车不通孔

图 2-52　车孔

(1) 车刀选择与安装

内孔车刀主要有通孔车刀和不通孔车刀两种，如图 2-53 所示。

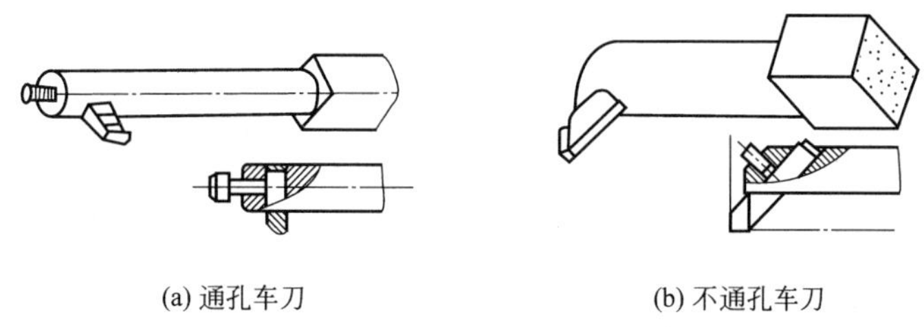

(a) 通孔车刀　　(b) 不通孔车刀

图 2-53　内孔车刀

内孔车刀几何角度如图 2-54 所示。通孔车刀主偏角为 75°，不通孔车刀主偏角大于 90°；内孔车刀的后角比较大，通常做成双重后角或圆弧状，以避免车刀后刀面与孔壁相碰。用于精车通孔的内孔车刀，刃倾角 λ_s 取正值，以使切屑从孔的前端口排出；用于精车不通孔的内孔车刀，刃倾角 λ_s 取负值，以使切屑从孔口及时排出。此外，不通孔车刀刀尖至刀柄外侧距离要小于工件内孔半径，否则无法车平孔底；内孔车刀在内孔车削时，应有足够的退刀空间。

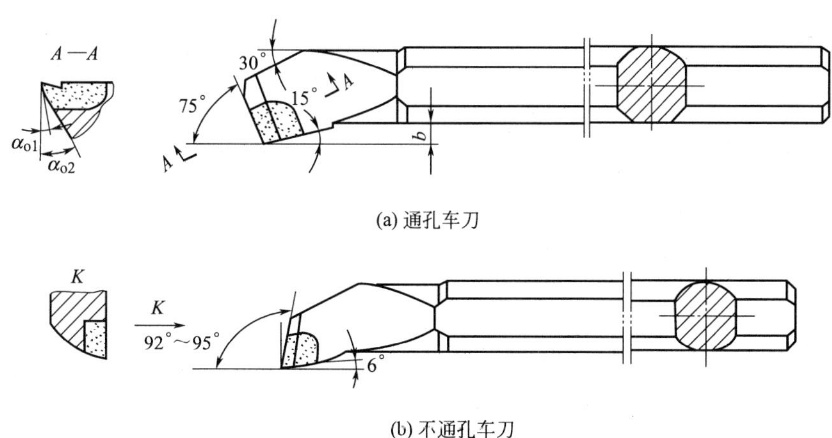

(a) 通孔车刀

(b) 不通孔车刀

图 2-54　内孔车刀几何角度

安装内孔车刀时，刀柄要平行于孔轴线；在满足使用前提下，刀柄尽量长夹短伸；不通孔车刀刀尖要对准工件旋转中心，否则不能车平孔底。

(2) 车孔操作方法

车孔操作步骤与车外圆基本相同，只是进刀与退刀方向相反。车小直径的台阶孔时，由于观察困难且精度不宜掌握，常采用先粗、精车小孔，再粗、精车大孔的方法；车大直径的台阶孔时，一般先粗车大孔、小孔，再精车小孔、大孔。

车孔时，径向尺寸可通过中滑板的刻度来控制；长度尺寸即孔深，可用划记号或床鞍刻线初步控制，精车时，可通过小滑板的刻度或深度游标卡尺控制；批量生产时，常用挡板控制。如图 2-55 所示。

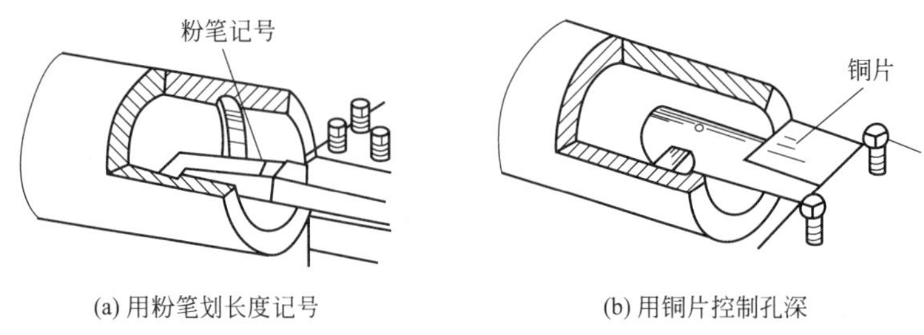

(a) 用粉笔划长度记号　　(b) 用铜片控制孔深

图 2-55　控制车孔深度的方法

车孔操作要点如下。

① 车孔前使车刀在孔内手动试走一遍，检查车刀与孔壁是否发生干涉。

② 车内孔时的切削用量比车外圆时略小；刀杆越细，背吃刀量也越小。

③ 车大孔径台阶孔时，先用主偏角小于 90°的内孔车刀粗车，再换内偏刀精车。

④ 由于刀杆刚性差，容易产生“让刀”，使内孔成为锥孔，这时需降低切削用量重新车孔。

⑤ 车孔刀磨损严重时，也会产生锥孔，这时需重磨车刀，再进行车孔。

(3) 内孔检测

内孔加工后，要测量孔径和孔深。

测量孔径常用量具有游标卡尺、内径百分表、内径千分尺、内卡钳和塞规等，如图2-56所示。对于精度要求不太高的孔径，一般用游标卡尺测量；对于精度要求较高的孔径，用内测千分尺、内径百分表或内径千分尺测量，如图 2-57 所示；对于批量生产的小孔径，常用塞规检测。

(a) 内径百分表　　(b) 数显三爪内径千分尺

图 2-56　内径百分表和内径千分尺

测量孔深常用量具有游标卡尺、深度游标卡尺、深度千分尺等，如图 2-58 所示。

2.4.2　车内沟槽

(1) 车刀选择与安装

常用内沟槽车刀有整体式和机夹式两种，如图 2-59 所示，其中整体式用于小孔径的内沟槽加工，机夹式多用于较大孔径的内沟槽加工。

内沟槽车刀刀头几何角度与外沟槽车刀基本相似，不同之处在于内沟槽车刀的主后角一般磨成双重后角或圆弧状后角，以避免车刀后刀面与孔壁产生干涉。内沟槽车刀刀头几何角度如图 2-60 所示。

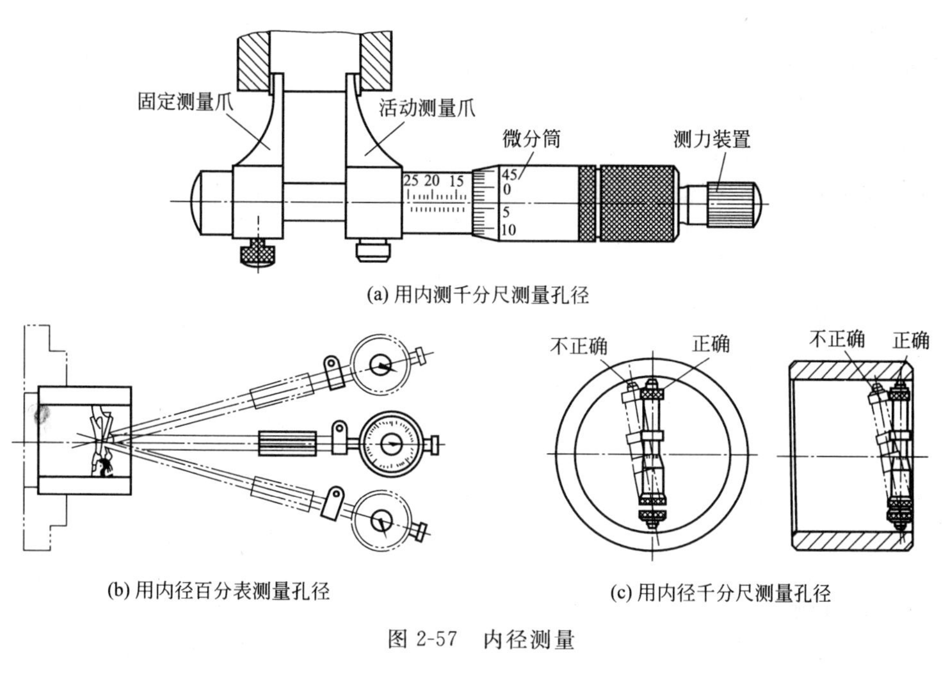

(a) 用内测千分尺测量孔径

(b) 用内径百分表测量孔径

(c) 用内径千分尺测量孔径

图 2-57 内径测量

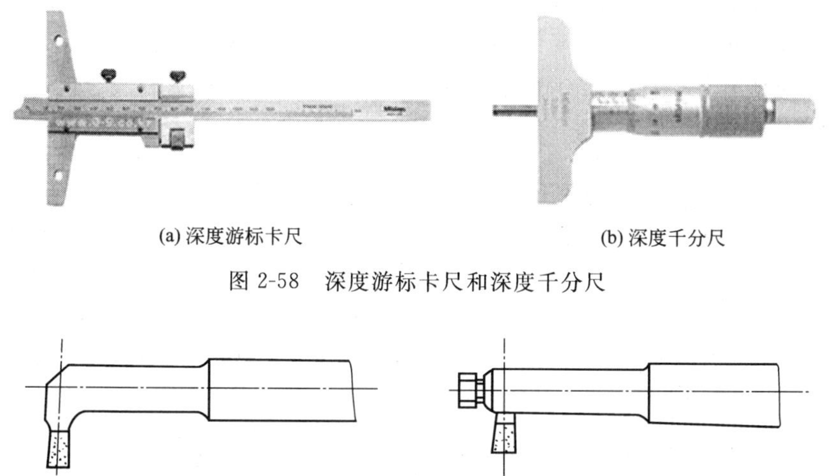

(a) 深度游标卡尺

(b) 深度千分尺

图 2-58 深度游标卡尺和深度千分尺

(a) 整体式

(b) 机夹式

图 2-59 内沟槽车刀

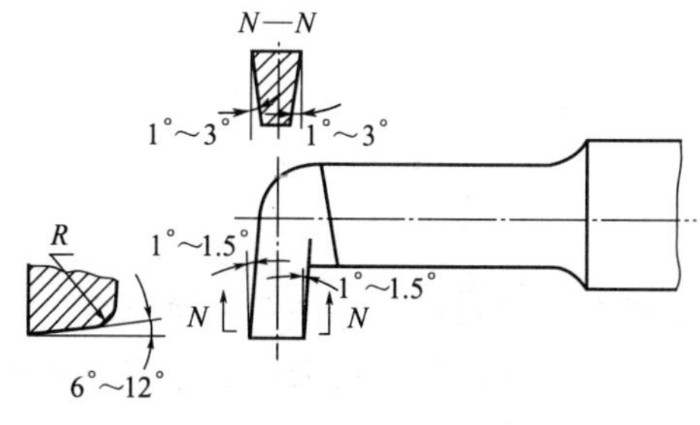

图 2-60 整体式内沟槽车刀刀头几何角度

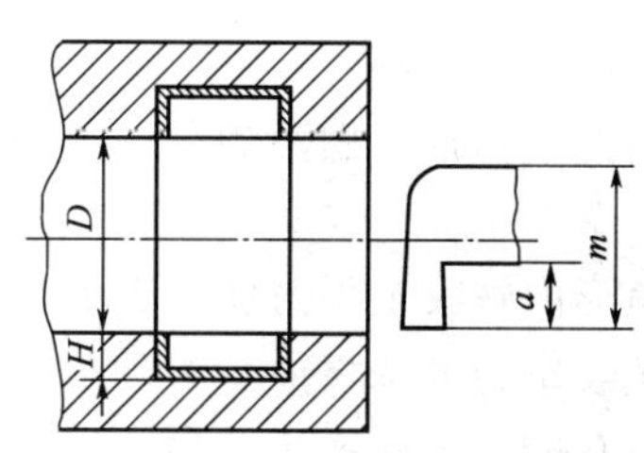

图 2-61 内沟槽车刀的径向尺寸选择

选择内沟槽车刀时应注意，车刀宽度尺寸即图 2-61 中主切削刃到刀杆外端的距离 m，

应小于内孔直径 D；刀头伸出长度即图 2-61 中尺寸 a，应大于槽深 H 约 2mm 左右。

安装内沟槽车刀时，应使主切削刃与内孔素线平行，否则会使槽底歪斜。

内沟槽车刀安装好后，应在孔内试移动一下，检查刀杆与孔壁是否产生干涉。

(2) 车内沟槽操作方法

车内沟槽与车外沟槽相似，一般窄槽利用主切削刃宽度一次车出；宽槽先粗车、后精车；宽而浅的槽，先用弯头车刀车出凹槽，再用车槽刀两侧面接平。如图 2-62 所示。

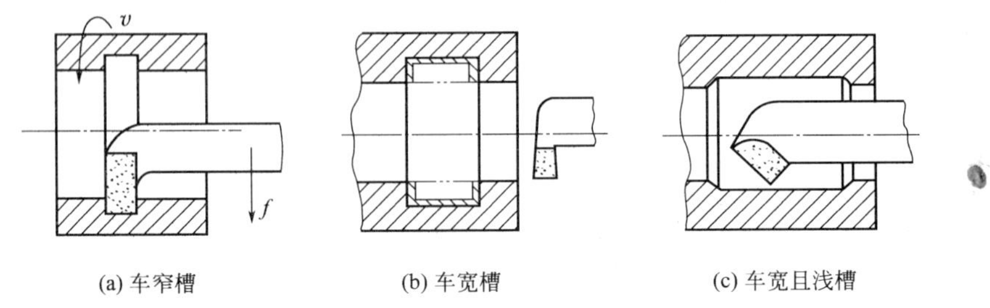

(a) 车窄槽　(b) 车宽槽　(c) 车宽且浅槽

图 2-62　车内沟槽的方法

(3) 内沟槽检测

内沟槽加工后，主要测量槽径、槽宽和槽深。

槽径可用图 2-63(a) 所示内沟槽游标卡尺测量，也可用图 2-63(b) 所示弹簧内卡钳配合游标卡尺测量；槽宽可用图 2-63(c) 所示槽宽游标卡尺测量，槽深可用图 2-63(d) 所示特制槽深游标卡尺测量。批量生产时可用样板测量。

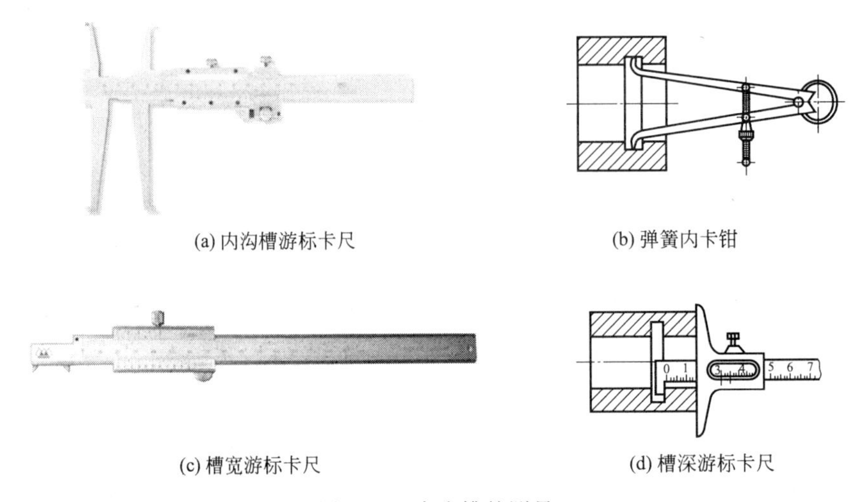

(a) 内沟槽游标卡尺　(b) 弹簧内卡钳

(c) 槽宽游标卡尺　(d) 槽深游标卡尺

图 2-63　内沟槽的测量

2.4.3　车内螺纹

下面以三角形内螺纹为例，说明内螺纹车削方法。

(1) 车刀选择与安装

三角形内螺纹工件形状常见的有三种：通孔、不通孔和台阶孔，如图 2-64 所示。

内螺纹车刀的选择应与被加工内孔的结构形状相适应，同时要考虑刀体大小，避免车削过程中与孔壁、孔底产生干涉。

内螺纹车刀刀头几何角度如图 2-65 所示，为避免后刀面与孔壁相碰，后刀面一般磨成双重后角或圆弧状。

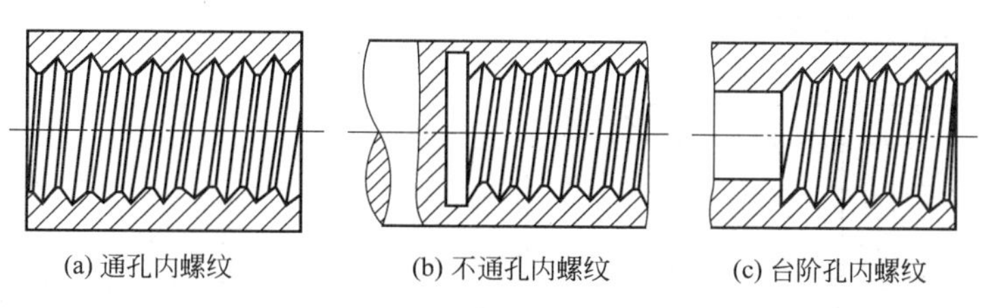

图 2-64　内螺纹工件形状

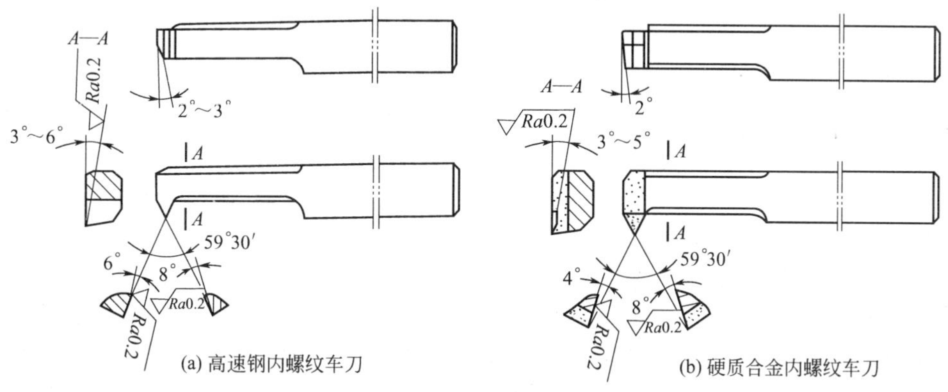

图 2-65　三角形内螺纹车刀刀头几何角度

安装内螺纹车刀时，应使内螺纹车刀刀尖角中心线与工件轴线相垂直，且刀尖等高于工件回转中心或高出不超过 0.5mm，安装后要用螺纹样板检验，如图 2-66 所示，并使车刀在孔内试走一次，检查刀杆与孔壁是否相碰。

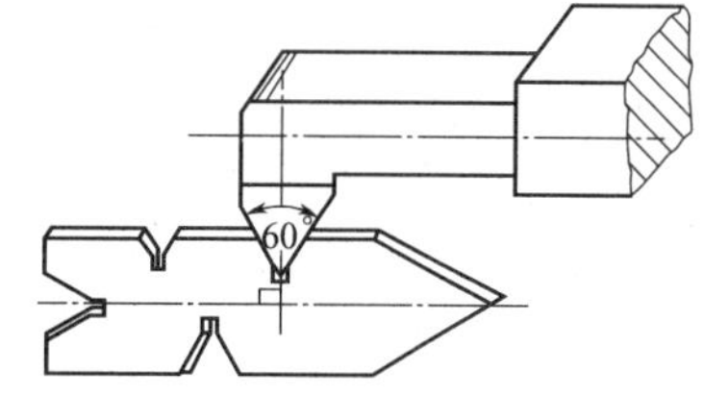

图 2-66　用螺纹样板检查刀尖角

（2）车内螺纹操作方法

车内螺纹的方法与车外螺纹的方法基本相同，只是横向进刀、退刀方向恰好相反。车内螺纹时，刀杆刚性差、切屑不易排出、切削液不易到达切削部位、切削过程不易观察，因此，车内螺纹比车外螺纹困难得多。

车内螺纹时，由于车削时的挤压作用，使内孔直径变小，所以车内螺纹前的孔径，应比螺纹小径略大，一般可按下式计算。

车塑性材料：$D_1=D-P$

车脆性材料：$D_1=D-1.05P$

式中　D_1——内螺纹底孔直径，mm；

D——内螺纹大径，mm；

P——螺纹螺距，mm。

（3）内螺纹检测

内螺纹加工后，通常用螺纹塞规检验；对于精度要求不高的内螺纹，也可用标准螺杆检验；对于精度要求较高的内螺纹，也可用专用的内螺纹测量仪进行检验。

2.4.4　技能训练

训练任务：车削如图 2-67 所示轴套，材料 45 钢，工时 180min。

① 备料　材料 45，毛坯尺寸 ϕ50mm 圆钢。

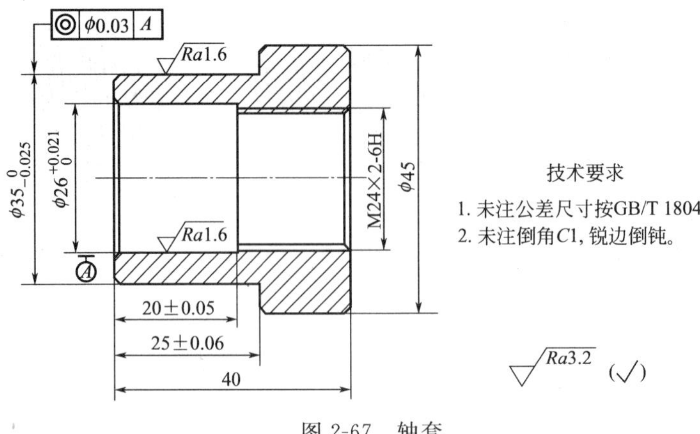

图 2-67　轴套

② 工装准备

a. 夹具：三爪自定心卡盘。

b. 刀具：45°弯头车刀、90°外圆车刀、4mm 切断刀、A3.5 中心钻、ϕ20mm 钻头、内孔车刀、60°内螺纹车刀。

c. 量具：钢直尺、游标卡尺、外径千分尺、内径量表、螺纹环规、表面粗糙度样板。

d. 工具：百分表及表架、钻夹头、齿形样板及其他常用工具。

③ 工艺参数　加工轴套切削用量选择参见表 2-8。

④ 车削步骤　轴套车削步骤见表 2-20。

表 2-20　轴套车削步骤

安装号	装夹方式	工艺内容	工量刃具
1	三爪自定心卡盘装夹(工件伸出约 50mm)	a. 车左端面	45°车刀
		b. 钻 ϕ3.5mm 中心孔	中心钻、钻夹头
		c. 钻 ϕ20mm 通孔	ϕ20 钻头、钻夹头
		d. 粗车 ϕ26mm 内孔，留径向精车余量 0.5mm、长度余量 0.5mm	内孔车刀
		e. 精车 ϕ26mm 内孔至尺寸	
		f. 粗车 ϕ45mm 外圆，长 45mm，留径向精车余量 1mm	90°外圆车刀、游标卡尺
		g. 粗车 ϕ35mm 外圆，留径向精车余量 0.5mm，长度余量 0.5mm	
		h. 精车 ϕ35mm 外圆至尺寸	
		i. 倒内、外 45°角	45°车刀
		j. 切断，留长度余量 1mm	4mm 切断刀、游标卡尺
2	调头，三爪自定心卡盘找正装夹(夹持约 15mm)	a. 车端面，控制总长至尺寸(需找正)	45°车刀、游标卡尺
		b. 粗车 M24×2-6H 螺纹底孔 ϕ22mm，留径向精车余量 0.5mm	90°外圆车刀、游标卡尺
		c. 精车 M24 螺纹底孔至尺寸 ϕ22mm	
		d. 内孔倒角 C1	45°车刀
		e. 粗车螺纹 M24，留径向精车余量 0.08mm	60°内螺纹车刀、游标卡尺、螺纹规
		f. 精车螺纹 M24×2-6H 至尺寸	
		g. 精车 ϕ45mm 外圆至尺寸	90°车刀、游标卡尺
		h. 倒角 C1	45°车刀

⑤ 加工技巧 工件调头装夹时，为防止在切削力作用下产生轴向位移，可加轴向定位套；若无轴向定位，则应采用较小的切削用量；车削内孔时，应注意冷却、排屑。

⑥ 考核标准 轴套加工质量考核见表 2-21。

表 2-21 车削轴套考核标准

姓名			完成工时		成绩	
序号	考核项目	考核要点	配分	评分标准	检测结果	得分
1	车外圆	$\phi35_{-0.025}^{0}$，$Ra1.6$	7，4	每降一级扣 2 分		
2		$\phi45$，$Ra3.2$	5，3	超差不得分		
3		◎ $\phi0.03$ A	6	超差不得分		
4	车内孔	$\phi26_{0}^{+0.021}$，$Ra1.6$	8，4	每降一级扣 2 分		
5	车内螺纹	M24×2-6H	13	超差不得分		
6	车长度	20±0.05	4	超差不得分		
7		25±0.06	4	超差不得分		
8		40	4	超差不得分		
9	其他	$Ra3.2$(3 处)	3×3	超差不得分		
10		1×45°(5 处)	1×5	超差不得分		
11	现场操作规范	工量刃具的使用	6	一处未达标扣 1 分		
12		安全文明生产	6	一处未达标扣 1 分		
13	误差分析	误差分析	6	分析不到位每处扣 2 分		
14	完成工时	指定时间内完成	6	每超 20min 扣 2 分		
合计			100			

检验员		计分员		时间	年 月 日

思 考 与 练 习

1. 填空题

(1) 图 2-68 所示中心钻，__________是 A 型中心钻，__________是 B 型中心钻。

(a) (b)

图 2-68 中心钻

(2) 在车床上加工直径较小的内、外螺纹时，可用丝锥、板牙加工，其中__________用于加工内螺纹，__________用于加工外螺纹，且加工时应选车床的最低转速。

(3) 切断刀的刀头长度与切深有关，当切断实心工件时，刀头长度应__________工件半径，当切断空心工件时，刀头长度应__________外、内径之差的 1/2。

(4) 用涂色法检验圆锥锥度时，拔出套规后，若锥体上的显示剂被均匀擦去，说明锥度正确；若大端表面未被擦去，小端表面被擦去，说明锥度__________。

(5) 车削轴类零件时，出现锥度误差，其可能的原因有__________。

2. 单项选择题

(1) 主轴的旋转运动通过交换齿轮箱、进给箱、丝杠或光杠、溜板箱的传动，使刀架作__________进给运动。

A. 曲线　　B. 直线　　C. 圆弧

(2) 变换________外的手柄，可以使光杠得到各种不同的转速。

A. 主轴箱　　B. 溜板箱　　C. 交换齿轮箱　　D. 进给箱

(3) C6140A 车床表示经第________次重大改进。

A. 一　　B. 二　　C. 三

(4) 加工铸铁等脆性材料时，应选用________类硬质合金车刀。

A. 钨钛钴　　B. 钨钴　　C. 钨钛

(5) 刀具的前刀面和基面之间的夹角是________。

A. 楔角　　B. 刃倾角　　C. 前角

(6) 车外圆时，切削速度计算式中的直径 D 是指________直径。

A. 待加工表面　　B. 加工表面　　C. 已加工表面

(7) 粗车时为了提高生产率，选用切削用量时应首先取较大的________。

A. 背吃刀量　　B. 进给量　　C. 切削速度

(8) 麻花钻横刃太长，钻削时会使________增大。

A. 主切削力　　B. 轴向力　　C. 径向力

(9) 对于同一圆锥体来说，锥度总是________。

A. 等于斜度　　B. 等于斜度的两倍　　C. 等于斜度的一半

(10) 一个工件上有多个圆锥面时，最好是采用________法车削。

A. 转动小滑板　　B. 偏移尾座　　C. 宽刃刀切削

3. 简述题

(1) 车床上可以加工的表面有哪些？能达到的尺寸公差等级和表面粗糙度 Ra 值各为多少？

(2) 车刀的几何角度有哪些？它们对切削过程有何影响？

(3) 说明卧式车床的“四箱”“两杠”“两架一座”分别指什么？各有何功用？

(4) 安装车刀应注意哪些问题？

(5) 卧式车床上工件的装夹方法有哪些？

(6) 试切的目的是什么？结合实际操作说明试切的步骤。

(7) 用 ϕ25mm 高速钢麻花钻钻孔，切削速度选择 30m/min，工件转速是多少？

(8) 为什么车削时一般先要车端面？为什么钻孔前也要先车端面？

(9) 何种工件适合双顶尖装夹？如何加工中心孔？

(10) 车螺纹时产生乱扣的原因是什么？如何防止乱扣？

模块3　铣　　工

【学习目的】 铣削加工是目前应用最为广泛的切削加工方法之一，在机械加工中占有重要地位。通过铣工实习，使学生熟悉铣削加工的工艺范围、加工特点及工艺装备，学会铣削加工基本操作，养成安全操作、文明生产的习惯。

3.1　铣工入门

3.1.1　铣削加工的工艺范围

铣削加工是用铣刀在铣床上完成的金属切削加工，适用于加工各种平面、台阶、沟槽、成形面和切断等，常见的铣削加工见表3-1。铣削加工后，工件的尺寸精度可达IT8～IT10，表面粗糙度可达Ra1.6～6.3μm。

表3-1　铣削加工工艺范围

名　称	加工简图	名　称	加工简图
铣平面	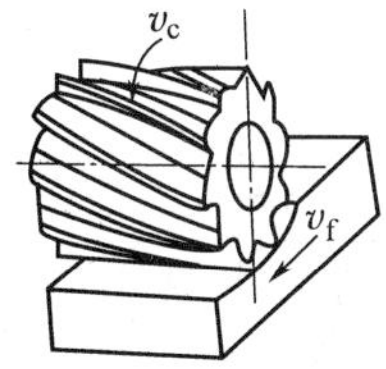 v_c v_f	铣沟槽	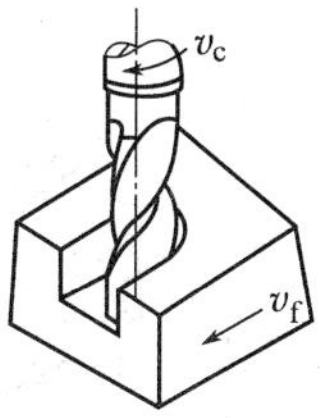 v_c v_f
铣平面	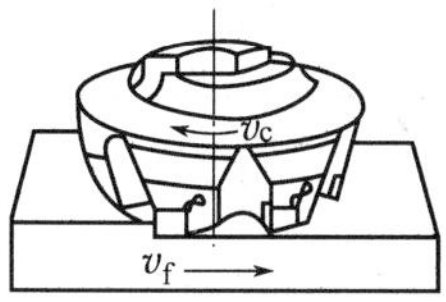 v_c v_f	铣沟槽	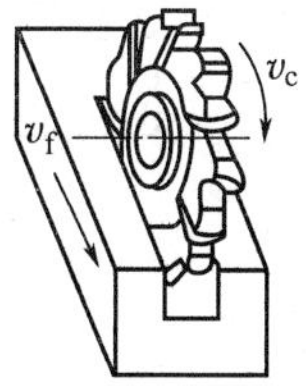 v_c v_f
铣台阶	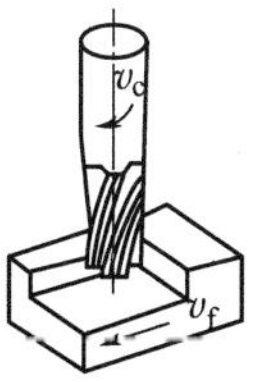 v_c v_f	切断	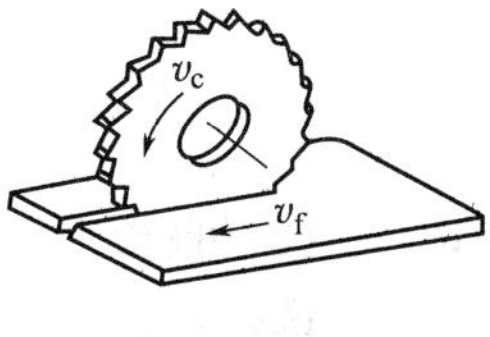 v_c v_f
铣侧面	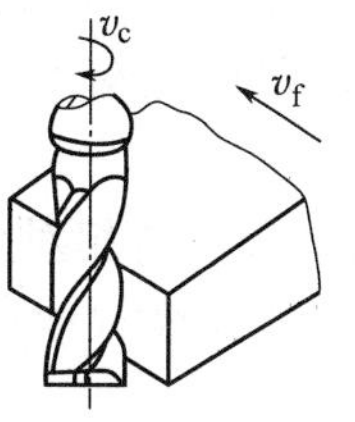 v_c v_f	铣曲面	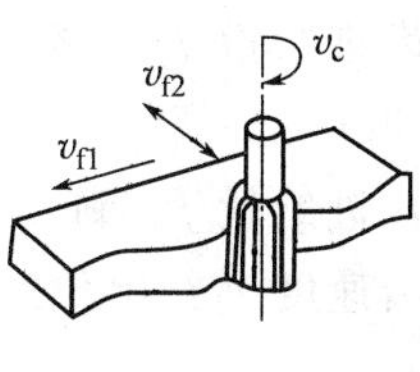 v_c v_{f2} v_{f1}

续表

名　称	加 工 简 图	名　称	加 工 简 图
铣键槽		铣 T 形槽	
铣 V 形槽		铣燕尾槽	

3.1.2　铣削运动与铣削用量

在铣削过程中，铣刀的旋转运动为主运动，工件沿直线或曲线的移动为进给运动。

铣削用量包括铣削速度、进给量、背吃刀量和侧吃刀量，如图 3-1 所示。

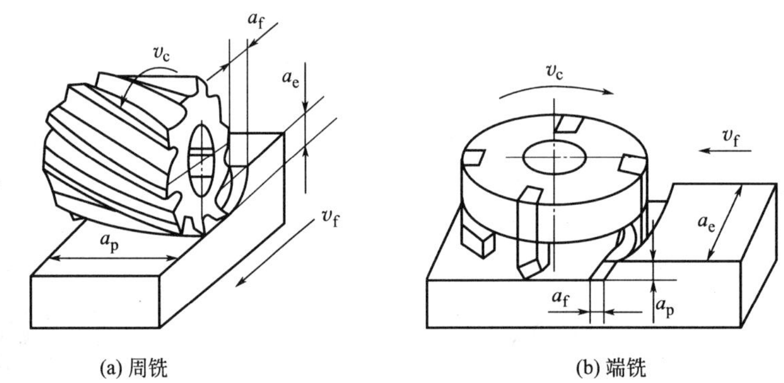

(a) 周铣　　(b) 端铣

图 3-1　铣削用量

① 铣削速度 v_c　一般指铣刀最大直径处切削刃的线速度，单位为 m/min，可用下式表示

$$v_c=\frac{\pi d n}{1000}$$

式中　d——铣刀直径，mm；

n——铣刀转速，r/min。

② 进给量　进给量是工件在进给运动方向上相对于铣刀的移动量，有三种表示方法。

每齿进给量 f_z：铣刀每转过一个刀齿时，工件与铣刀沿进给方向的相对位移量，单位为 mm/齿；

每转进给量 f：铣刀每转一转时，工件与铣刀沿进给方向的相对位移量，单位为 mm/r；

进给速度 v_f：单位时间（每分钟）内，工件与铣刀沿进给方向的相对位移量，单位为 mm/min。

f_z、f、v_f 三者的关系表示为

$$v_f = fn = f_z zn$$

式中　z——铣刀齿数。

铣削加工中规定三种进给量是由于生产的需要，其中 v_f 用以机床调整及计算加工工时；每齿进给量 f_z 用以计算切削力、验算刀齿强度。

③ 背吃刀量 a_p　平行于铣刀轴线测量的切削层尺寸，单位为 mm。周铣时 a_p 是已加工表面宽度，端铣时 a_p 是切削层深度。

④ 侧吃刀量 a_e　垂直于铣刀轴线测量的切削层尺寸，单位为 mm。周铣时 a_e 是切削层深度，端铣时 a_e 是已加工表面宽度。

3.1.3　铣床及其附件

(1) 铣床

铣床的类型很多，有卧式铣床、立式铣床、龙门铣床、工具铣床、仿形铣床、各种专门化铣床及数控铣床等。卧式铣床又分为万能升降台铣床和卧式升降台铣床。铣床的种类虽多，但基本部件大致相同。下面以 X6132 型万能升降台铣床为例，介绍铣床的组成，如图 3-2 所示。

① 床身　用来安装、支承和连接机床上其他部件。床身顶部有水平导轨供横梁移动，床身外侧有垂直导轨供升降台上下移动，床身内部装有主轴、变速机构、润滑油泵和电动机等。

② 横梁和吊架　横梁安装在床身的顶部，可沿顶部导轨做横向移动。横梁上装有吊架，用于支承刀杆的外端，以增加刀杆的刚性。

③ 主轴　主轴是前端带有锥孔的空心轴，刀杆安装在锥孔中，并随主轴一起转动。

④ 主轴变速机构　其作用是将电动机传来的转速，通过齿轮变速机构变换成 18 种不同的转速，传给主轴。

⑤ 纵向工作台　工作台上有 T 形槽，用于安装夹具和工件，工作台的下面通过螺母与丝杠连接，使工作台作纵向移动。

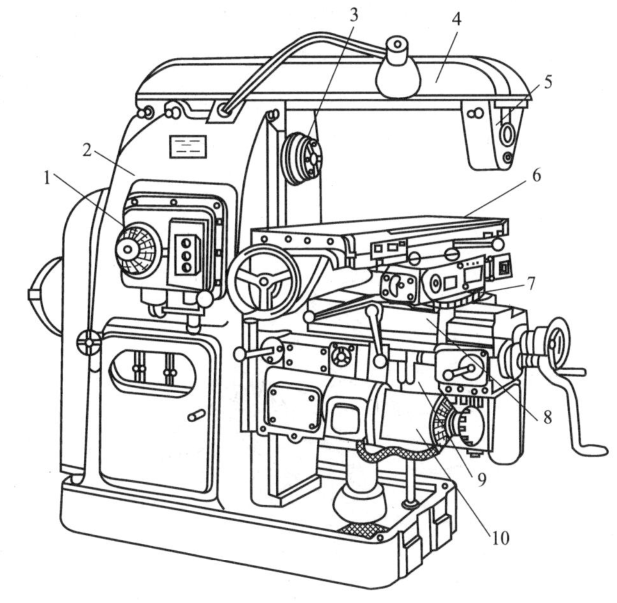

图 3-2　万能卧式升降台铣床

1—主轴变速机构；2—床身；3—主轴；4—横梁；5—吊架；6—工作台；7—回转盘；8—床鞍；9—升降台；10—进给变速机构

⑥ 横向工作台　位于纵向工作台和升降台之间，可沿升降台上面的导轨做横向移动，用于带动工件做横向进给运动。

⑦ 升降台　用于带动纵、横向工作台上下移动，以调整纵向工作台与铣刀的距离和实现垂直进给，其内部装有机动进给变速结构和进给电动机。

⑧ 回转盘　位于纵向工作台和横向工作台之间，可使纵向工作台顺时针或逆时针回转 45°，用于铣削螺旋槽。

⑨ 进给变速机构　安装在升降台内，其作用是将进给电动机的额定转速通过齿轮变速成 18 种转速传递给进给机构，使工作台以各种不同的速度移动，完成铣削加工。

⑩ 底座　用来支承床身并固定机床。

（2）铣床附件

铣床的主要附件有平口钳、回转工作台、分度头和万能铣头等。

① 平口钳　平口钳是铣削加工中装夹较规则工件最常用的通用工具，结构简单，夹紧可靠。装夹工件时，先将平口钳安装在工作台的 T 形槽内，校正平口钳并夹紧，再安装工件。

② 回转工作台　回转工作台如图 3-3 所示，其内部有一副蜗杆蜗轮，手轮与蜗杆同轴相连，转台与蜗轮连接。转动手轮，通过蜗杆蜗轮的传动使转台转动。转台周围有刻度，用以确定转台位置；转台中央的孔可以装夹芯轴，用以找正和确定工件的回转中心。工作时，将工件装夹于转台上，转动手轮使转台和工件转过相应的角度，即可进行铣削加工。回转工作台常用于圆弧槽和非整圆弧面的加工，也可用于零件的分度工作。

③ 分度头　在铣削加工中，铣六方、齿轮、花键等工件时，要求每铣过一个面或一个槽，工件转过一定角度，再铣下一个面或槽，这种转角工作称为分度。分度头就是一种用于分度的装置，其中最常用的是万能分度头。

万能分度头结构如图 3-4 所示。其主轴前端锥孔可安装顶尖，主轴外部有螺纹，可安装卡盘或拨盘，以装夹工件。主轴可随转动体在垂直平面内向上 90°或向下 10°的范围内转动，以便铣削斜面或垂直面。分度头侧面配有分度盘，在分度盘不同直径的圆周上，有不同数量的等分孔，用于分度。

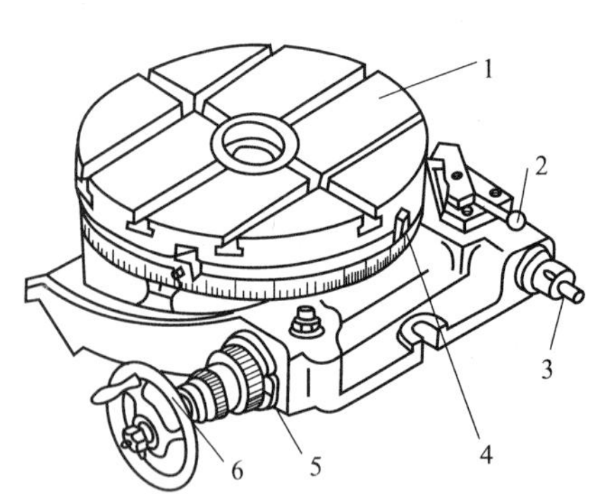

图 3-3　回转工作台

1—回转台；2—离合器手柄；3—传动轴；4—挡铁；5—偏心环；6—手轮

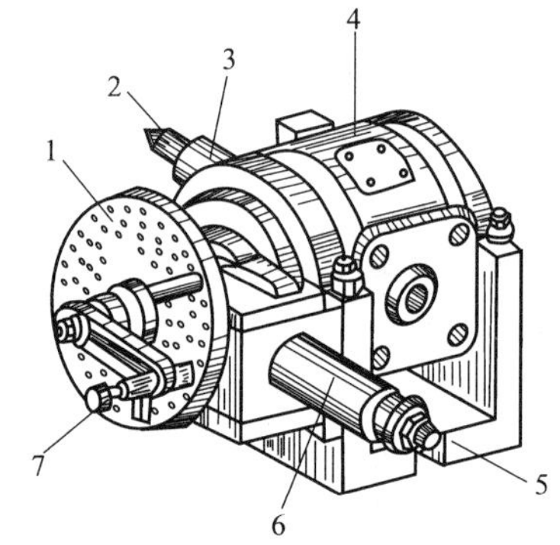

图 3-4　万能分度头

1—分度盘；2—顶尖；3—主轴；4—转动体；5—底座；6—挂轮轴；7—手柄

分度头内部的传动系统如图 3-5(a) 所示。分度时，拔出定位销 8，转动手柄 1，通过一对传动比为 1∶1 的直齿圆柱齿轮和一对 1∶40 的蜗杆蜗轮传动，使分度头主轴带动工件转过一定角度。手柄转过一圈，主轴带动工件转过 1/40 圈。

如果要将工件的圆周分为 z 等分，则每次分度工件应转过 $1/z$ 圈。设每次分度手柄的转数为 n，则手柄转数 n 与工件等分数 z 之间有如下关系

$$n=\frac{40}{z}$$

例如，要对工件圆周作 35 等分，则每一次分度手柄应转过的转数为

$$n=\frac{40}{z}=\frac{40}{35}=1+\frac{1}{7}$$

即每次分度，手柄应转过 1 整圈再加 1/7 圈，这不满一圈的转动通过分度盘上的孔圈来控制。分度盘如图 3-5(b) 所示，其正反面各有许多圈孔，各圈孔数均不相等，而同一孔圈的孔距相等。不同规格的万能分度头分别配有相应的分度盘，例如 FW200 型的分度头所配分度盘的孔数有：24、25、28、30、34、37、38、39、41、42、43、46、47、49、51、53 等。如果要将手柄转过 1 整圈再加 1/7 圈，应先将分度手柄上的定位销拔出，调整到孔数为 7 的倍数的孔圈（如孔数为 28）上，手柄转过 1 整圈后，再转过 4 个孔距，即完成一次分度。为减少每次分度时数孔的麻烦，可调整分度盘上分度拨叉 9 和 10 之间的夹角，形成固定的孔间距数，在每次分度时，只要转动拨叉即可准确分度。

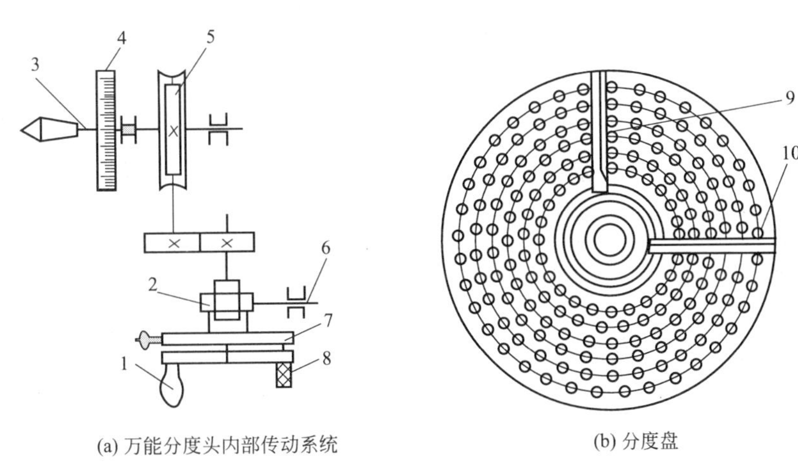

(a) 万能分度头内部传动系统　　(b) 分度盘

图 3-5　万能分度头传动系统

1—手柄；2—1∶1 斜齿轮传动；3—主轴；4—刻度盘；5—1∶40 蜗杆传动；6—挂轮轴；7—分度盘；8—定位销；9,10—分度拨叉

利用分度头，除了可进行任意角度的圆周分度外，通过配置的挂轮将分度头主轴的运动与铣床工作台纵向进给丝杠的运动相联，可铣削螺旋槽和进行直线移距分度。

④ 万能立铣头　万能立铣头如图 3-6 所示，它的作用是配合卧式铣床进行加工。铣头的主轴可在相互垂直的两个平面内旋转，不仅可以完成立铣和卧铣的工作，还可以在工件的一次装夹中，进行任意角度的铣削。

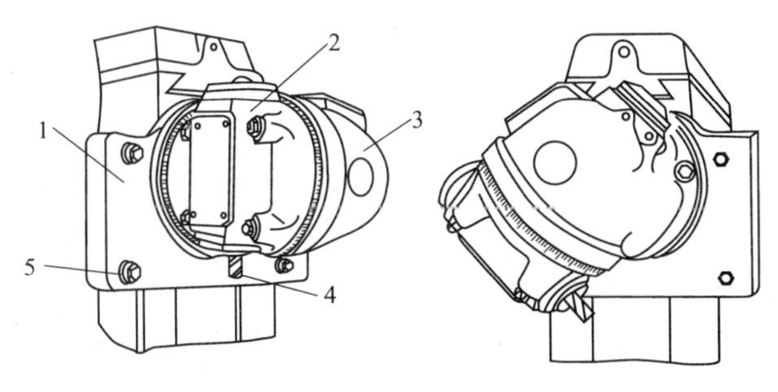

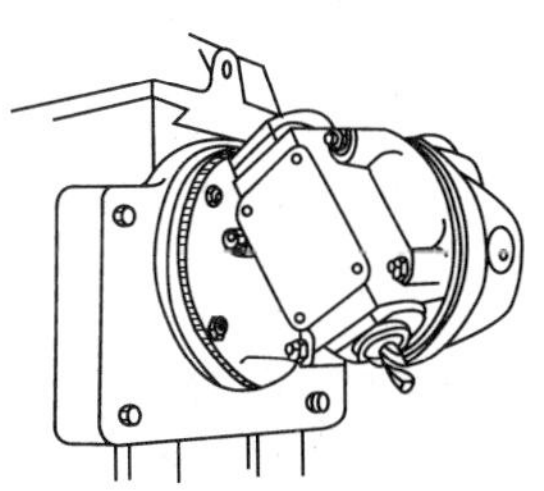

(a) 外形　　(b) 壳体3绕主轴轴线偏转任意角度　　(c) 壳体2在壳体3上偏转任意角度

图 3-6　万能立铣头

1—底座；2,3—壳体；4—立铣刀；5—螺栓

3.1.4 铣刀

铣刀按用途不同可分为圆柱铣刀、端铣刀、盘铣刀、锯片铣刀、角度铣刀、立铣刀、键槽铣刀、成形铣刀、模具铣刀等；按结构不同可分为整体式、焊接式、装配式、可转位式等；按装夹方式的不同可分为带孔铣刀和带柄铣刀等。常用铣刀见表 3-2。

表 3-2 常用铣刀

 圆柱铣刀	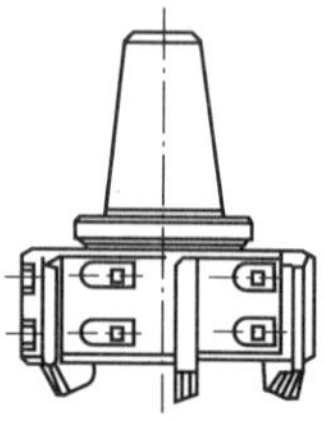 端铣刀	 三面刃盘铣刀	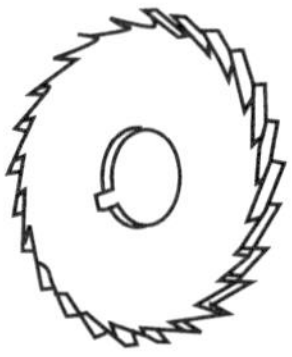 锯片铣刀
 单角铣刀	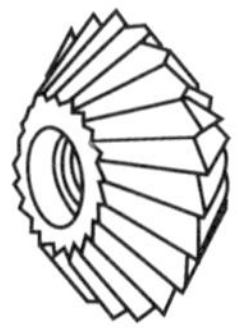 双角铣刀	 模数铣刀	 圆弧铣刀
 立铣刀	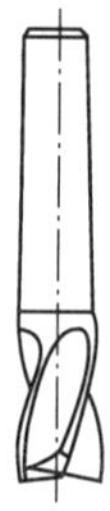 键槽铣刀	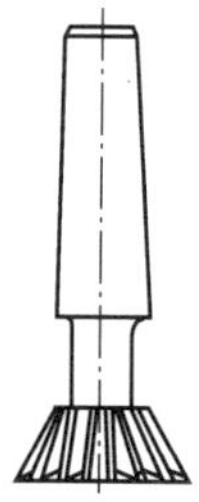 燕尾槽铣刀	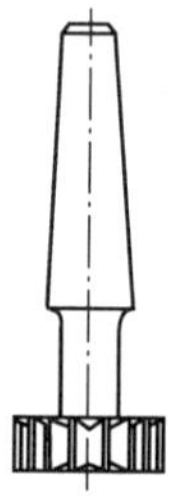 T 形槽铣刀

① 圆柱铣刀　圆柱铣刀一般都是用高速钢整体制造，在圆柱表面上有直线或螺旋线切削刃，没有副切削刃。主要用于卧式铣床上加工平面。

② 端铣刀　端铣刀又称面铣刀，主切削刃分布在圆柱式圆锥表面上，端面为副切削刃。刀齿材料有高速钢和硬质合金两类。端铣刀多用于立式铣床上加工大的平面。

③ 盘铣刀　盘铣刀可分为单面刃、双面刃、三面刃三种。多采用硬质合金机夹结构，主要用于加工直角沟槽和台阶。

④ 锯片铣刀　锯片铣刀很薄，只在圆周上有刀齿，侧面无切削刃，主要用于切断和铣削窄槽。

⑤ 角度铣刀　角度铣刀分为单面和双面角度铣刀，用于铣削斜面、V 形槽等。

⑥ 立铣刀　立铣刀一般有 3～4 个齿，圆柱面上的螺旋刃为主切削刃，端面刃为副切削刃，工作时只能沿着刀具的径向进给，不能沿着铣刀轴线方向做进给运动，主要用于立式铣床上加工凹槽和台阶面。

⑦ 键槽铣刀　键槽铣刀的圆周刃和端面刃都是主切削刃，铣削时，先轴向进给切入工

件，再沿键槽长度方向进给铣出键槽。

⑧ 槽铣刀　槽铣刀主要用于立式铣床上铣削 T 形槽、燕尾槽等。

⑨ 成形铣刀　成形铣刀主要用于在普通铣床上铣削各种成形面，如齿轮轮齿等。

⑩ 模具铣刀　模具铣刀用于加工模具型腔，可做成圆锥形、球头等。

3.1.5　铣工安全操作与文明生产

(1) 铣工安全操作规程

① 上岗前穿好工作服、工作鞋，女工戴好工作帽，不准穿背心、拖鞋、凉鞋和裙子进入车间，严禁戴手套操作，高速铣削或刃磨工具时应戴防护镜。

② 操作前，认真检查机床各手柄是否放在规定位置上，各进给方向自动停止挡铁是否紧固在最大行程以内，检查夹具、工件是否装夹牢固。

③ 工作前，对机床各滑动部分加注润滑油，启动机床检查主轴和进给系统工作是否正常，油路是否畅通。

④ 装卸工件、更换铣刀、擦拭机床必须停机，并防止被铣刀切削刃割伤。

⑤ 不得在机床运转时变换主轴转速和进给量，在进给中不准触摸工件加工表面。机动进给完毕，应先停止进给，再停止铣刀旋转。主轴未停稳不准测量工件

⑥ 铣削时，铣削层深度不能过大，应从最高部分逐步切削。

⑦ 要用专用工具清除切屑，不准用嘴吹或用手抓。

⑧ 工作台面和各导轨面不能直接摆放工具或量具。

⑨ 工作结束，应擦净机床并加润滑油，离开机床时要关闭电源。

(2) 铣工文明生产

① 机床应做到每天一小擦，每周一大擦，保持机床整齐清洁。

② 保持周围场地整洁，地面无积水、积油和油污。

③ 保持图样和工艺文件的清洁完整。

④ 工具、刃具和量具应分类整齐地摆放在工具架上。

⑤ 高速铣削或冲注切削液时，应加放挡板，防止切屑飞出及切削液外溢。

⑥ 工件加工完毕，应安放整齐，以免碰伤工件表面。

3.2　铣平面和斜面

3.2.1　铣平面

铣平面是平面加工最常用的方法，是铣工必须掌握的基本技能。

(1) 铣削方式的选择

① 周铣和端铣　铣平面有两种加工方式，即周铣和端铣，如图 3-1 所示。

周铣是利用分布在铣刀圆柱面上的切削刃来形成平面的铣削方法；端铣是利用分布在铣刀端面上的端面切削刃来形成平面的铣削方法。两种铣削方式相比，端铣具有铣削较平稳，加工质量及刀具耐用度均较高的特点，且端铣用的面铣刀易镶硬质合金刀齿，可采用大的切削用量，实现高速切削。但是，当平面尺寸不大，或只有卧式铣床和圆柱铣刀时，平面铣削也常选择周铣。

② 顺铣和逆铣　周铣平面时，根据铣刀旋转方向与工件进给方向是否相同，分为顺铣和逆铣，如图 3-7 所示。

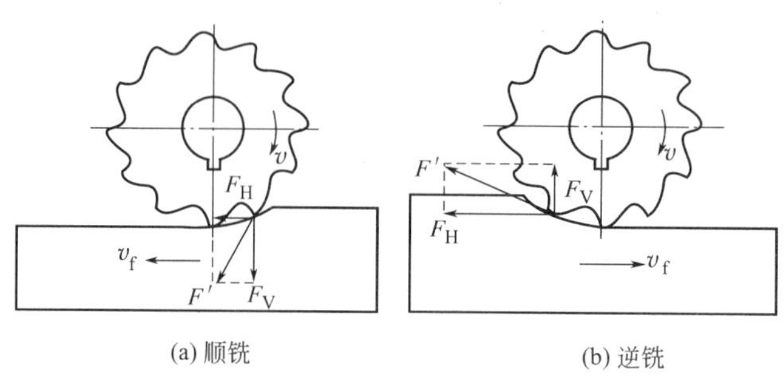

图 3-7 周铣

顺铣时，铣刀每一刀齿在工件切出处的速度方向与工件进给方向相同。由于铣床进给机构中丝杠与螺母间存在一定间隙，当纵向切削分力大于工作台与导轨之间的摩擦力时，会使工作台带动丝杠出现左右窜动，造成工作台进给不均匀，严重时会出现打刀现象。但顺铣时刀具耐用度高，垂直铣削分力对工件的夹紧有利。

逆铣时，铣刀每一刀齿在工件切入处的速度方向与工件进给方向相反。此时，纵向铣削分力与驱动工作台移动的纵向力方向相反，使得工作台丝杠螺纹的左侧与螺母齿槽左侧始终保持良好接触，工作台不会发生窜动现象，铣削过程平稳。

对于没有间隙消除机构的铣床，应采用逆铣法。采用逆铣铣削平面时，工件夹紧一定要可靠，防止垂直铣削分力使工件抬起飞出，发生危险。

(2) 铣刀的选择与安装

① 圆柱铣刀的选择与安装　在卧式铣床上周铣平面时，选用圆柱铣刀。

圆柱铣刀有直齿与螺旋齿两种，螺旋齿铣削平稳、排屑容易，因此，铣削平面时宜采用螺旋齿圆柱铣刀。为提高加工精度和切削效率，粗铣时一般选择粗齿圆柱铣刀，精铣时一般选择细齿圆柱铣刀。当工件宽度较窄时，铣刀的宽度要大于工件待加工表面的宽度，以保证一次进给就可铣完待加工表面。

圆柱铣刀属于带孔铣刀，要采用铣刀杆安装。安装时，先将铣刀杆锥体一端插入铣床主轴锥孔内，用拉杆拉紧。通过套筒调整铣刀的合适位置，刀杆另一端用吊架支承。图 3-8 为圆柱铣刀的安装步骤，图 3-9 为安装后的铣刀及刀杆结构。

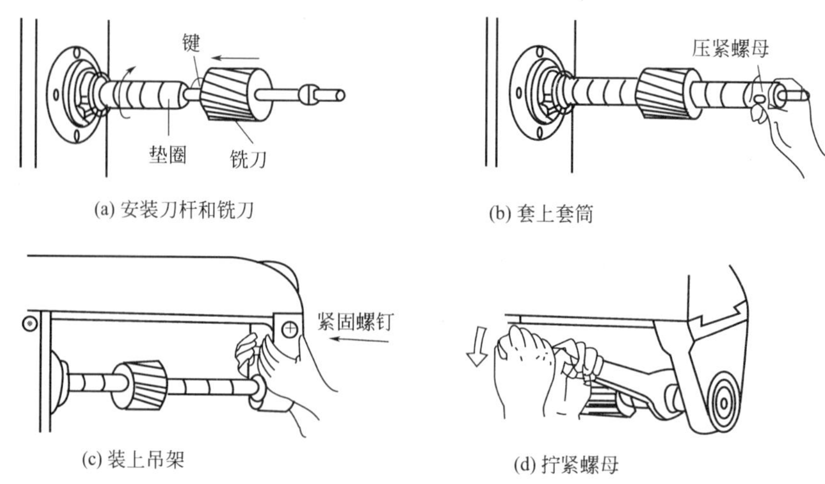

图 3-8 圆柱铣刀的安装步骤

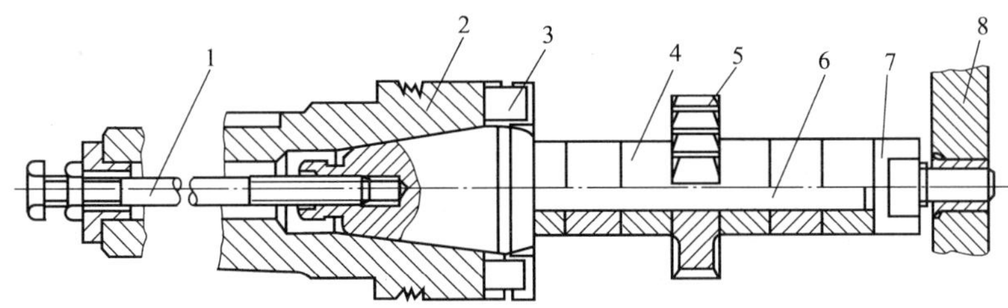

图 3-9　安装后的铣刀及刀杆结构

1—拉杆；2—主轴；3—端面键；4—套筒；5—铣刀；6—刀杆；7—螺母；8—吊架

② 端铣刀的选择与安装　在立式铣床上端铣平面时，选用端铣刀。端铣刀一般采用机夹可转位式硬质合金刀片，加工铸铁类材料时，应选用钨钴类硬质合金，粗铣时选用 YG6、YG8，精铣时选用 YG3；加工钢件时，选择钨钴钛类硬质合金，粗铣时选用 YT5，精铣时选用 YT15、YT30。

端铣刀属于带柄铣刀，将短刀杆直接装入主轴锥孔内，用拉紧螺杆拉紧。

(3) 安装工件

铣削平面时，工件的安装方法主要有以下三种。

① 用平口钳装夹工件　平口钳是一种通用夹具，用于装夹小型工件。使用时，先对平口钳钳口进行找正，并将其固定在工作台上，然后装夹工件。装夹时，工件的基准面要贴紧固定钳口，在夹紧之前要对照划线进行找正，如图 3-10 所示。如果工件不够高，可用垫铁垫高；如果工件基准面与固定钳口不够贴合，可在活动钳口处放一根铜棒或一块扁长的钢板进行调整。

② 在工作台上装夹工件　对于大型工件或平口钳难以装夹的工件，可以把工件直接固定在工作台上，如图 3-11 所示。根据工件的外形可采用不同形式的装夹工具。

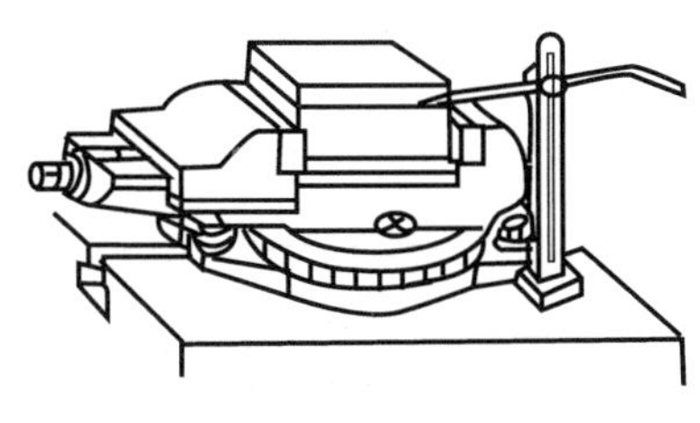

图 3-10　用平口钳装夹工件

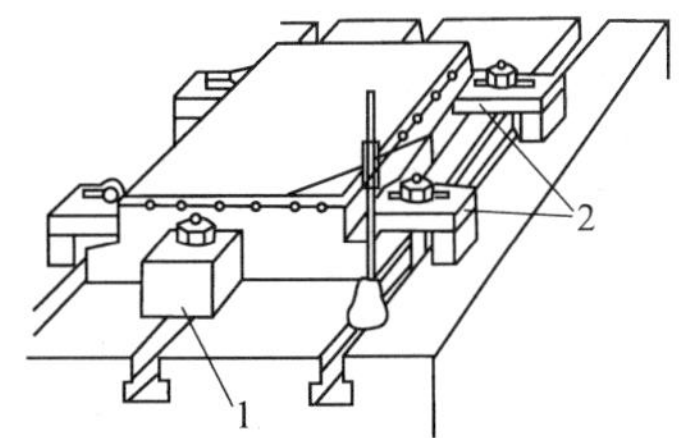

图 3-11　在工作台上装夹工件

1—挡铁；2—压板

③ 用专用夹具装夹工件　用专用夹具装夹工件是比较完善且现代化的装夹方法，它不需花费时间找正，安装迅速，定位准确，而且能保证工件加工后的精度。但专用夹具需预先设计制造，所以通常用于较大批量的生产。

(4) 切削用量的选择与机床调整

切削用量选择主要根据工件的材料、加工余量、工件宽度及表面粗糙度的要求综合考虑确定。为了提高生产效率和保证产品质量，铣削加工通常分为粗铣和精铣，其切削用量的选择可参照表 3-3。

根据选取的切削速度 v_c，按切削速度计算公式，换算铣床主轴的转速 n；根据选取的每齿进给量 f_z，按进给量计算公式，换算铣床的每分钟进给量 v_f。

根据换算出的主轴转速和每分钟进给量，对照铣床主轴变速机构和进给变速机构的各个挡位进行调整。

表 3-3 铣削用量推荐值

材料	高速钢铣刀				硬质合金铣刀			
	切削速度 v_c/(m/min)	进给量 f_z/(mm/r)	侧吃刀量 a_e/mm		切削速度 v_c/(m/min)	进给量 f_z/(mm/r)	侧吃刀量 a_e/mm	
			粗铣	精铣			粗铣	精铣
低碳钢	21～25	0.1～0.2	<5	0.5～1	150～190	0.12～0.3	<12	0.5～1
中碳钢	23～25	0.05～0.2	<4	0.5～1	120～150	0.07～0.2	<7	0.5～1
高碳钢	12～25	0.05～0.2	<3	0.5～1	60～90	0.07～0.2	<4	0.5～1
灰铸铁	14～28	0.07～0.25	5～7	0.5～1	72～100	0.1～0.3	10～18	0.5～1

(5) 铣平面操作方法

在卧式铣床上利用圆柱铣刀铣平面操作步骤见表 3-4。

表 3-4 卧式铣床上铣平面操作步骤

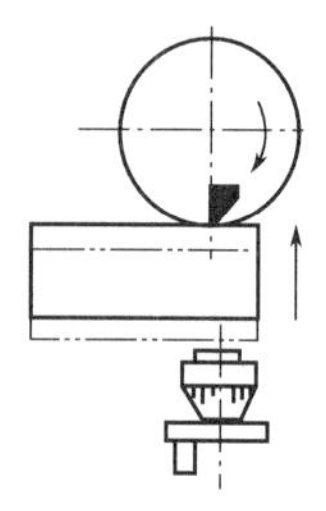 a. 开车对刀，使工件与铣刀稍微接触；将垂直丝杠刻度盘对零	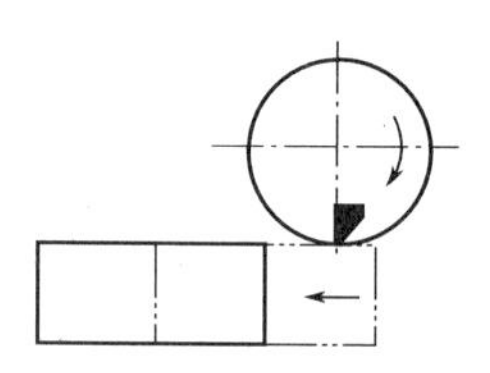 b. 稍微下降工作台，使工件与铣刀分离，停机；纵向退出工件	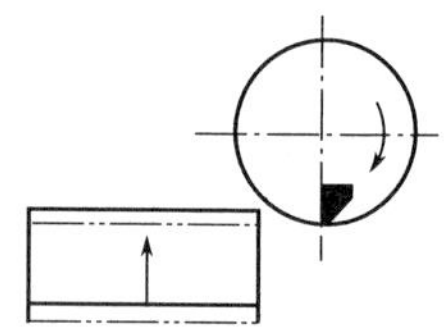 c. 工作台先升高至刻度盘对零位置，再升至铣削深度位置，固定升降台和横向工作台
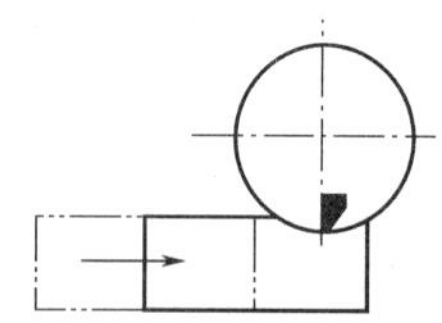 d. 启动铣床，使铣刀旋转，先手动纵向进给工作台，切入后改为自动进给	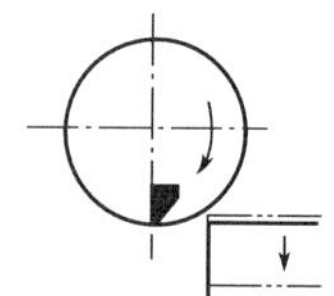 e. 铣完一遍，停车，降下工作台	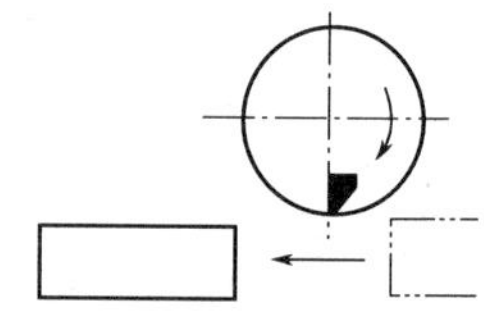 f. 退回工作台，测量工件尺寸，观察表面粗糙度

(6) 铣平面质量缺陷及其原因分析

铣平面时，易产生的质量缺陷及其原因分析见表 3-5。

表 3-5 铣平面质量缺陷及其原因分析

质量缺陷	原因分析
尺寸公差超差	对刀不准；测量不准；刻度盘格数摇错或没有考虑间隙
平面度超差	周铣时，铣刀圆柱度不好；端铣时，铣床主轴与进给方向不垂直
平行度超差	平口钳导轨面与工作台面不平行；平行基准面与导轨面未贴合好或与固定钳口贴合的面与基准面不垂直；立铣头主轴与工作台面不垂直
垂直度超差	平口钳与工作台面不垂直；基准面与固定钳口贴合不好；基准面本身精度差，在装夹时造成误差
表面粗糙度超差	铣削用量选择不当；铣刀不锋利；铣刀装夹不好，跳动量过大；切削液使用不当或切削液不充分；铣削时有明显的振动

3.2.2　铣斜面

铣斜面是铣平面的特例，铣斜面的方法主要有以下几种。

① 工件倾斜法铣斜面　如图 3-12(a) 所示，装夹工件时，将要加工的斜面转到水平面，然后按铣平面的方法来加工此斜面。也可利用可回转的平口钳、分度头等带动工件转一角度铣斜面。

② 立铣头旋转法铣斜面　如图 3-12(b) 所示，在装有万能立铣头的卧式铣床或立式铣床上，转动立铣头，使刀轴转过一相应的角度，工作台作横向进给即可加工斜面。

③ 成形法铣斜面　如图 3-12(c) 所示，选用适合的角度铣刀直接铣削斜面。

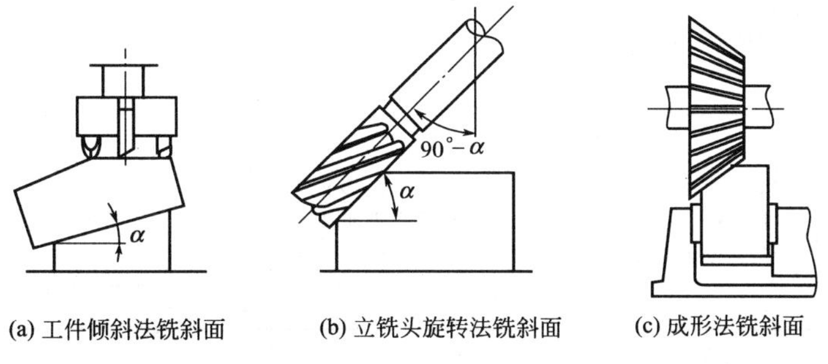

图 3-12　铣斜面的方法

3.2.3　技能训练

训练任务：在立式铣床上加工如图 3-13 所示长方体，工时 60min。毛坯尺寸 65mm×55mm×75mm，材料 HT200。

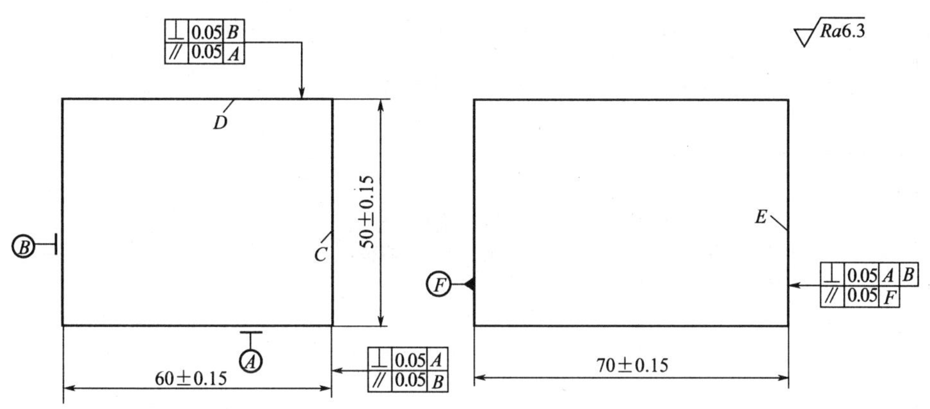

图 3-13　长方体

① 备料　毛坯尺寸 65mm×55mm×75mm，材料 HT200。

② 工装准备

a. 夹具：平口虎钳。

b. 刀具：D=80mm、z=4 的硬质合金可转位端铣刀。

c. 量具：90°宽座角尺、游标卡尺、千分尺、表面粗糙度样板。

d. 工具：平行垫铁、铜棒、常用工具。

③ 工艺参数　加工长方体切削用量选择见表 3-6。

④ 铣削步骤　长方体铣削步骤见表 3-7。

表 3-6　铣削长方体切削用量选择

序号	工艺内容	背吃刀量/mm	主轴转速/(r/min)	进给量/(mm/z)	备注
1	粗铣	1～2	475	0.15	D=80mm,z=4 端铣刀
2	精铣	0.5～1	600	0.12	D=80mm,z=4 端铣刀

表 3-7　长方体铣削步骤

序号	名称	工艺内容	装夹示意图
1	铣 A 面	以 B 面为粗基准定位,将工件装夹在铣床工作台的平口虎钳上。铣削 A 面至尺寸 54mm,表面粗糙度 Ra 小于 6.3μm	
2	铣 B 面	以 A 面为精基准定位,装夹工件。粗铣 B 面至尺寸 64mm 左右,通过检验、调整,保证 B 面对 A 面的垂直度要求	
3	铣 C 面	以 A 面为基准面,B 面紧靠平行垫铁,装夹工件。粗、精铣 C 面,达到尺寸(60±0.15)mm,并保证与 B 面的平行度要求	
4	铣 D 面	以 B 面为基准面,A 面紧靠平行垫铁,装夹工件。粗、精铣 D 面,达到尺寸(50±0.15)mm,并保证与 A 面的平行度及与 B 面的垂直度要求	
5	铣 E 面	将工件 A 面紧贴固定钳口,找正 B 面后夹紧工件。粗铣 E 面至 74mm 左右,并通过检验、调整,保证 E 面对 A、B 面的垂直度要求	
6	铣 F 面	以 A 面为基准面,E 面紧靠平行垫铁,装夹工件。粗、精铣 F 面,达到尺寸(70±0.15)mm,并保证与 F 面的平行度要求。	

⑤ 加工技巧　加工长方体零件时，应选择较大的平面作为定位基准面，以保证定位可靠，夹紧牢固。一般长方体工件采用平口虎钳装夹，装夹时，将工件基准面与固定钳口贴合，虎钳导轨面上垫平行垫铁，夹紧工件；当工件尺寸较大时，可用角铁或压板装夹。长方体相邻面有垂直度要求，相对面有平行度要求时，应边加工，边检测，随时调整，直至达到精度要求。

⑥ 考核标准　长方体加工质量考核见表 3-8。

表 3-8　长方体考核配分评分表

姓名			完成工时		成绩	
序号	考核项目	考核要点	配分	评分标准	检测结果	得分
1	尺寸精度	70±0.15	10	每降一级扣 3 分		
		60±0.15	10	每降一级扣 3 分		
		50±0.15	10	每降一级扣 3 分		
2	粗糙度	*Ra*6.3(6 处)	2×6	超差不得分		
3	位置精度	平行度 0.05(3 处)	6×3	每处超差扣 2 分		
4		垂直度 0.05(4 处)	5×4	超差不得分		
5	现场操作规范	工量刃具的使用	5	一处未达标扣 1 分		
6		工艺制订	5	一处未达标扣 1 分		
7		安全文明生产	5	一处未达标扣 1 分		
8	误差分析	误差分析	5	一处分析不到位扣 2 分		
合计			100			
检验员		计分员		时间	年　月　日	

3.3　铣　沟　槽

铣削是各种沟槽的主要加工方法。在铣床上，利用各种铣刀、铣床附件和加工方法，可以铣削键槽、直角沟槽、V 形槽、T 形槽、燕尾槽、圆弧槽和螺旋槽等。

3.3.1　铣直角通槽

(1) 铣刀选择与安装

直角通槽主要是在卧式铣床上用三面刃铣刀加工，如图 3-14 所示。三面刃铣刀的宽度 L 应等于或小于所加工的槽宽 B，其直径 D 应大于铣刀杆直径 d 与 2 倍的沟槽深度 H 之和，见图 3-15。

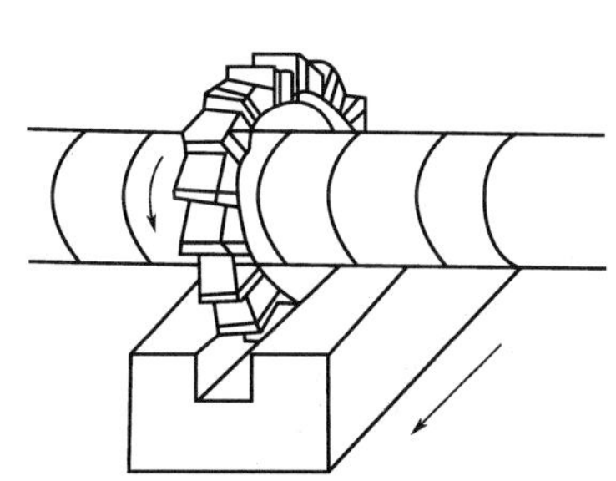

图 3-14　三面刃铣刀铣直角通槽

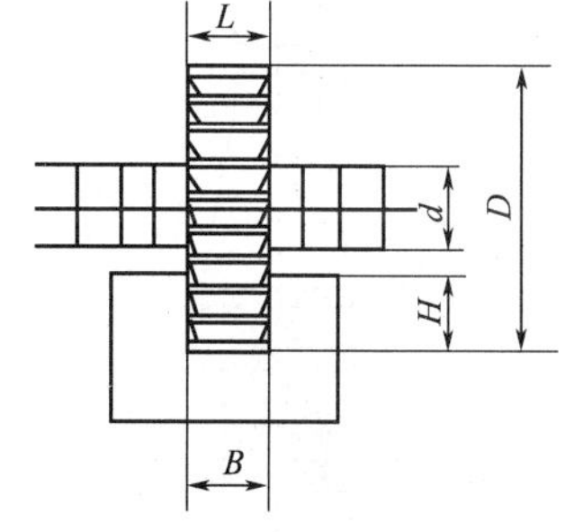

图 3-15　三面刃铣刀的选择

三面刃铣刀属于带孔铣刀，安装方法同圆柱铣刀。为防止铣刀安装后径向和端面圆跳动过大影响加工质量，可用百分表进行校正。

(2) 工件的装夹与找正

铣削直角通槽，一般用平口虎钳装夹工件，其固定钳口应找正到与铣床主轴轴线垂直。

(3) 铣削加工

铣削加工前应先进行对刀操作。用三面刃铣刀铣削直角通槽时的对刀方法主要有划线对刀法和侧面对刀法两种。

划线对刀法：即在工件的加工部位划出直角通槽的尺寸线，工件装夹后，调整铣床，使三面刃铣刀侧面刀刃对准工件上所划出的宽度线，将横向进给紧固后分数次进给铣出直角通槽。

侧面对刀法：装夹工件找正后，调整车床，使回转中的三面刃铣刀侧面刀刃轻探工件侧面贴纸，垂直降落工作台，工作台横向移动一定距离 A，$A=L+C$，如图 3-16 所示，然后将横向进给紧固，调整好铣削宽度（即槽深 H），最后铣出直角通槽。

铣削时采用扩大法，分几次将槽宽精铣至要求。

3.3.2 铣半通槽和封闭槽

(1) 铣刀选择与安装

半通槽和封闭槽一般采用立铣刀或键槽铣刀加工，如图 3-17 所示。利用立铣刀铣削半通槽时，铣刀直径应等于或小于槽的宽度。

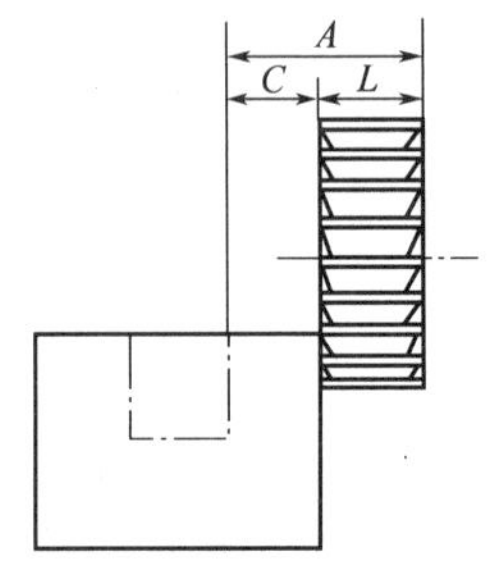

图 3-16 侧面对刀铣直角通槽

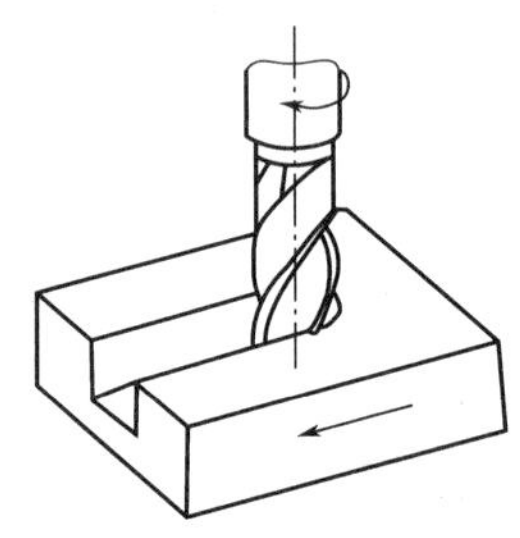
图 3-17 立铣刀铣半通槽

立铣刀属于带柄铣刀，分为直柄和锥柄两种。直柄立铣刀常用弹簧夹头来安装，如图 3-18 所示，安装时，收紧螺母，使弹簧套作径向收缩而将铣刀的柱柄夹紧。锥柄立铣刀安装时，当铣刀锥柄尺寸与主轴端部锥孔相同时，可直接装入锥孔，并用拉杆拉紧；否则要用过渡锥套进行安装，如图 3-19 所示。

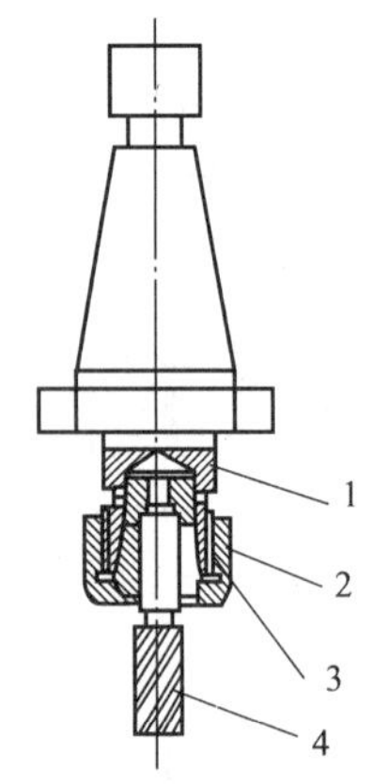

图 3-18 直柄立铣刀的安装

1—夹头体；2—螺母；3—弹簧套；4—铣刀

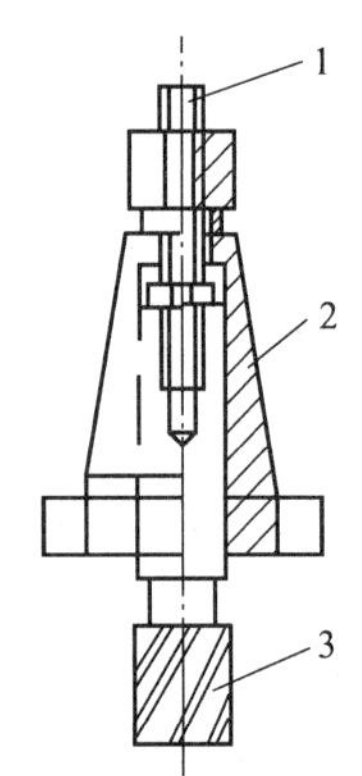

图 3-19 锥柄立铣刀的安装

1—拉杆；2—过渡锥套；3—锥柄铣刀

(2) 铣削加工

由于立铣刀刚性较差，铣削时容易产生“偏移”现象，因此，铣削较深的槽时，一般先分几次铣至要求的深度，然后再将槽两侧扩铣至尺寸，扩铣时应避免顺铣，防止损坏铣刀或啃伤工件。

用立铣刀铣封闭槽时，由于铣刀的端面刃没有通过其中心，不能垂直进给切削工件，因此，铣削前应在所划封闭槽尺寸线的一端预钻一个直径略小于槽宽的落刀孔，由此孔落刀铣削。

铣削时，应分次进给，每次进给由落刀孔一端铣向槽的另一端，槽深铣透后扩铣长度和两侧。

3.3.3　铣 V 形槽

V 形槽一般用于支承轴类零件并对工件进行定位，因此对槽面的对称度及平行度要求较高。为了保证 V 形槽与被支承工件的正确配合，其底部与直角沟槽相通。加工时，通常先用锯片铣刀加工出底部的窄槽，然后再铣 V 形槽面。

（1）铣窄槽

选择与槽宽和槽深尺寸相适应的锯片铣刀，将其安装在卧式铣床的刀杆上。按图样在工件上划出对称的窄槽和 V 形槽线，并将工件装夹在工作台上。

利用锯片铣刀铣削窄槽时，首先应对刀。对刀的方法主要有两种。

切痕法对刀：调整工作台，目测使锯片铣刀对准窄槽线，开动机床，工作台垂直上升，使工件表面切出刀痕，用游标卡尺测量切痕到两边的距离是否相等，如有偏差则调整横向工作台，用上述方法再试铣，直至窄槽位置符合要求。

换面法对刀：换面法对刀又称换向法对刀，即工件第一次切痕后，将工件回转 180°再次切痕，停机，退出工件，观察两次切痕是否重合。如有偏差则按偏差的一半调整横向工作台，再试切，直至两切痕重合。

对刀后紧固横向工作台，根据切到工件表面的记号，垂直上升工作台至槽深尺寸，铣出窄槽，如图 3-20 所示。

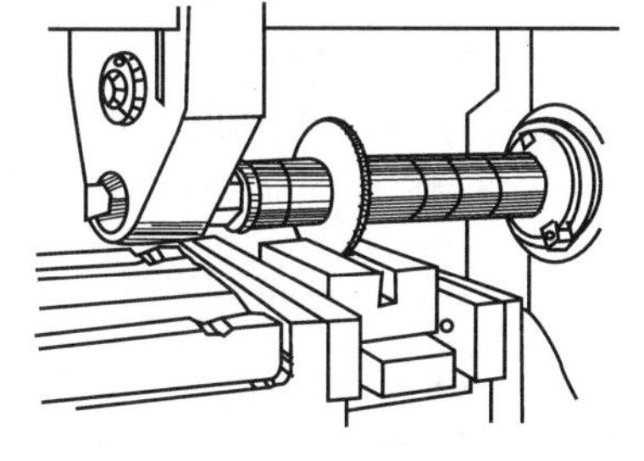

图 3-20　铣窄槽

（2）铣 V 形槽面

V 形槽面的铣削方法有多种，如图 3-21 所示。

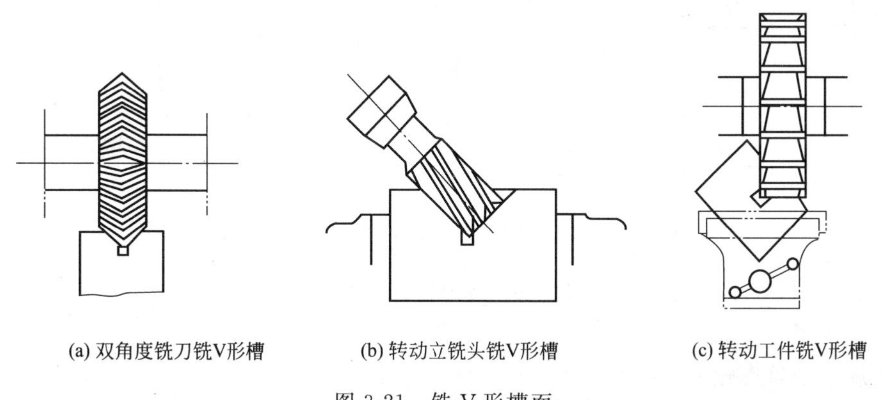

(a) 双角度铣刀铣V形槽　(b) 转动立铣头铣V形槽　(c) 转动工件铣V形槽

图 3-21　铣 V 形槽面

一般 V 形槽面利用双角度铣刀在卧式铣床上铣削加工。首先根据 V 形槽的角度及宽度选择相应的双角度铣刀，安装铣刀时，在不影响移动横向工作台的前提下，铣刀尽量靠近主轴，以增强刀杆的强度。

开动机床，调整工作台，使铣刀刀尖处于窄槽中间。

铣削层的深度 H（以双角度铣刀擦到窄槽开始计算）按下式计算

$$H=\frac{B-B'}{2}\times\cot\alpha$$

式中 H——铣削层深度，mm；

B——V 形槽宽度，mm；

B'——窄槽宽度，mm；

α——V 形槽槽形角，(°)。

V 形槽铣削时，一般分为粗铣和精铣，根据加工余量的大小，粗铣可通过几次进刀完成。每次粗铣后，可用游标卡尺或钢板尺测量 V 形槽的对称度，并适当调整横向工作台，每次调整量为误差的 1/2。粗铣完成后，取下工件，放置在测量平板上，预检槽的对称度。测量时，以工件两侧面为基准，在 V 形槽内放入标准圆棒，用百分表测量圆棒的最高点，然后将工件旋转 180°再用百分表测量圆棒的最高点，如图 3-22 所示，若读数不一致，需按误差值的一半调整横向工作台，再试铣，直至符合要求。

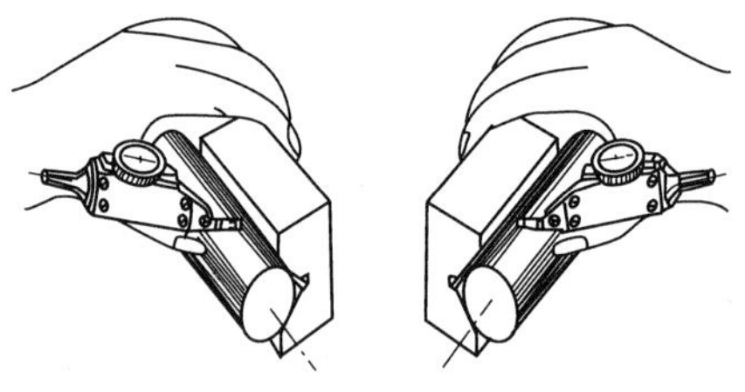

图 3-22 测量 V 形槽对称度

对称度调整好以后，按精铣余量上升工作台，精铣 V 形槽。精铣时，可适当提高转速，降低进给量，以提高表面质量。

3.3.4 技能训练

训练任务：铣削加工图 3-23 所示 V 形块，工时 60min。毛坯尺寸 65mm×55mm×75mm，材料 HT200。

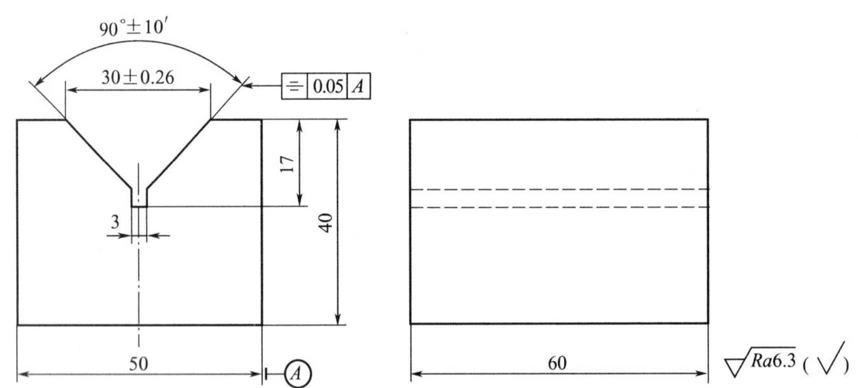

图 3-23 V 形块

① 备料 材料 HT200，毛坯尺寸 60mm×50mm×40mm。

② 工装准备

a. 夹具：平口虎钳。

b. 刀具：锯片铣刀、90°对称角度铣刀。

c. 量具：游标卡尺、千分尺、万能角度尺、百分表、表面粗糙度样板。

d. 工具：划线平板、划针、常用工具。

③ 工艺参数

a. 铣削层深度的计算。

$H=\frac{B-B'}{2}\times\cot\alpha=\frac{30-3}{2}\times\cot45°=13.5\text{mm}$。

b. 切削用量的选择。加工 V 形块切削用量选择见表 3-9。

表 3-9　铣削 V 形块切削用量选择

序号	工艺内容	背吃刀量/mm	主轴转速/(r/min)	进给量/(mm/min)	备注
1	铣窄槽	17	60	30	ϕ100mm×3mm 中齿锯片铣刀
2	粗铣 V 形槽	第一次走刀 6	60	37.5	$D=100$mm，角度 $\theta=90°$，宽度 $L=32$mm 的对称角度铣刀
		第二次走刀 4			
		第三次走刀 2.5			
3	精铣 V 形槽	1	75	30	

④ 铣削步骤　V 形块铣削步骤如表 3-10 所示。

表 3-10　V 形块铣削步骤

序号	名称	工艺内容	工量刃具
1	划线	划出对称的窄槽和 V 形槽线	划针、高度尺
2	找正装夹	用平口钳装夹工件，找正工件上平面与工作台平面	百分表
3	铣削窄槽	a. 对刀：调整工作台，使铣刀对准窄槽	游标卡尺
		b. 铣削窄槽	锯片铣刀
4	铣削 V 形槽	a. 对刀：调整工作台，使双角度铣刀刀尖处位于窄槽中间	对称双角度铣刀
		b. 粗铣 V 形槽：分三次进给，背吃刀量分别为 6mm，4mm，2.5mm	
		c. 测量对称度，调整横向工作台	百分表、标准圆棒
		d. 精铣 V 形槽	对称双角度铣刀

⑤ 加工技巧　锯片铣刀装夹后，应找正铣刀端面圆跳动。利用双角度铣刀铣削 V 形槽时，应先计算铣削层深度，然后合理分配粗铣、精铣的背吃刀量。为保证 V 形槽的对称度，粗铣每次进刀铣削完成后，可用游标卡尺预检其对称度。

⑥ 考核标准　V 形块加工质量考核见表 3-11。

表 3-11　V 形块考核配分评分表

姓名			完成工时		成绩	
序号	考核项目	考核要点	配分	评分标准	检测结果	得分
1	槽宽	30±0.26	20	超差不得分		
2	槽形角	90°±10′	20	超差不得分		
3	对称度	⌯ 0.05 A	30	超差不得分		
4	表面粗糙度	Ra6.3	10	每降一级扣 3 分		
5	现场操作规范	工量刃具的使用	5	一处未达标扣 1 分		
6		安全文明生产	5	一处未达标扣 1 分		
7	误差分析	误差分析	5	一处分析不到位扣 2 分		
8	完成工时	指定时间内完成	5	每超 20min 扣 2 分		
合计			100			
检验员		计分员		时间	年　月　日	

思考与练习

1. 填空题

(1) 常用的铣削进给量有三种表示形式，它们分别是：________、________、________________。

(2) 在铣削加工过程中，刀具作________运动，是________运动；工件作________运动，是________运动。

(3) 铣床的主要附件有______、______、______和______等。

(4) 根据铣刀的旋转方向和工件的进给方向之间的关系，周铣可分为________和________两种方式。

(5) X6132 铣床的工作台面宽度是________ mm。

2. 单项选择题

(1) 卧式铣床的主轴与工作台面________。

A. 平行　　B. 垂直　　C. 相交

(2) 分度头内的蜗杆蜗轮传动比为________。

A. 1∶24　　B. 1∶40　　C. 1∶30

(3) 对工件夹紧有利的周铣方式是________。

A. 顺铣　　B. 逆铣　　C. 端铣

(4) YT5 硬质合金刀片主要用于________。

A. 粗铣铸铁　　B. 精铣铸铁　　C. 粗铣钢件　　D. 精铣钢件

(5) 进行铣床调整时，所用的进给量是指________。

A. 每齿进给量 f_z　　B. 每转进给量 f　　C. 进给速度 v_f

(6) 端铣时，背吃刀量是指________。

A. 切削层深度　　B. 已加工表面宽度　　C. 已加工表面长度

(7) 用平口钳装夹工件时，工件的定位基准面应紧贴________。

A. 活动钳口　　B. 固定钳口　　C. 导轨面

(8) 立铣刀的主切削刃位于________。

A. 圆柱面　　B. 端面　　C. 圆柱面和端面

3. 简述题

(1) 铣削加工可以完成哪些工作?

(2) 铣削用量包括哪几个方面?

(3) 说明万能升降台卧式铣床的组成和各部分的功用。

(4) 结合实际操作，说明带孔铣刀的安装过程。

(5) 用 FW200 型的万能分度头装夹铣削直齿圆柱齿轮，齿数 $z=32$，应如何分度?

(6) 说明常用铣刀的类型和应用。

(7) 试分析顺铣与逆铣的优缺点。

(8) 斜面的铣削方法有哪些?

模块4 磨 工

【学习目的】 磨削加工是机械加工中最为常用的加工方法之一。通过磨工实习，使学生熟悉磨削加工的特点及工艺范围，了解磨床的种类及用途，了解砂轮的特性、选择和使用，掌握磨削外圆、平面、内孔及圆锥面的基本操作。

4.1 磨工入门

4.1.1 磨削加工的工艺范围与特点

(1) 磨削加工的工艺范围

在磨床上用砂轮对工件进行切削加工称为磨削。磨削加工应用范围很广，利用不同类型的磨床可以磨削外圆、内圆、圆锥、成形面、螺纹、键槽、齿轮、平面等，以及刃磨各种刀具，见表4-1。此外，磨削还可用于毛坯的预加工和清理等粗加工工作。磨削加工尺寸精度可达IT6～IT4，表面粗糙度可达Ra0.8～0.025μm。

表4-1 磨削加工工艺范围

名称	加工简图	名称	加工简图	名称	加工简图
磨外圆		磨锥面		磨螺纹	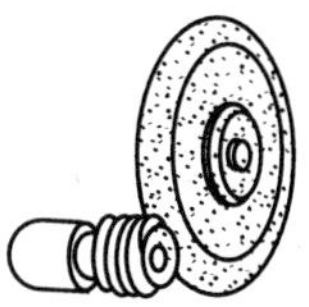
磨成形面		磨齿轮	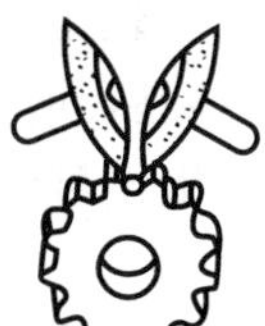	磨曲轴	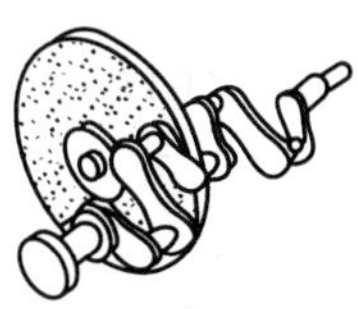
磨内圆	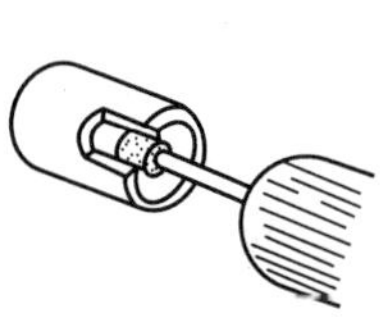	磨平面		磨刀具	

(2) 磨削加工的特点

磨削加工时，砂轮上的磨粒切削工件表面，因此磨削具有多刀、微刃加工的特点；磨削时的速度很高（一般砂轮的磨削速度为2000～3000m/min，高速磨削砂轮速度可达60～250m/s），磨削时产生的大量切削热，使切削温度超过1000℃，因此磨削时必须使用大量切削液；磨料硬度很高，不仅可以加工一般的金属材料（如钢、铸铁），还可以加工高硬度材料（如淬火钢、硬质合金等）；磨削加工切削余量小，零件加工精度高。

4.1.2 磨床

以砂轮作为刃具进行切削加工的机床称为磨床。磨床按用途分为外圆磨床、内圆磨床、平面磨床、工具磨床、刀具刃具磨床、专门化磨床和其他磨床等，最常见的是外圆磨床和平面磨床。

（1）外圆磨床

外圆磨床有普通外圆磨床、万能外圆磨床和无心外圆磨床，其中万能外圆磨床工艺范围广，它不仅可以磨削外圆柱面、外圆锥面，还可以磨削内圆柱面、内圆锥面和端平面，因此应用广泛。图 4-1 为 M1432B 型万能外圆磨床外形，其组成如下。

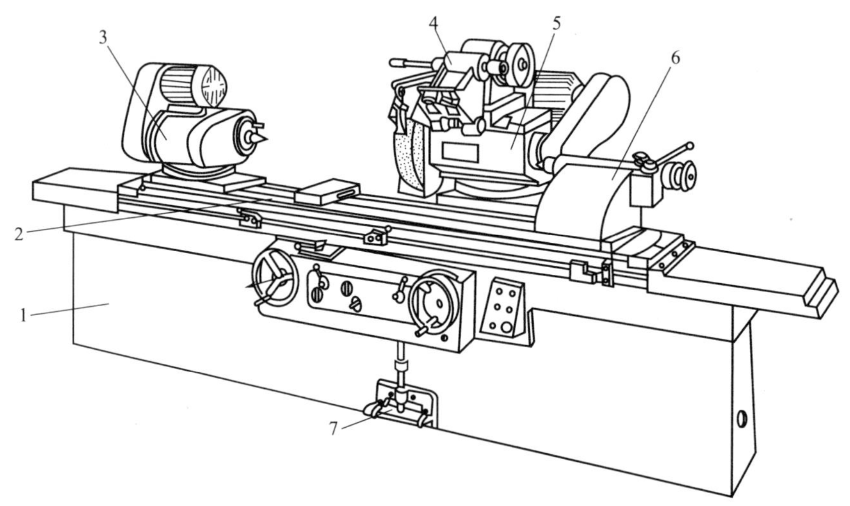

图 4-1 M1432B 型万能外圆磨床外形

1—床身；2—工作台；3—头架；4—内圆磨头；5—砂轮架；6—尾座；7—脚踏操纵板

① 床身 主要用于支撑和连接各部件，其上装有工作台、砂轮架、头架和尾座，内部装有液压传动系统。床身上的纵、横向导轨用于工作台和砂轮架的移动。

② 工作台 工作台上装有头架和尾座，磨削时工作台由液压传动带动，沿纵向导轨做往复直线运动。工作台分上、下两层，上层可绕下层旋转一个角度（±10°），用于磨削小锥度长圆锥。

③ 头架、尾座 头架上有主轴，主轴端部可以安装顶尖、拨盘或卡盘，用来装夹工件。头架主轴由单独的电动机驱动，通过带传动及变速机构，使工件获得不同转速。尾座上装有顶尖，与前顶尖一起支承长工件。

④ 内圆磨头 内圆磨头是磨削内圆表面用的，其主轴可安装内圆磨削砂轮，并由单独的电动机驱动。内圆磨头绕支架旋转，使用时翻下，不用时翻向砂轮架上方。

⑤ 砂轮架 砂轮架用来安装砂轮，并由单独的电动机驱动。砂轮架可沿床身后部的横向导轨移动，当需磨削短锥面时，砂轮架可以在水平面内调整至一定角度（±30°）。

M1432B 型外圆磨床的主运动为砂轮的高速旋转运动，进给运动有三个，即工件的圆周进给运动、工作台带动工件的纵向进给运动、砂轮的横向进给运动。

（2）平面磨床

平面磨床与其他磨床不同的是工作台上装有电磁吸盘或其他夹具，以装夹工件。图 4-2 为 M7120A 型平面磨床外形，它主要由床身、工作台、立柱、滑板和磨头等组成。平面磨床主运动为砂轮的高速旋转运动，进给运动有三个，即工作台带动工件纵向往复直线运动、砂轮向工件深度方向的垂直进给移动、砂轮沿其轴线横向间歇进给运动。

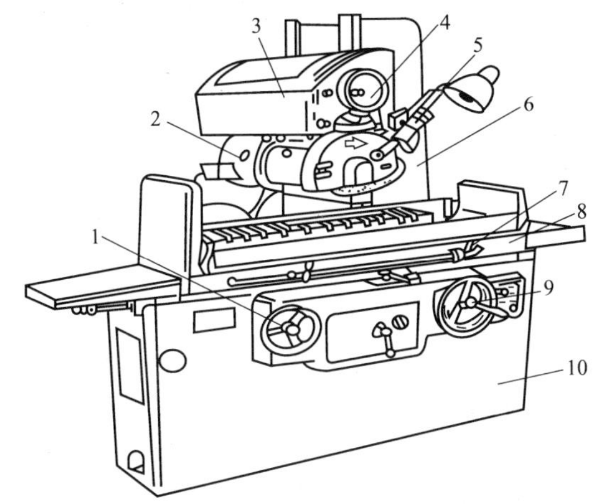

图 4-2　M7120A 型平面磨床外形图
1—驱动工作台手轮；2—磨头；3—滑板；4—横向进给手轮；5—砂轮修整器；6—立柱；7—行程挡块；8—工作台；9—垂直进给手轮；10—床身

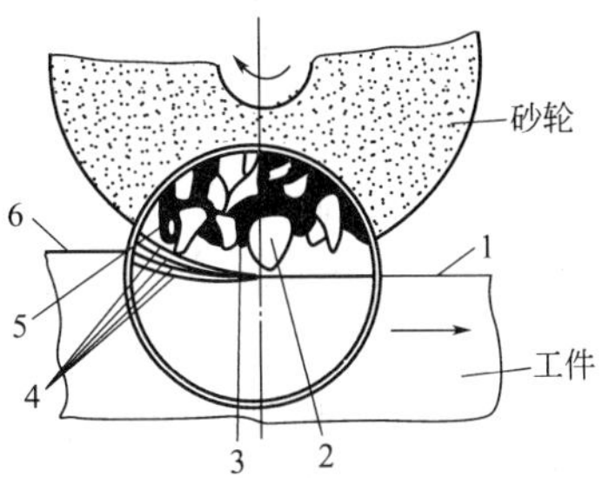

图 4-3　砂轮的组成
1—已加工表面；2—磨粒；3—结合剂；4—加工表面；5—空隙；6—待加工表面

4.1.3　砂轮

(1) 砂轮的组成

砂轮是由许多细小坚硬的磨粒用结合剂黏结在一起经焙烧而成的疏松多孔体，如图 4-3 所示。磨粒、结合剂和空隙是构成砂轮的三要素。

(2) 砂轮的特性

表示砂轮特性的要素包括磨料、粒度、结合剂、硬度、组织、形状和尺寸等。

① 磨料　磨料直接担负着切削工作，它具有硬度高、韧性好、耐热性高的特点。常用磨料的代号、特点及适用范围见表 4-2。

表 4-2　常用磨料特点及其用途

磨料名称		代号	特点	适用范围
刚玉类	棕刚玉	A	硬度高，韧性好，价格较低	磨削各种碳钢、合金钢等
	白刚玉	WA	比棕刚玉硬度高，韧性低，价格较高	磨削淬火钢、高速钢等
碳化硅类	黑色碳化硅	C	硬度高，性脆而锋利，导热性好	磨削铸铁、黄铜和非金属材料
	绿色碳化硅	GC	硬度比黑色碳化硅更高，导热性好	磨削硬质合金等
超硬磨料	立方氮化硼	CBN	超强硬度，耐磨性好	磨削高强度钢、耐热合金等
	人造金刚石	D	硬度最高，耐磨性好	磨削硬质合金、光学玻璃、宝石等

② 粒度　磨料的粒度直接影响磨削的生产率和磨削质量。粗磨时，应选用粗砂轮；精磨时，应选用细砂轮。磨软材料时，为防止砂轮堵塞和产生烧伤，应选用粗砂轮。

③ 结合剂　结合剂的作用是将磨粒黏结在一起，常用结合剂有陶瓷结合剂（代号 V）、树脂结合剂（代号 B）、橡胶结合剂（代号 R）、金属结合剂（代号 M）等。

④ 硬度　砂轮的硬度是指砂轮上的磨粒在外力作用下脱落的难易程度。磨削硬材料时，应选用软砂轮；反之，应选用硬砂轮。磨导热性差的材料时，应选用软砂轮以免烧伤工件。当砂轮与工件接触面积大时，应选用较软的砂轮。粗磨时，应选用软砂轮；成形磨精磨时，应选用硬砂轮。

⑤ 组织　砂轮的组织表示砂轮结构的松紧程度，即磨粒、结合剂和气孔所占体积的比例。

(3) 砂轮的形状

为了适应不同形状工件的磨削，砂轮可以做成不同的形状，如平形、筒形、碗形、薄片形等，常用砂轮形状如图 4-4 所示。

(4) 砂轮的标记

砂轮的标记印在砂轮的端面上，用以表示砂轮的特性，如图 4-5 所示，其上的标记“1-400× 50 × 203-A60K5V-35m/s”表示为：1——砂轮形状（平形）；400——砂轮外径(400mm)；50——砂轮厚度（50mm）；203——砂轮孔径（203mm）；A——砂轮磨料（棕刚玉类）；60——砂轮粒度（F60）；K——砂轮硬度（中软）；5——砂轮组织（5 号）；V——砂轮结合剂（陶瓷）；35m/s——砂轮允许的切削速度。

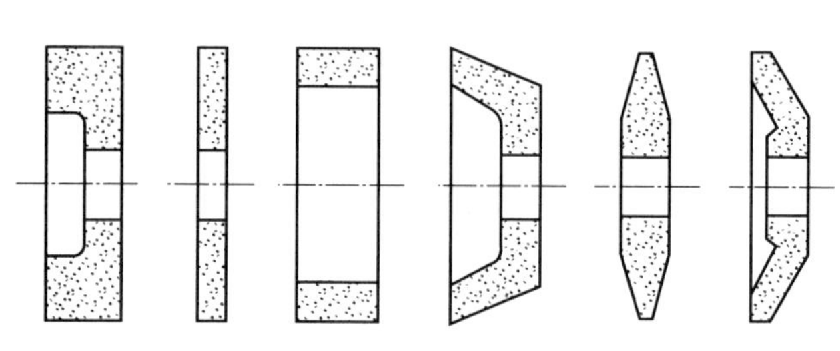

图 4-4　常用砂轮形状

图 4-5　砂轮的标记

(5) 切削液

磨削时，为降低磨削区的温度、及时冲走磨屑和脱落的磨粒，要对磨削区浇注切削液，同时切削液还具有润滑的作用。磨削常用的切削液主要有两种：一种是苏打水，它具有良好的冷却性、防腐性及洗涤性，且成本低廉，对人体无害；另一种是乳化液，它具有良好的润滑性能。

4.1.4　磨工安全操作规程

操作磨床时一定要遵守安全操作规程，以免发生事故。

① 操作者要穿工作服，女工要戴工作帽，并将长发压入帽内。

② 操作前按照润滑指示牌规定部位，做好班前加油。

③ 工件必须装夹牢固，平磨工件前必须确定工件是否吸住。

④ 磨床运行前，要确认各手柄是否推到了正确位置。

⑤ 砂轮启动后，必须慢慢引向工件，严禁突然接触工件；背吃刀量不能过大，以防工件顶飞或砂轮破裂。

⑥ 多人共用一台磨床时，只能一人操作，并注意他人安全。

⑦ 砂轮在高速旋转工作时，严禁面对砂轮站立，严禁在磨床加工过程中触摸工件。

⑧ 自动进刀前必须检查行程开关换向碰块是否调好固定。

⑧ 测量工件尺寸时，必须先停车或将砂轮退至安全位置。

⑩ 发生意外时，立即关闭电源。

4.2　磨削加工

4.2.1　砂轮的安装与修整

(1) 砂轮的安装

砂轮在高速下工作，安装前必须经过外观检查，再用木锤轻敲，如果声音嘶哑，则禁止使用，否则砂轮破裂后会飞出伤人。为使砂轮工作平稳，一般直径大于 125mm 的砂轮，安装前要进行平衡试验。图 4-6 为砂轮平衡试验工作示意图，砂轮装在芯轴 2 上，将芯轴放在平衡架 6 的平衡轨道 5 的刃口上，则较重部分就会转到下面，移动法兰盘端面环槽内的平衡铁 4 进行调整，直至砂轮可以静止在任意位置上。

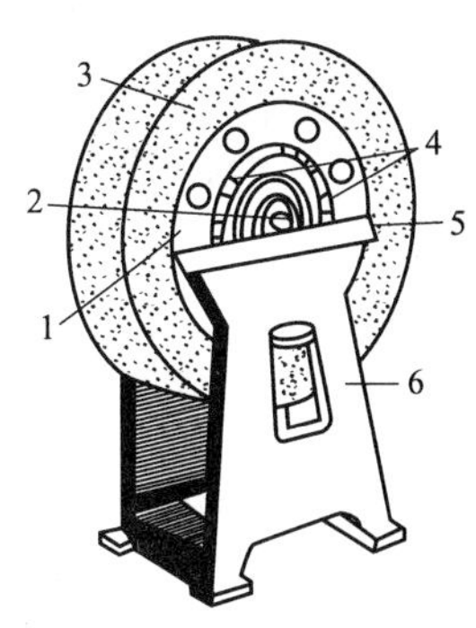

图 4-6　砂轮的平衡
1—砂轮套筒；2—芯轴；3—砂轮；4—平衡铁；5—平衡轨道；6—平衡架

砂轮根据其大小，采用不同的安装方式：大尺寸砂轮用台阶法兰盘装夹，如图 4-7(a) 所示；中等尺寸砂轮用法兰盘安装在主轴上，如图 4-7(b) 所示；小尺寸砂轮用螺母紧固在主轴上，如图 4-7(c) 所示；更小的砂轮可粘固在主轴上，如图 4-7(d) 所示。

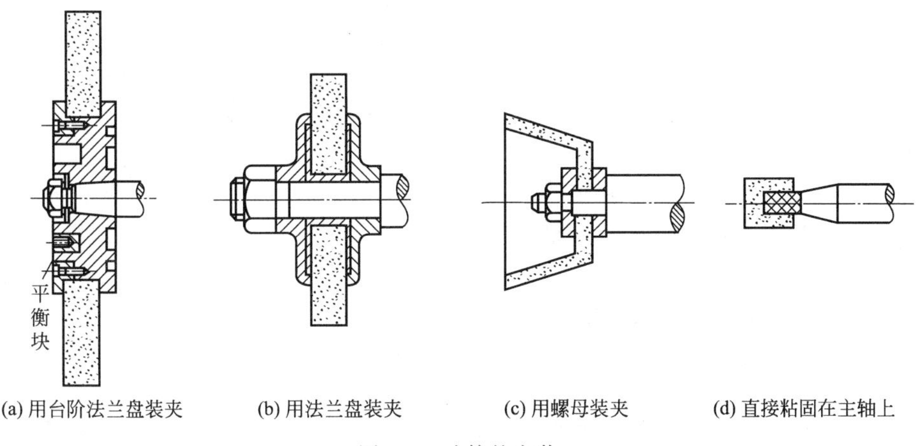

图 4-7　砂轮的安装

(2) 砂轮的修整

砂轮工作一定时间后磨粒变钝，几何形状被破坏，通过修复可恢复其原有的切削性能和正确的几何形状。砂轮修整常用金刚石工具进行，如图 4-8 所示，修整时要使用大量的冷却液，以免金刚石因温度急剧升高而破裂。砂轮修整除用于磨损砂轮外，还用于以下场合：砂轮被切屑堵塞；部分工材粘结在磨粒上；砂轮廓形失真；精磨中的精细修整等。

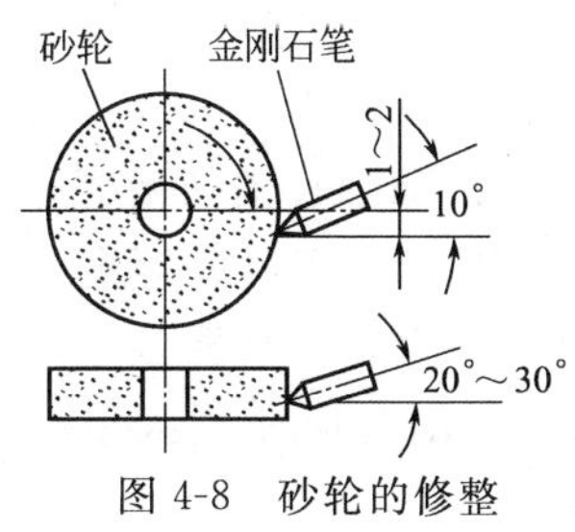

图 4-8　砂轮的修整

4.2.2　磨外圆

(1) 安装工件

对于有中心孔的长轴类工件，可用前、后顶尖装夹（顶尖装夹对中心孔的精度要求高，装夹前要对中心孔进行研磨），如图 4-9 所示，磨床所用的顶尖都是死顶尖，避免顶尖转动增大工件的加工误差；对于端面上不能打中心孔的短工件，可用三爪自定心卡盘或四爪单动卡盘找正装夹；对于盘套类工件，

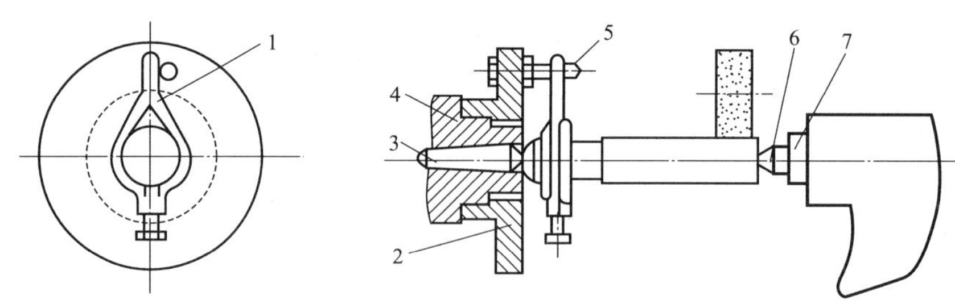

图 4-9 顶尖装夹工件

1—鸡心夹头；2—拨盘；3—前顶尖；4—头架主轴；5—拨杆；6—后顶尖；7—尾座套筒

可用芯轴装夹；当工件较长，一端能打中心孔，一端不能打中心孔时，可用卡盘和顶尖装夹。

（2）选择磨削用量

磨削用量的选择可参考表 4-3。

表 4-3 磨削用量推荐值

磨削方式	横向进给量/mm	纵向进给量/(mm/r)	工件圆周速度/(m/s)	切削速度/(m/min)
粗磨	0.01～0.06	(0.4～0.8)B	0.3～0.5	30～35
精磨	0.0025～0.01	(0.2～0.4)B	0.08～0.3	

注：B 为砂轮宽度，mm。

（3）调整机床

根据工件材料的特性、加工要求等因素选择合适的磨削用量，调整头架主轴转速，调整工作台直线运动速度和行程长度，调整砂轮架进给量。

（4）磨外圆的方法

在外圆磨床上磨削外圆常用的方法有三种，如图 4-10 所示。

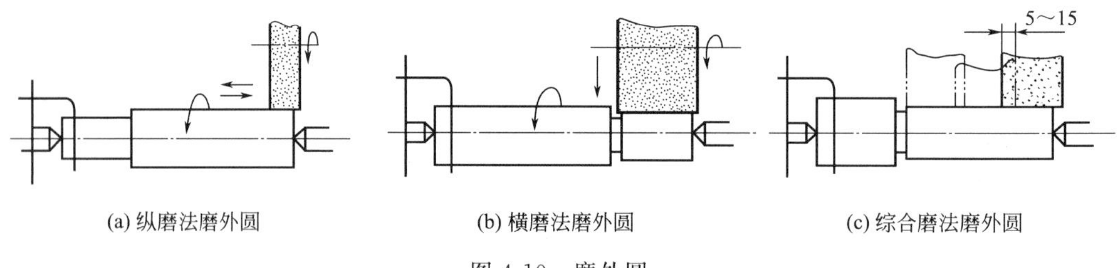

(a) 纵磨法磨外圆 (b) 横磨法磨外圆 (c) 综合磨法磨外圆

图 4-10 磨外圆

① 纵磨法 磨削时，砂轮高速旋转，工件作圆周进给运动，工作台作纵向进给运动，每次纵向往复行程结束后，砂轮作一次小量的横向进给，当工件加工到接近最终尺寸时，采用无横向进给的几次光磨行程，直至火花消失，停止磨削。纵磨法的磨削深度小，磨削力小，磨削温度低，最后几次无横向进给的光磨行程，能消除由机床、工件、夹具弹性变形而产生的误差，所以磨削精度较高，表面粗糙度小，适于单件小批量生产和细长轴的精磨。

② 横磨法 磨削时，工件不作纵向进给运动，采用比工件被加工表面宽（或等宽）的砂轮连续地或间断地以较慢的速度作横向进给运动，直至磨掉全部加工余量。横磨法生产率高，但受砂轮形状影响，加工精度较低，且工件容易变形和烧伤，磨削时应使用大量冷却液。该方法适于长度较短、刚性好、精度较低的外圆面的磨削加工。

③ 综合磨法　综合磨法即先采用横磨法分段粗磨，相邻两段间有 5～15mm 的重叠量，每段均留 0.01～0.03mm 的精磨余量，然后用纵磨法进行精磨。该方法综合了横磨法生产率高、纵磨法精度高的优点，适于磨削加工余量较大、刚性较好的工件。

(5) 磨外圆操作步骤

这里重点介绍纵磨法磨外圆的操作，其步骤如下。

① 启动机床油泵电机。

② 启动砂轮电机。

③ 启动快速进退阀，将砂轮快速移近工件，自动给冷却液。

④ 启动工作台作纵向进给运动，摇横向进给手轮，使砂轮轻微接触工件表面。

⑤ 调整切削深度。

⑥ 粗磨，留精磨余量 0.04～0.06mm，粗磨每次切深为 0.01～0.025mm。

⑦ 精磨至规定尺寸，精磨每次切深为 0.005～0.015mm。

⑧ 进行光磨，无横向进给，直至火花消失。

⑨ 停机，检验工件。

4.2.3　磨平面

磨削加工前，首先要装夹工件，对于由钢、铸铁等磁性材料制成且具有两个平行平面的工件，可直接吸在电磁吸盘上；对于非磁性工件（如有色金属等）或形状复杂的工件，可用精密平口钳或简易夹具装夹后，再吸在电磁吸盘上；也可直接在普通工作台上采用虎钳或简易夹具来安装。

磨削平面有周磨法和端磨法两种。

① 周磨法　指用砂轮圆周面磨削工件，如图 4-11(a)、(b) 所示。周磨时，砂轮与工件接触面积小，排屑及冷却条件较好，不易产生热变形，故加工质量较高，适于精磨。

② 端磨法　指用砂轮端面磨削工件，如图 4-11(c)、(d) 所示。端磨时，砂轮轴伸出较短，且主要是受轴向力，故刚性较好，可采用较大的磨削用量；又因砂轮与工件接触面积大，因而生产效率高。但端磨时冷却液不易注入，不易排屑和冷却，故加工质量较低，适于粗磨。

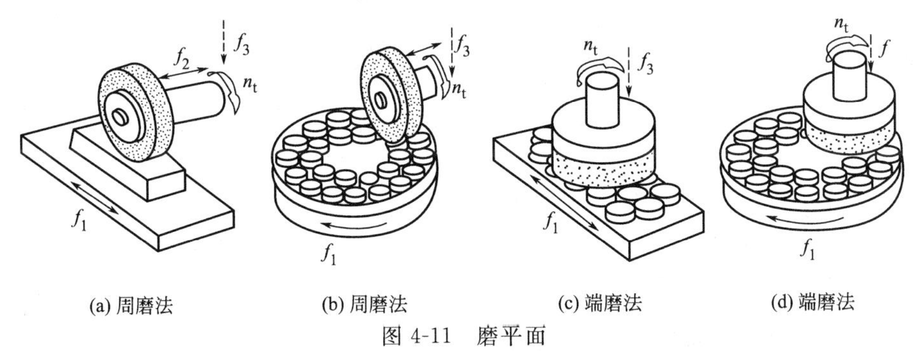

(a) 周磨法　(b) 周磨法　(c) 端磨法　(d) 端磨法

图 4-11　磨平面

4.2.4　磨内孔

对于短工件，通常采用三爪自定心卡盘或四爪单动卡盘找正后装夹。对于长工件，有两种装夹方案：一种是一端用卡盘夹紧，一端用中心架支承；另一种是用 V 形夹具装夹。

根据工件形状和尺寸的不同，磨内孔可采用纵磨法或横磨法，如图 4-12 所示。与磨外

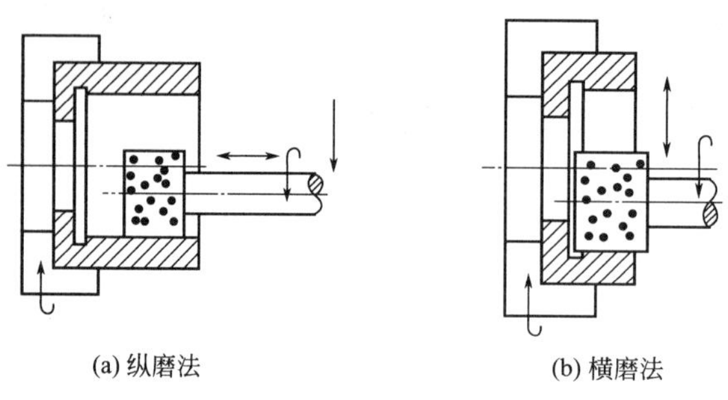

图 4-12　磨内孔

圆不同，磨内孔时工件和砂轮旋转方向相反。磨内孔时，砂轮直径较小，切削速度远低于磨外圆，且散热、排屑困难，故磨削用量不宜选择太高，因此生产效率较低。此外，砂轮轴悬伸长度大，刚性差，因此加工精度较低。

4.2.5　磨圆锥面

磨削圆锥面通常有转动工作台法和转动头架法两种。

① 转动工作台法　转动工作台法磨削圆锥表面如图 4-13 所示，该方法大多用于锥度较小、锥面较长的零件。

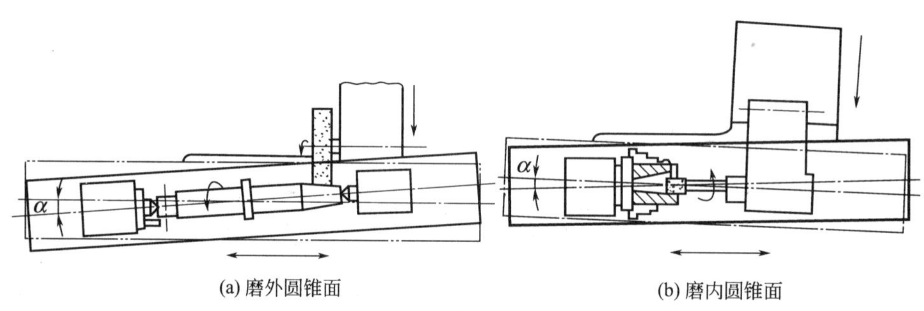

图 4-13　转动工作台法磨削外圆锥面

② 转动零件头架法　转动零件头架法磨削圆锥表面如图 4-14 所示，该方法常用于锥度较大、锥面较短的内外圆锥面的磨削加工。

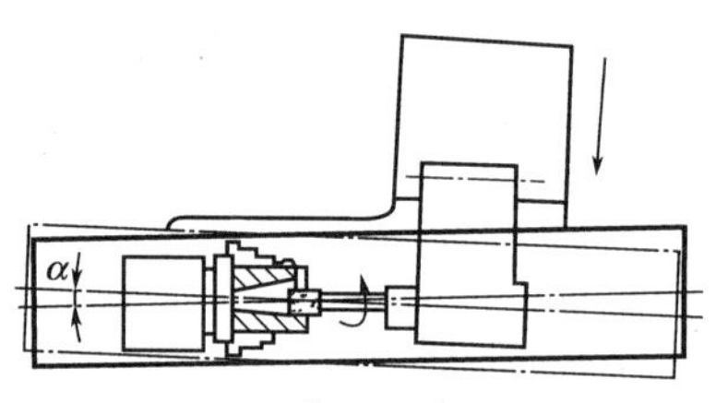

图 4-14　转动零件头架法磨削内圆锥面

思考与练习

1. 填空题

（1）外圆磨削需要下列四种运动，即________、________、________和________。

（2）________、________和________是构成砂轮的三要素。

（3）砂轮的特性取决于________、________、________、________和________。砂轮常用的磨料有________和________两大类，通常磨削钢件用________类，磨削铸铁件用________类。

（4）砂轮的硬度是指________，因此，在一般情况下，磨削较硬的材料时，砂轮硬度应选得________一些；反之，磨削较软的材料时，砂轮硬度应选得________一些。

（5）磨削外圆时通常在最后阶段采用几次无横向进给的光磨，其目的是________。

2. 单项选择题

(1) 细长轴精磨后，应________。

A. 水平放置　B. 垂直吊挂　C. 斜靠在墙边

(2) 磨细长工件外圆时，工件的转速及横向进给量应分别是________。

A. 低、小　B. 高、小　C. 低、大　D. 高、大

(3) 磨削冷却液通常使用的是________。

A. 机油　B. 乳化液　C. 自来水　D. 机油＋水

(4) 磨削适合于加工________。

A. 铸铁及钢　B. 软的有色金属　C. 都适合

(5) 在平面磨床上装夹铜合金零件时采用________。

A. 电磁吸盘　B. 精密平口钳　C. 前后顶尖

3. 简答题

(1) 为什么在砂轮装上机床前要经过平衡？

(2) 磨削时使用大量切削液，其目的是什么？

(3) 磨削加工有什么特点？适用于加工哪类零件？

(4) 外圆磨削常用的方法有哪几种？各有何特点？

(5) 磨削内圆为什么比磨削外圆困难？

模块 5　焊　　工

【学习目的】 通过焊工实习，使学生了解零件的焊接加工过程，熟悉焊接材料、设备及工艺，掌握焊条电弧焊、气焊的基本操作技能，养成安全操作、文明生产的良好习惯，树立强烈的工程意识和环保意识。

5.1　焊工入门

5.1.1　焊接方法分类及应用

焊接是通过加热或加压，或两者并用，并且用或不用填充材料，使焊件达到原子间结合的一种加工方法。

在工业生产中应用的焊接方法种类很多，根据焊接过程中金属所处的状态不同，可以把焊接分为熔化焊、压焊和钎焊三大类，如图 5-1 所示。

① 熔化焊　利用局部加热使连接处的母材金属熔化，加入（或不加入）填充金属而结合的方法，是工业生产中应用最广泛的焊接工艺方法。熔化焊的特点是焊件间的结合为原子结合，焊接接头的力学性能较高，生产率高，缺点是产生的应力、变形较大。

② 压焊　在焊接过程中，必须对焊件施加压力，加热或不加热完成焊接的方法。适合于小型金属件的加工，焊接变形极小，机械化、自动化程度高。

③ 钎焊　采用比母材熔点低的金属材料作为钎料，将焊件和钎料加热到高于钎料熔点、低于母材熔点的温度，利用液态钎料润湿母材，填充接头间隙并与母材相互扩散实现连接焊件的方法。钎焊的特点是加热温度低，接头平整、光滑，外形美观，应力及变形小，但是钎焊接头强度较低，装配时对装配间隙要求高。

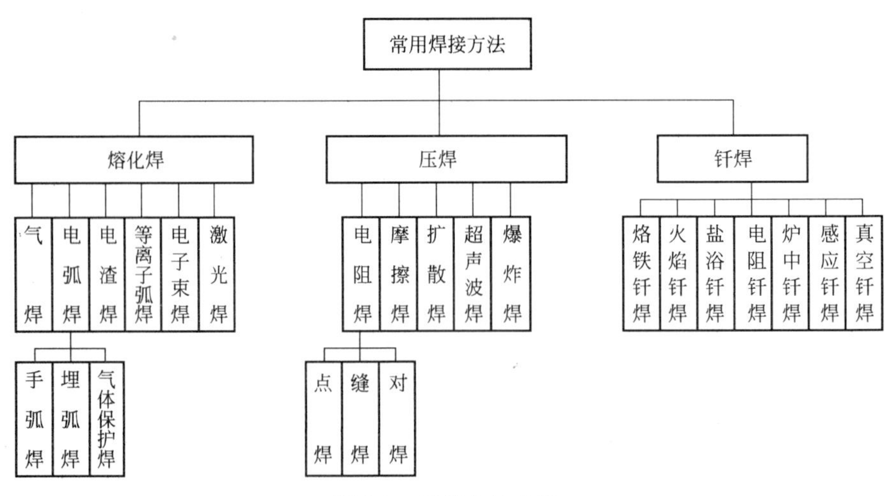

图 5-1　焊接方法分类

5.1.2　焊接安全防护技术

（1） 焊接用电安全防护

触电是电焊操作的主要危险，因此电焊工必须懂得安全用电防护知识。

① 所有焊接设备接线必须正确，接触良好，机壳必须接地可靠，每月检查一次；流动的焊接设备更要随时检查接地情况。

② 焊接设备的安装、维修和检查必须由持证电工进行。焊机在使用中发生故障，焊工应立即切断电源，通知电工检查修理，焊工不得随意拆修焊接设备。

③ 推拉电源闸刀时，注意头部不要正对电闸，应戴上绝缘手套。

④ 电焊钳应有可靠的绝缘，防止焊钳与焊件（钢筋、预埋件等）发生短路烧毁电焊机或发生其他意外。焊接完毕后，焊钳应放在可靠的地方，再切断电源。

⑤ 焊接电缆的型号规格应符合要求，绝缘必须良好，不能把电缆随意压在钢筋下或靠近电弧，防止压损或高温破坏绝缘层。电缆磨损破皮应立即修好或更换。

⑥ 更换焊条时要戴好防护手套，夏天出汗及工作服潮湿时，注意不要靠在钢材上，避免触电。

⑦ 作业时要穿好胶底鞋，戴好防护手套。不得裸膀子、穿拖鞋或赤脚作业。

⑧ 在锅炉、压力容器内及管道地沟中焊接时，要使用安全工作行灯，电压不得超过 36V。

⑨ 当有人触电时，不要赤手去拉触电者，应迅速切断电源。如触电者已处于昏迷状态，要立即进行人工呼吸，并尽快送医院抢救。

⑩ 焊工必须熟悉和掌握有关电的基本知识，预防触电及触电后急救方法等方面的知识。

（2）电弧弧光安全防护

焊接电弧主要产生三种射线，即耀眼的可见光、红外线和紫外线，这些射线对电焊工主要产生电光性眼炎和紫外线灼伤等危害，因此必须做好电弧弧光防护工作。

① 焊工操作时，必须使用有防护玻璃而不漏光的面罩，身穿工作服，手戴工作手套，并戴上脚罩。

② 在人员众多的地方焊接时，应使用屏风挡隔。

③ 开始作业引弧时，焊工要注意其他作业人员，以免强烈弧光伤害他人。

④ 焊工或其他人员发生电光性眼炎时，可用冷敷减轻疼痛，并请医生诊治。

（3）金属烟尘和有害气体安全防护

在电弧焊时，焊条药皮、焊芯和被焊金属在电弧高温作用熔化并蒸发和氧化，会产生大量金属烟尘，呈气溶胶状逸散到空气中。焊工长期吸入高浓度电焊烟尘，可引起焊工肺尘埃沉着病、锰中毒和金属热等职业性危害。因此对于电焊工来说，做好个人防护至关重要，具体做法有以下几点。

① 保证焊接环境通风良好，消除尘毒的危害。

② 根据焊接时产生的有害物质不同采取合适的防护方法，如选择合适的护目镜、防尘口罩、防噪声耳罩等。

③ 定期检查身体，早期预防。

5.2　焊条电弧焊

焊条电弧焊是利用电弧产生的热量来熔化母材和焊条的一种手工操作的焊接方法，它具有设备简单、操作简便、适用性广、容易控制焊接应力和变形等特点，可以用于焊接自动、半自动焊不能承担的复杂构件焊接及检修作业等，是工矿企业应用最为广泛的焊接方法。图

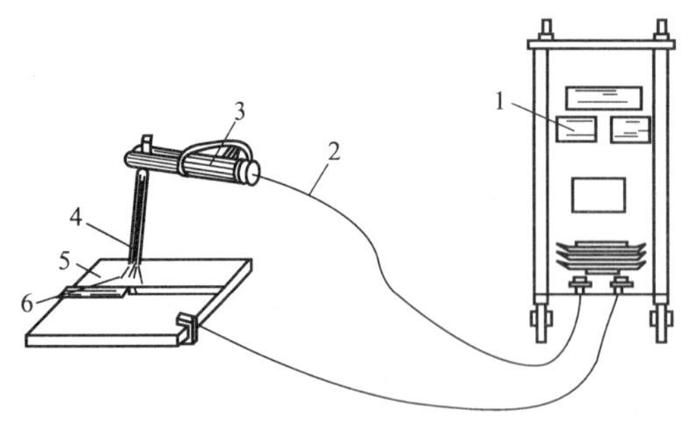

图 5-2 焊条电弧焊的焊接回路
1—弧焊电源；2—电缆；3—焊钳；4—焊条；5—焊件；6—电弧

5-2 为焊条电弧焊的焊接回路，它由弧焊电源、电缆、焊钳、焊条、电弧和工件组成。

5.2.1 弧焊电源

弧焊电源是焊条电弧焊的主要设备，根据提供电流种类不同，可分为弧焊变压器、弧焊整流器及弧焊逆变器三种类型。

(1) 常用的弧焊电源

① BX1-330 型弧焊变压器　该机属于动铁芯式。焊机的外形如图 5-3 所示。焊接电流的调节分为粗调和细调两种。粗调的具体方法是改变焊机二次侧接线板上的连接铜片位置，如图 5-4 所示，当连接铜片在位置Ⅰ时，焊接电流调节范围是 50～180A；当连接铜片在位置Ⅱ时，焊接电流调节范围是 160～450A。电流细调的具体方法是转动焊机侧面处调节手柄，动铁芯外移，则焊接电流增大；动铁芯内移，则焊接电流减小。

图 5-3　BX1-330 型弧焊变压器外形

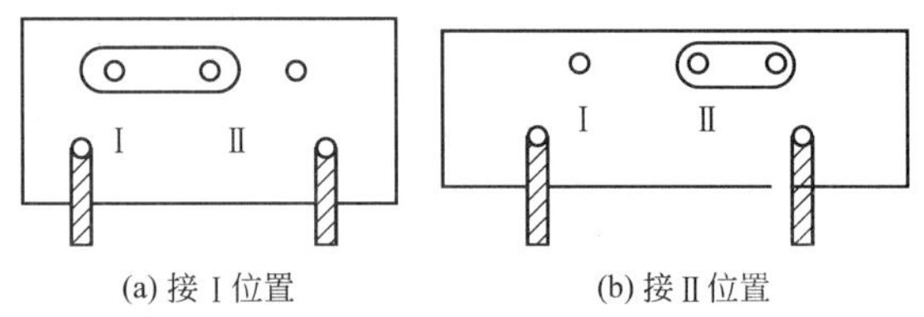

图 5-4　BX1-330 型弧焊变压器电流粗调节

② BX3-300 型弧焊变压器　该机属于动圈式。焊机的外部接线和 BX1-330 型弧焊变压器相同。焊接电流的调节也分为粗调和细调两种。粗调是通过改变焊机一、二次侧线圈的接线方式来实现，如图 5-5 所示。当接在位置Ⅰ时，同时转换粗调转换开关与位置Ⅰ相对应，此时的接线为串联方式，焊接电流调节范围是 40～150A；当接在位置Ⅱ时，也应同时转换粗调转换开关与位置Ⅱ相对应，此时的接线为并联方式，焊接电流调节范围是 120～380A。电流细调是摇动焊机顶部的手柄，通过改变活动线圈与固定线圈之间的距离来实现。当活动线圈与固定线圈之间的距离增大时，则焊接电流减小；当距离减小时，则焊接电流增大。

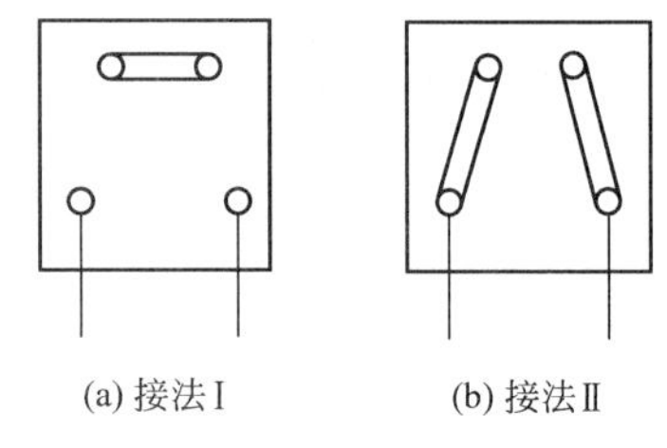

图 5-5　BX3-300 型弧焊变压器电流调节

③ ZXG-300 型弧焊整流器　该机属于磁放大器式。焊接电流的调节方法是转动焊机面板上的电流调节器，就可调节所需要的焊接电流值。

(2) 弧焊电源的使用

弧焊电源在使用过程中要注意到焊工的安全，避免发生人身触电事故，同时，要保证焊机的正常运行，防止焊接被损坏，因此应按以下操作规程使用焊机。

① 焊机的接线盒安装应由专门的电工负责，焊工不应自行动手。

② 焊工在合上或切断开关时，头部不要正对开关，防止因短路造成电火花烧伤面部。

③ 当焊钳和焊件短路时，不得启动焊机，以免启动电流过大而烧坏焊机，暂停工作时，

不准将焊钳直接放在焊件上。

④ 应按焊机的额定焊接电流和负载持续率来使用，不要使焊机因过载而损坏。

⑤ 经常保持焊接电缆与焊机接线柱的良好接触，要拧紧螺母。

⑥ 焊机在移动时不应受到剧烈振动。

⑦ 当焊机发生故障时，应立即切断电源，然后及时进行检查和维修。

⑧ 在工作完毕或临时离开工作场地时，必须及时切断焊机的电源。

5.2.2　焊条

（1）焊条的组成

焊条是涂有药皮的供手弧焊用的熔化电极，它由焊芯及药皮两部分组成，如图 5-6 所示。

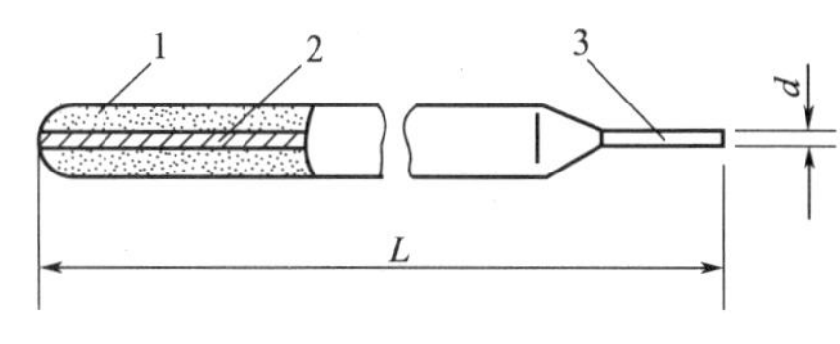

图 5-6　焊条的组成

1—药皮；2—焊芯；3—焊条夹持部分

① 焊芯　焊芯是组成焊缝金属的主要材料，它的主要作用是传导焊接电流，产生电弧并维持电弧燃烧；其次是作为填充金属与母材熔合成一体，组成焊缝。焊芯的化学成分直接影响着焊缝质量，国家标准对焊芯的化学成分和质量作了严格规定。常用的焊条直径为 2.0mm、3.2mm、4.0mm、5.0mm 几种，焊芯越细，焊条长度越短。一般焊条长度在 250～450mm 之间。

② 药皮　药皮是压涂在焊芯表面上的涂料层，它由铁矿石、铁合金、化工产品混合而成，在焊接过程中主要起到稳定电弧、保护熔化金属、冶金处理渗合金的作用。

（2）焊条的分类与型号

① 焊条的分类　焊条的分类方法很多，按用途不同可分为：碳钢焊条、低合金钢焊条、不锈钢焊条、铸铁焊条、堆焊焊条、镍及镍合金焊条、铜及铜合金焊条、铝及铝合金焊条等；按药皮熔化后的酸碱度可分为酸性焊条和碱性焊条。

② 焊条的型号　焊条的型号主要反映焊条的性能特点及类别，如“E4303”表示焊缝金属的抗拉强度最小值为 430MP，适用于全位置焊接，药皮类型为钛钙型，电源种类为交、直流两用电源。

（3）酸、碱性焊条的选用原则

在焊条电弧焊技能训练中，应用较多的焊条即为酸、碱性焊条，正确选用焊条是保证焊接接头质量的前提条件。酸、碱性焊条的选用一般遵循以下原则：当接头坡口表面难以清理干净时，应采用氧化性强，对铁锈、油污等不敏感的酸性焊条；在容器内部或通风条件较差的条件下，应选用焊接时析出有害气体少的酸性焊条；在母材中碳、硫、磷等元素含量较高时，且焊件形状复杂、结构刚性大和厚度大时，应选用抗裂性好的碱性焊条；当焊件承受振动载荷或冲击载荷时，除保证抗拉强度外，应选用塑性和韧性较好的碱性焊条；在酸性焊条和碱性焊条均能满足性能要求的前提下，应尽量选用工艺性能较好的酸性焊条。

5.2.3　焊接工艺

（1）焊接接头形式及坡口形式

焊接接头是指用焊接的方法连接的接头，它由焊缝、熔合区、热影响区及其邻近的母材组成。

根据接头的结构形状不同，焊条电弧焊常用的焊接接头形式有对接接头、T 形接头、角接接头和搭接接头四种形式，如图 5-7 所示。

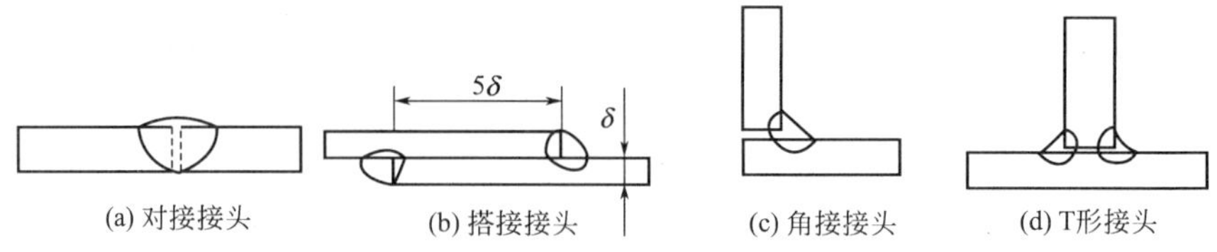

图 5-7 常用的焊接接头形式

焊接时，接头形式及板厚不同，坡口形式也不同。对接接头常用的坡口形式见图 5-8。加工坡口时，通常在焊件厚度方向留有直边，称为钝边，其作用是为了防止烧穿；接头组装时，为了保证焊透，往往根部留有间隙。

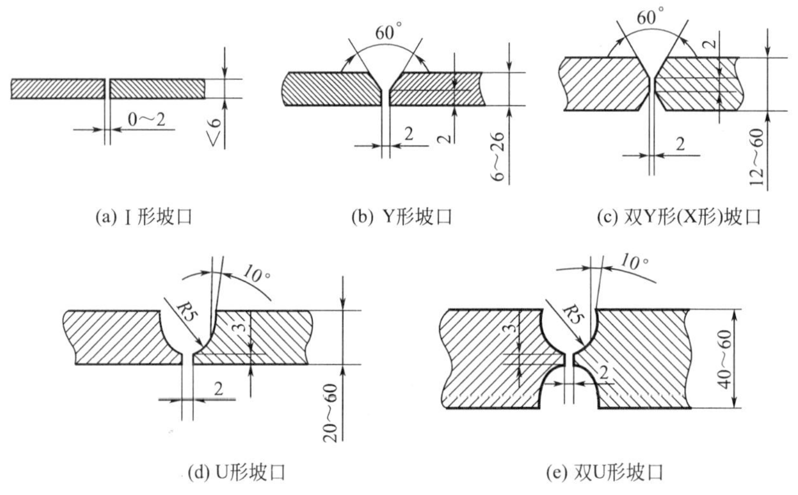

图 5-8 对接接头坡口形式

（2）焊接位置

实际生产中，由于焊接结构和零件移动的限制，焊缝在空间的位置除平焊外，还有横焊、立焊和仰焊，如图 5-9 所示。平焊操作方便，焊缝成形条件好，容易获得优质焊缝并具有高的生产率；其他三种又称空间位置焊，受熔池液态金属重力的影响，需要对焊接规范控制并采取一定的操作方法才能保证焊缝成形。

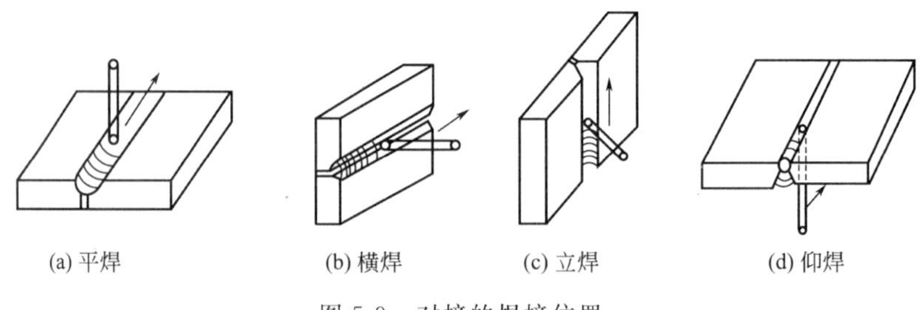

图 5-9 对接的焊接位置

（3）焊接工艺参数

焊条电弧焊的焊接工艺参数包括焊条直径、焊接电流、电弧电压、焊接速度和焊接层数等。

① 焊条直径 焊条直径一般根据焊件厚度、焊缝位置、焊接层数和接头形式选择。如焊件厚度大于 5mm 时，应选 ϕ4.0mm、ϕ5.0mm 的焊条；反之，选择 ϕ3.2mm、ϕ2.5mm 的

焊条。在板厚相同情况下，平焊焊缝选用的焊条直径比其他位置焊大一些，但一般不超过 ϕ5mm。多层焊时，第一层打底焊缝应选用较细的焊条，以后各层可选用较粗的焊条。搭接接头、T 形接头因不存在未焊透问题，所以应选用较大直径焊条。

② 焊接电流　焊接时，适当地增大焊接电流，可以加快焊条熔化速度，提高生产率；但焊接电流过大，易形成焊缝咬边、烧穿、过热等缺陷。而电流过小，则易造成夹渣、未焊透、熔合不良等缺陷，并降低焊接接头力学性能。因此必须正确选择焊接电流。焊接电流的选择主要与焊条直径、焊缝位置及焊条类型有关。

一般可根据下列经验公式确定焊接电流范围

$$I=(30\sim55)d$$

式中　I——焊接电流，A；

d——焊条直径，mm。

焊接电流与焊条直径对应关系见表 5-1.

表 5-1　各种直径焊条使用焊接电流的参考值

焊条直径/mm	1.6	2.0	2.5	3.2	4.0	5.0
焊接电流/A	25～40	40～65	50～80	100～130	160～210	200～270

此外，焊接电流的选择还要考虑焊缝位置及焊条类型的因素，如在相同焊接直径条件下，平焊缝选用的焊接电流比立焊和横焊时的焊接电流大 10%～15%，比仰焊时的焊接电流大 10%～20%；在焊条直径相同时，碱性焊条比酸性焊条使用的焊接电流小。

在实际生产中，焊工先根据经验公式选定一个焊接电流，然后在试板上进行试焊，通过观察熔池的变化情况、熔渣和铁水的分离情况、飞溅大小、焊条发红与否、焊缝成形状态及脱渣难易程度，来调整焊接电流，最终确定焊接电流值。

③ 电弧电压　其他工艺参数不变时，电弧电压增大，焊缝宽度显著增加而焊缝熔深和余高有所减少。电弧电压由电弧长度决定，它是影响焊缝宽度的主要因素。电弧长，电弧电压高；电弧短，电弧电压低。电弧过长时，燃烧不稳定，熔深减小，并且容易产生焊接缺陷。因此，焊接时必须采用短电弧。一般要求电弧长度不超过焊条直径。

④ 焊接速度　焊接速度是单位时间内完成的焊缝长度。焊条电弧焊时，在保证焊接质量的前提下，尽量提高焊接速度。

5.2.4　焊接基本操作

焊条电弧焊最基本的操作有引弧、运条和收尾。

（1）引弧

焊条电弧焊采用接触短路引弧法，即用焊条末端与焊件相接触后迅速抬起焊条引燃电弧。常用的引弧方法有直击法和划擦法。

① 直击法　先将焊条末端垂直对准焊件引弧处，然后手腕向下转动，使焊条碰击焊件，出现弧光后迅速将焊条提起 2～4mm，即产生电弧，如图 5-10(a) 所示。操作时必须掌握好手腕上下动作的时间和距离。

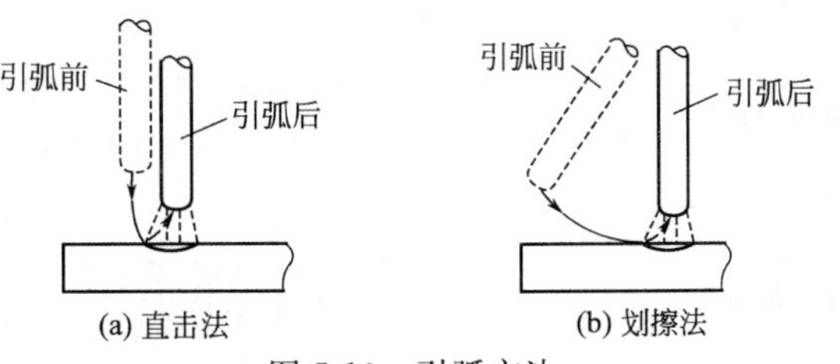

图 5-10　引弧方法

② 划擦法　与擦火柴有些相似，先将焊条末端对准焊件引弧处，然后扭动手腕，像划火柴似的使焊条在焊件表面轻微

划擦一下，提起2～4mm，引燃电弧，如图5-10(b) 所示。操作时手腕顺时针方向旋转，使焊条端头与焊件接触后再离开。

以上两种方法相比较，划擦法比较容易掌握，但是在狭小的工作面上或不允许烧伤的焊件表面上，应采用直击法。引弧前，如果焊条端部有药皮套筒，可以用手（应戴手套）将套筒去除，这样引弧较为快捷。在引弧过程中，如果发生焊条与焊件粘在一起，通过晃动焊条不能取下时，应立即将焊钳与焊条脱离，待焊条冷却后，焊条很容易扳下来。

(2) 运条

电弧引燃后，进入正常的焊接过程，焊条相对焊缝所做的各种动作总称为运条。正确运条是保证焊缝质量的基本因素之一，因此每个焊工都必须掌握。

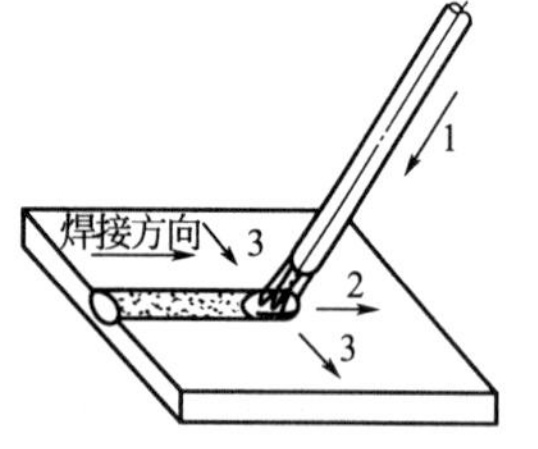

图5-11 运条基本运动
1—轴向送进；2—纵向移动；3—横向摆动

① 焊条运动 焊条的运动是三个方向运动的合成，包括沿焊条轴线向熔池方向送进、沿焊接方向纵向移动和沿焊缝宽度方向的横向摆动，如图5-11所示。

焊条沿轴线向熔池方向送进的运动主要是用来维持所要求的电弧长度。焊条下送速度应与焊条熔化速度相同，否则会发生断弧或焊条与焊件粘住现象。

焊条沿焊接方向纵向移动的运动是为了控制焊缝成形。随着焊条的不断熔化和向前移动，会逐渐形成一条焊缝。焊条向前移动速度应根据焊缝尺寸的要求、焊条直径、焊接电流、工件厚度、装配间隙情况以及熔池状况由焊工灵活掌握。如移动过快，则焊缝熔深较浅，易造成未焊透或未熔合；如移动过慢，会使焊缝过高，工件过热，变形增大或烧穿。

焊条沿焊缝宽度方向的横向摆动是为了获得一定宽度的焊缝，并保证焊缝两侧熔合良好。其摆动幅度应根据焊缝宽度与焊条直径决定，正常的焊缝宽度一般不超过焊条直径的2～5倍。

以上三个动作不能机械地分开，而应相互协调，运条的关键是动作平稳、均匀。

② 运条方法 在生产实际中，运条的方法很多，选用时应根据接头的形式、装配间隙、焊缝的空间位置、焊条直径与性能、焊接电流及焊工技术水平等来确定，常用的运条方法及适用范围见表5-2。

表5-2 常用的运条方法及适用范围

运条方法	运条示意图	适用范围
直线形运条法		①3～5mm厚焊件I形坡口对接平焊 ②多层焊的第一层焊道 ③多层多道焊
直线往返形运条法		①薄板焊 ②对接平焊(间隙较大)
锯齿形运条法		①对接接头(平焊、立焊、仰焊) ②角接接头(立焊)
月牙形运条法		同锯齿形运条法

续表

运条方法		运条示意图	适用范围
三角形运条法	斜三角形		①角接接头(仰焊) ②对接接头(开 V 形坡口横焊)
	正三角形		①角接接头(立焊) ②对接接头
圆圈形运条法	斜圆圈形		①角接接头(平焊、仰焊) ②对接接头(横焊)
	正圆圈形		对接接头(厚焊件平焊)

(3) 收尾

焊缝的收尾是指一条焊缝焊完后的收弧。收弧时不仅是熄灭电弧，还要将弧坑填满。收弧一般有三种方法，如图 5-12 所示。

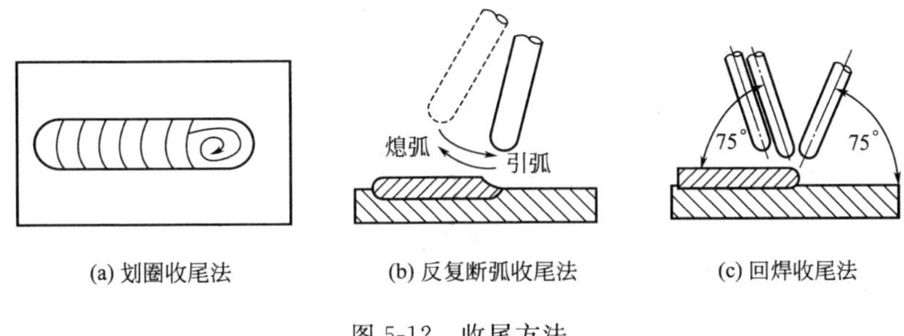

(a) 划圈收尾法　(b) 反复断弧收尾法　(c) 回焊收尾法

图 5-12　收尾方法

① 划圈收尾法　当焊条移到焊缝终点时，在弧坑处作圆圈运动，直到填满弧坑再拉断电弧。此方法适用于厚板收尾，如图 5-12(a) 所示。

② 反复断弧收尾法　当焊条移到焊缝终点时，在弧坑处反复熄弧、引弧数次，直到填满弧坑为止。此方法适用于薄板和大电流焊接时的收尾，但不适于碱性焊条，如图 5-12(b) 所示。

③ 回焊收尾法　当焊条移到焊缝终点时，在弧坑处稍做停留，然后将电弧慢慢抬高，并引到焊缝边缘的母材坡口内。这时熔池会逐渐缩小，凝固后一般不出现缺陷。此方法适合于碱性焊条，如图 5-12(c) 所示。

(4) 焊缝的连接

后焊焊缝与先焊焊缝的连接处称为焊缝的接头。由于受焊条长度限制，焊缝前后两段的接头是不可避免的，但焊缝的接头应力求均匀，防止产生过高、脱节、宽窄不一致等缺陷。焊缝接头一般有以下四种形式，即中间接头、相背接头、相向接头和分段退焊接头，如图 5-13 所示。

5.2.5　技能训练

训练任务：焊接如图 5-14 所示钢板，采用 V 形坡口平对接焊，材料 Q345，工时 10h。

① 试件准备　材料 Q345，尺寸为 300mm×125mm×12mm，60°V 形坡口，如图 5-14

所示。

② 焊接材料及设备　E5015，ϕ3.2mm、ϕ4.0mm 的焊条；ZX5-400 型弧焊整流器。

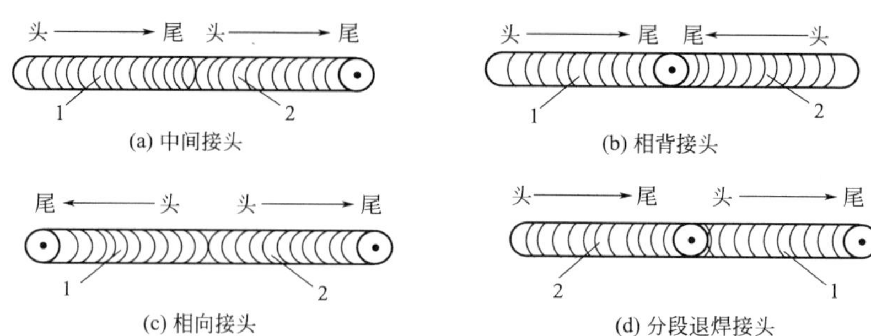

(a) 中间接头　(b) 相背接头　(c) 相向接头　(d) 分段退焊接头

图 5-13　焊接接头四种接头形式

1—先焊焊缝；2—后焊焊缝

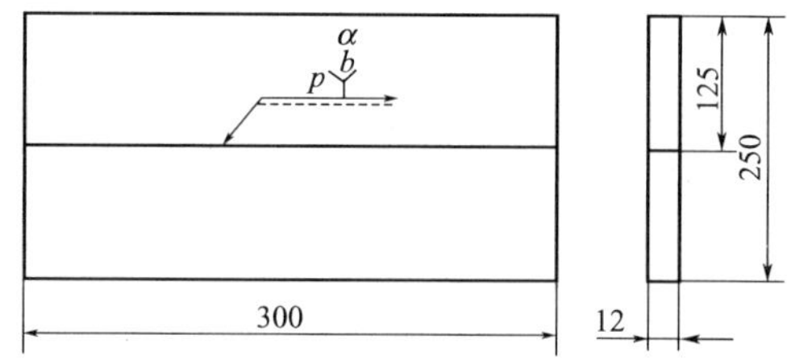

图 5-14　V 形坡口平对接焊焊件

③ 焊接工艺参数　焊接工艺参数见表 5-3。

表 5-3　焊接工艺参数

焊接层数	焊条直径/mm	焊接电流/A
打底焊	3.2	80～90
填充焊	4.0	160～175
盖面焊		150～165

④ 操作步骤　焊接操作步骤见表 5-4。

表 5-4　V 形坡口平对接焊操作步骤

操作步骤	简图	操作要点	设备材料
1. 焊前清理	15～20　15～20　打磨区	清理坡口及两侧 20mm 范围内铁锈、油污、氧化物等，使其露出金属光泽	角向磨光机
2. 装配与定位焊	≤10　≤10	a. 将两钢板装配成 V 形坡口对接接头，装配间隙始焊端为 3.2mm，终焊端 4.0mm b. 在始焊端与终焊端两端 20mm 内进行定位焊，定位焊缝长度不大于 10mm	钢直尺、焊机、焊钳、焊条

续表

操作步骤	简图	操作要点	设备材料
3. 预置反变形		焊前将组对好的焊件向焊后角变形的相反方向折弯一定的反变形量，变形角≤3°	焊条、钢直尺
4. 打底焊	90° 75°～85°	a. 按表 5-3 调节打底焊焊接电流值 b. 采用连弧焊焊接，运条时采用小幅度锯齿形横向摆动，并在坡口两侧稍停留，保证焊缝两侧熔合良好 c. 焊条倾角控制在 75°～85°	焊机、焊钳、焊条
5. 填充焊	75°～85°	a. 施焊前，将前一道焊缝的焊渣、飞溅清除干净，焊缝接头的焊瘤打磨平整 b. 按表 5-3 调节焊接电流 c. 填充层焊接时的焊条角度控制在 75°～85°	焊机、焊钳、敲渣锤、角向磨光机、焊条
6. 盖面焊	引弧处	a. 施焊前，将前一道焊缝的焊渣、飞溅清除干净 b. 盖面层施焊时的焊条角度、运条方法及接头方法与填充层相同 c. 盖面层接头时在弧坑前 10mm 处引弧至弧中心时先左后右沿弧坑运条	焊机、焊钳、敲渣锤、角向磨光机、焊条

⑤ 焊后检验　平板对接焊缝的质量检验项目及评分标准见表 5-5。

表 5-5　平板对接焊缝的质量检验项目及评分标准

姓名		完成工时		成绩		
序号	考核项目		配分	评分标准	检测结果	得分
1	焊缝表面咬边深度≤0.5mm		10	超差一处扣 5 分		
2	焊缝余高 $0\leqslant h\leqslant 3$mm		5	超差不得分		
3	焊缝宽度 c=坡口宽度+3		5	超差不得分		
4	未焊透深度≤0.15t（t 为壁厚）		5	超差不得分		
5	角变形≤3°		5	超差不得分		
6	未熔合		5	出现不得分		

续表

姓名		完成工时		成绩	
序号	考核项目	配分	评分标准	检测结果	得分
7	气孔	10	出现一处扣 5 分		
8	夹渣	5	出现不得分		
9	焊瘤	10	出现一处扣 5 分		
10	背面凹坑≤1mm	10	超差不得分		
11	焊缝表面成形波纹均匀，成形美观	10	根据成形酌情扣分		
12	焊前准备工作周全	10	违者每次扣 2 分		
13	安全文明生产，达 6S 要求	10	违者每次扣 2 分		
合计		100			
检验员		计分员		时间	年 月 日

5.3 气 焊

气焊是利用可燃气体与助燃气体混合燃烧产生的气体火焰作为热源，进行金属材料焊接的一种加工工艺方法。它具有设备简单、操作灵活方便、质量可靠、成本低及适用性好等特点，适于焊接薄板、小直径薄壁管、铸铁、有色金属、低熔点金属等，是金属材料加工的主要方法之一。

5.3.1 气焊设备与工具

气焊设备主要有氧气瓶、乙炔瓶、减压器、焊炬以及胶管等，气焊工具主要有点火枪、护目镜等。

① 氧气瓶　氧气瓶是储存和运输氧气用的高压容器。它由瓶体、瓶阀、瓶箍和瓶帽等部分组成，如图 5-15 所示。瓶体是其主体部分，瓶口内攻螺纹，外套瓶箍用来装瓶阀和瓶帽。氧气瓶外表涂天蓝色，瓶体上用黑漆标注“氧气”字样。最常用的氧气瓶的容积为 40L，满瓶时的压力为 15MPa。

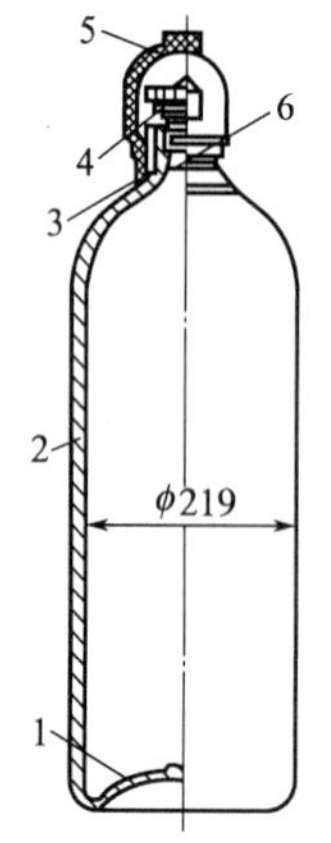

图 5-15　氧气瓶结构

1—瓶底；2—瓶体；3—瓶箍；4—氧气瓶阀；5—瓶帽；6—瓶头

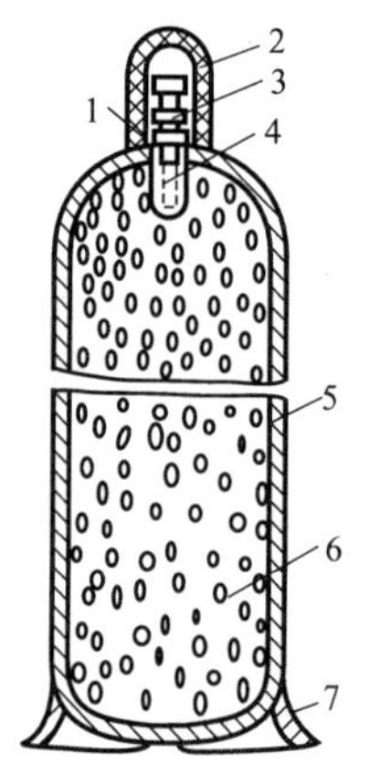

图 5-16　乙炔瓶结构

1—瓶口；2—瓶帽；3—瓶阀；4—石棉；5—瓶体；6—多孔填料；7—瓶底

② 乙炔瓶　乙炔瓶是储存和运输乙炔用的容器。它由瓶体、瓶阀、瓶帽和填料等部分组成，如图 5-16 所示。乙炔瓶瓶口装有控制乙炔的阀门，瓶体上部装有瓶帽，外表装有防止瓶体碰撞的防振箍，瓶体底部焊有使瓶体平稳直立的瓶座。乙炔瓶外表涂白色，并用红漆标注“乙炔”字样。最常用的乙炔瓶的容积为 40L，工作压力为 1.5MPa。

③ 减压器　减压器是将器瓶内的高压气体减压至所需要的压力，并在使用过程中保持压力稳定。对不同性质的气体，必须选用符合各自要求的专用减压器，各种气体专用的减压器禁止换用或替用。

④ 焊炬　焊炬是气焊时用于控制气体混合比、流量及火焰并进行焊接的工具。焊炬按可燃气体与氧气混合的方式不同，可分为射吸式焊炬（也称低压焊炬）和等压式焊炬两类，目前国内使用的焊炬多为射吸式，如图 5-17 所示。

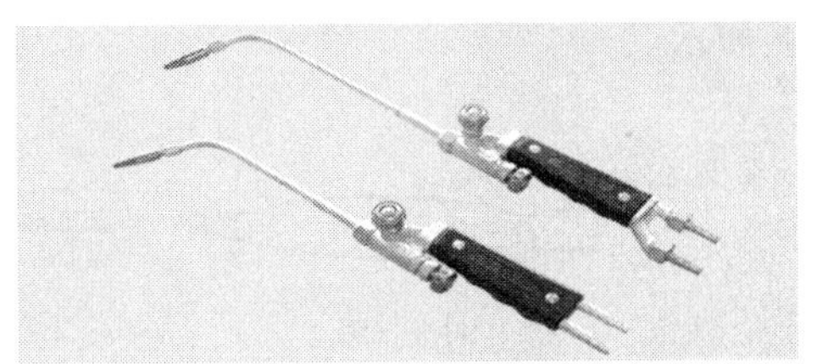

图 5-17　H01 系列射吸式焊炬

对于新使用的射吸式焊炬，必须检查其射吸情况。检查时，接上氧气胶管，拧开氧气阀和乙炔阀，将手指轻轻按在乙炔进气管接头上，若感到有一股吸力，则表明射吸能力正常；若没有吸力，甚至氧气从乙炔接头上倒流，则表明射吸能力不正常。

⑤ 输气胶管　氧气瓶和乙炔瓶中的气体，须用橡胶管输送到焊炬或割炬中。根据 GB 9448—1999《焊接与切割安全》标准规定，氧气管为黑色，乙炔管为红色。通常氧气管内径为 ϕ8mm，乙炔管内径为 ϕ10mm，氧气管允许工作压力为 1.5MPa，乙炔管为 0.3MPa，连接焊炬胶管长度一般为 10～15m。焊炬用橡胶管禁止沾染油污及漏气，老化的胶管要及时更换，氧气胶管和乙炔胶管严禁互换使用。

⑥ 点火枪　点火枪是一种安全点火的工具。点火时，小齿轮与电石摩擦产生火花，引燃可燃气体。

⑦ 护目镜　气焊时使用护目镜，主要是保护焊工的眼睛不受火焰亮光的刺激，以便在焊接过程中能够仔细地观察熔池金属，又可防止飞溅金属微粒溅入眼睛内。护目镜的镜片颜色和深浅，根据焊工的需要和被焊材料性质进行选用。颜色太深太浅都会妨碍对熔池的观察，影响工作效率，一般宜用 3～7 号的黄绿色镜片。

此外还有清理工具，如钢丝刷、手锤、锉刀；连接和启闭气体通路的工具，如钢丝钳、铁丝、皮管夹头、扳手等及清理焊嘴的通针。

5.3.2　气焊用焊接材料

气焊用焊接材料主要是氧气、乙炔、气焊丝和气焊熔剂。

① 氧气　氧气是助燃气体，其纯度直接影响气焊的质量与效率。焊接时氧气纯度一般应不低于 99.2%。目前大、中型企业焊接作业时，氧气主要由管道输送或由氧气瓶提供。

② 乙炔　乙炔是可燃气体，它与空气混合燃烧的火焰温度为 2350℃，与氧气混合燃烧的火焰温度为 3000～3300℃，能迅速熔化金属达到焊接的目的。同时，乙炔还是一种具有爆炸性的危险气体，使用时必须注意安全。

③ 气焊丝　气焊时，气焊丝被融化并填充到焊缝中，因此，气焊丝质量对焊接的性能有很大的影响。各种金属焊接时应采用相应的气焊丝，常用的有碳素结构钢用焊丝、合金结构钢用焊丝、不锈钢用焊丝、铸铁用焊丝、铜及铜合金用焊丝、铝及铝合金用焊丝、镁合金用焊丝等。

④ 气焊熔剂　气焊熔剂的作用是去除焊缝表面的氧化物和保护熔池金属。气焊熔剂具有很强的反应能力，可迅速溶解某些氧化物或高熔点化合物，改善润湿性。常用的气焊熔剂有气剂 101（用于不锈钢和耐热钢气焊）、气剂 201（用于铸铁气焊）、气剂 301（用于铜气焊）、气剂 401（用于铝气焊）。

5.3.3　气焊工艺

（1）气体火焰

为保证焊接过程的正常进行，焊接火焰要有足够的温度，且热量要集中，并对焊缝具有保护性。气焊主要采用乙炔与氧混合燃烧形成的氧乙炔焰，在焊接铅时也可采用氢氧焰。改变氧气和乙炔的混合比例，可获得三种不同性质的火焰，即中性焰、碳化焰和氧化焰，如图 5-18 所示。

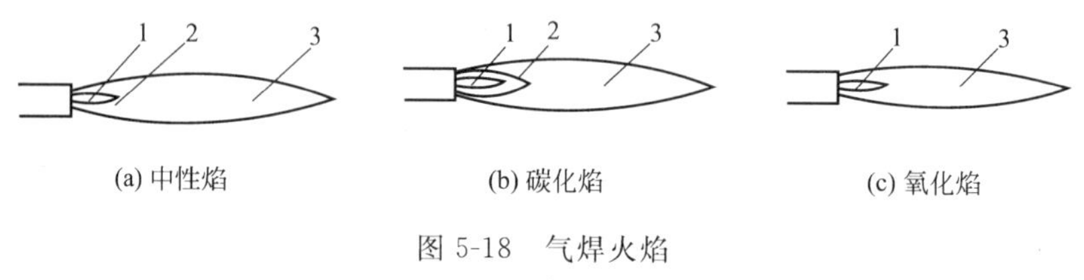

图 5-18　气焊火焰

1—焰心；2—内焰；3—外焰

① 中性焰　氧气和乙炔的体积混合比为 1.1～1.2，中性焰由焰心、内焰和外焰三部分构成，适于焊接低碳钢、中碳钢、普通低合金钢、不锈钢、紫铜、铝及铝合金等金属材料。

② 碳化焰　氧和乙炔的体积混合比小于 1.1，碳化焰比中性焰的火焰长，其明显特征是内焰呈乳白色。碳化焰适于焊接高碳钢、铸铁和硬质合金等材料。

③ 氧化焰　氧和乙炔的体积混合比大于 1.2，氧化焰比中性焰短，分为焰心和外焰两部分，由于火焰中有过量的氧，故对熔池金属有强烈的氧化作用，一般气焊时不宜采用，只有在气焊黄铜、镀锌铁板时才采用轻微氧化焰。

（2）气焊工艺参数

① 焊丝直径　焊丝直径应根据焊件的厚度和坡口的形式、焊接位置、火焰能率等因素来决定。焊丝直径过小容易造成未熔合和焊缝高低不平、宽窄不一；焊丝直径过大容易使热影响区过热。

焊丝直径与焊件厚度的关系见表 5-6。在开坡口焊件的第一、二层焊缝焊接，应选用较细的焊丝，以后各层焊缝可采用较粗焊丝。焊丝直径还和焊接方向有关，一般右向焊时所选用的焊丝要比左向焊时粗些。

表 5-6　焊丝直径与焊件厚度的关系　　mm

焊件厚度	1～2	2～3	3～5	5～10	10～15
焊丝直径	1～2	2～3	3～3.2	3.2～4	4～5

② 火焰性质及能率　火焰能率以每小时可燃气体的消耗量来表示。应根据焊件材料的种类及性能来选择，它主要取决于混合气体的流量。材料性能不同，选用的火焰能率就不同。焊接厚件、高熔点、导热性好的金属材料应选较大火焰能率，才能保证焊透，反之应小。在实际生产中在确保焊接质量的前提下，为了提高生产率，应尽量选用较大的火焰能率。

③ 焊嘴倾角　焊嘴倾角是指焊嘴中心线与焊件平面之间的夹角。焊嘴倾角与焊件的熔点、厚度、导热性以及焊接位置有关。倾角越大，热量散失越少，升温越快。焊嘴倾角在气

焊过程中是要经常改变的，起焊时大，结束时小。

④ 焊接速度　焊接速度的快慢直接影响产品的质量与效率。通常焊件厚度大、熔点高则焊接速度应慢，以避免未熔合的缺陷；反之应快，以避免烧穿和过热。

5.3.4　气焊基本操作

气焊的基本操作有火焰点燃、调节火焰、灭火和焊接。

(1) 火焰点燃

先逆时针方向旋转氧气阀门放出氧气，再逆时针方向微开乙炔阀门，使氧气和乙炔在焊炬内形成混合气体并从焊嘴喷出，此时将焊嘴靠近火源点火。在开始练习时，可能出现不易点燃和连续“放炮”的响声，这是因为氧气量过大或乙炔不纯所造成的，应微关氧气阀门或放出不纯的乙炔，重新点火。

在点火时，拿火源的手不要正对焊嘴，也不要将焊嘴指向他人，以防烧伤。

(2) 火焰调节

刚点燃的火焰多为碳化焰，如要调成中性焰，应逐渐增加氧气的供给量，直至火焰的内、外焰无明显的界限，焰心端部有淡白色火焰闪动，即获得中性焰。如继续增加氧气或减少乙炔，就得到氧化焰；反之，增加乙炔或减少氧气，可得到碳化焰。

调节氧气和乙炔流量大小，还可得到不同的火焰能率。在气焊工作时，若先减少氧气，后减少乙炔，可减小火焰能率；若先增加乙炔，后增加氧气，可增大火焰能率。

(3) 火焰熄灭

正确的熄灭火焰方法是先顺时针方向旋转乙炔阀门，直至关闭乙炔，再顺时针方向旋转氧气阀门关闭氧气，这可避免黑烟和火焰倒袭，注意关闭阀门时以不漏气为准，不要关得太紧，以防磨损太快降低焊炬的使用寿命。

(4) 焊接

气焊时，一般用左手拿焊丝，右手拿焊炬，两手的动作要协调，沿焊缝向左或向右焊接。

焊接热源从接头右端向左端移动，并指向待焊部分的操作法，称为左焊法，如图5-19(a) 所示。焊嘴轴线的投影应与焊缝重合，与焊缝一般保持30°～50°的夹角。左焊法主要适用于焊接厚度3mm以下的薄板和低熔点的金属。这种焊法容易掌握，应用最普遍。

焊接热源从接头左端向右端移动并指向已焊部分的操作法，称之为右焊法，如图5-19(b) 所示。这种焊法适用于焊接厚度较大、熔点较高的焊件。

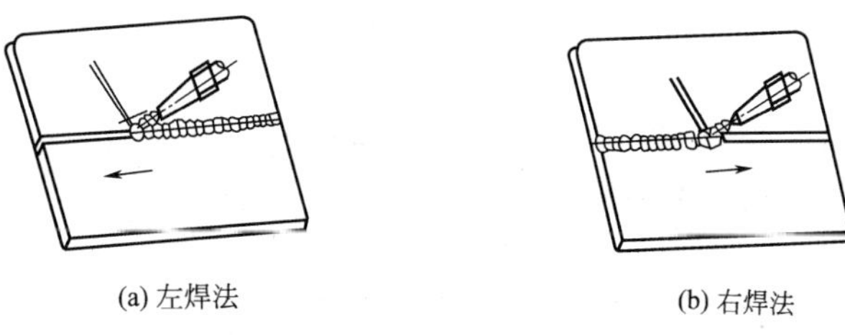

(a) 左焊法　(b) 右焊法

图5-19　气焊操作示意图

(5) 焊炬和焊丝的运动

焊炬和焊丝的运动包括三个动作：两者沿焊缝作纵向移动，不断地熔化焊件和焊丝而形成焊缝；焊炬沿焊缝作横向摆动，充分加热焊件，利用混合气体的冲击力搅拌熔池，使熔渣浮出；焊丝在垂直方向送进并作上下跳动，以控制熔池热量和给送填充金属。在焊接时，焊丝和焊炬的运动必须均匀、协调，且通过焊丝和焊炬有规律的摆动，控制焊缝熔池中液态金属的流动，以保证焊件金属熔透，使焊缝成形高度和宽窄一致。

焊炬和焊丝的摆动方法和幅度，根据焊件材料的性质、焊缝的位置、接头形式及板厚而定。常用焊炬和焊丝的摆动方法，如图 5-20 所示。

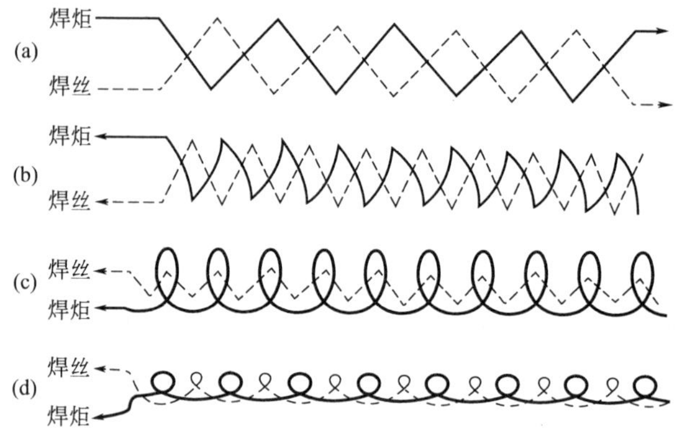

图 5-20 常用焊炬和焊丝的摆动方法

5.3.5 技能训练

训练任务：完成图 5-21 所示小径管对接水平固定焊，要求单面焊双面成形，工时 10h。

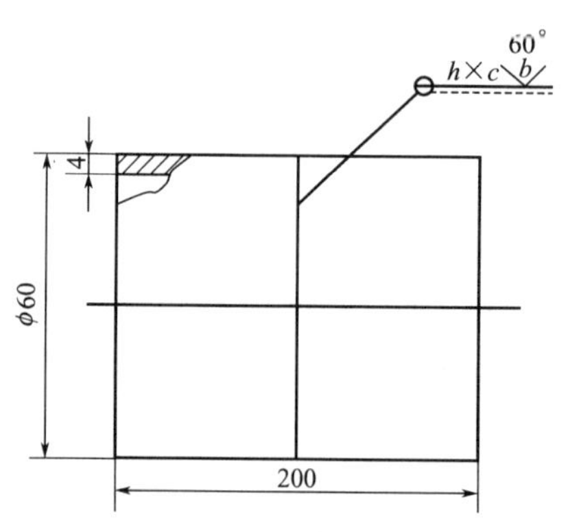

图 5-21 水平固定管焊焊件

① 试件准备 低碳钢管，尺寸为 ϕ60mm×100mm×4mm，单边 V 形坡口 30°，每组两块。

② 焊接材料及设备 焊炬型号 H01-6，配 3 号焊嘴；焊丝 H08A，ϕ2.5mm。

③ 焊接工艺参数 焊接工艺参数见表 5-7。

表 5-7 焊接工艺参数

焊接层次	焊丝直径/mm	焊炬规格	火炬性质
1	2.5	H01-6.3 号嘴	中性焰
2	2.5	H01-6.3 号嘴	中性焰

④ 操作步骤 焊接操作步骤见表 5-8。

表 5-8　小径管水平固定焊操作步骤

操作步骤	简图	操作要点	设备材料
1. 焊前清理	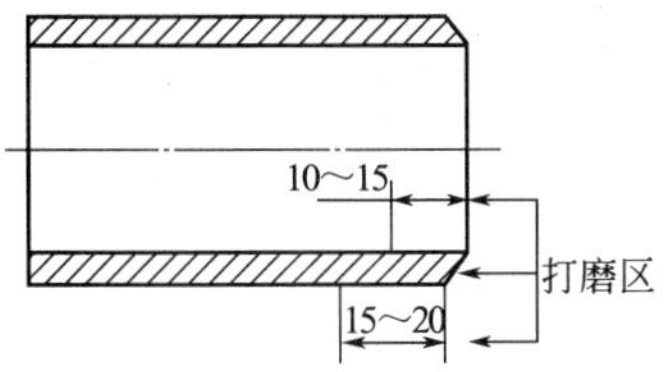 10～15 15～20 打磨区	焊前除净管子坡口面及近坡口两侧管壁上的油污、铁锈、氧化物等，使其露出金属光泽	角向磨光机
2. 装配与定位焊	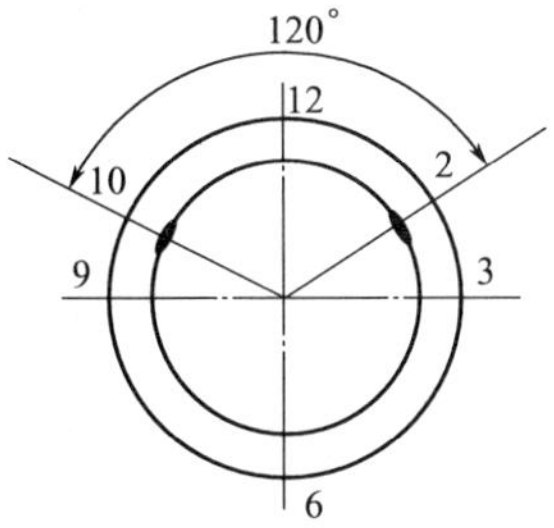 120° 12 2 10 9 3 6	a. 将两管子轴心线对正，内外壁齐平，装配间隙 1.5～2.0mm b. 采用与正式焊相同的焊条，在平焊和后半部的立焊位置上定位焊两处，定位缝长度 5～7mm c. 焊后去除焊渣	钢直尺、焊机、焊钳、焊条
3. 打底焊	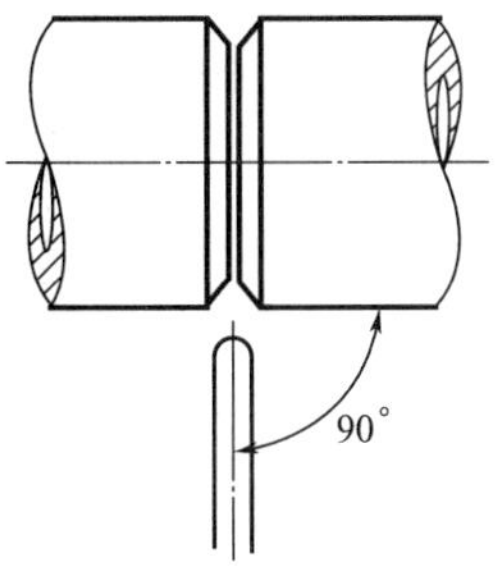 90° 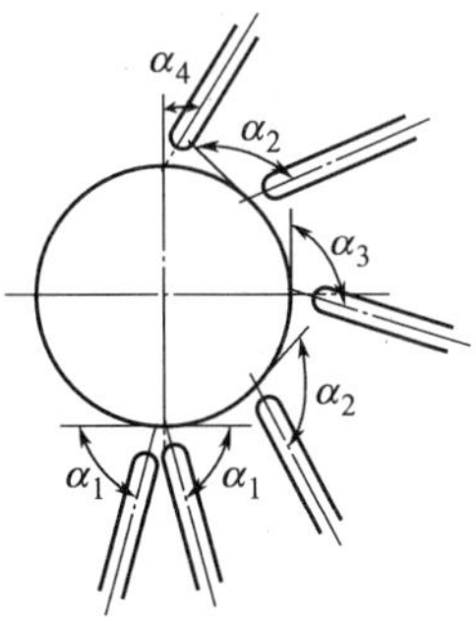 α_4 α_2 α_3 α_2 α_1 α_1	a. 焊前半周，从仰焊位置开始，采用划擦法引弧起焊，仰焊时尽量压短电弧 b. 焊接立焊及平焊位置时，焊条向坡口内的压送深度比仰焊浅；收弧时，焊条向管壁左或右侧回拉带弧约 10mm c. 前半周焊缝起头处打磨成缓坡 d. 焊后半周下接头仰位焊接时，在缓坡前面约 5～10mm 处引弧，预热施焊，焊至缓坡末端时将焊条向上顶送，待击穿，根部形成熔孔后，再向前施焊 e. 焊后半周上接头水平位置及接头处时，将电弧向坡口里压送并稍作停顿，待根部熔透，焊过前半周焊缝 10mm，填满弧坑后再熄弧	焊炬、氧气瓶、乙炔瓶、敲渣锤、焊丝
4. 盖面焊	同打底焊	a. 施焊前，将前一道焊缝的焊渣、飞溅清除干净，焊缝接头处打磨平整 b. 盖面焊焊接和打底焊相同	焊炬、氧气瓶、乙炔瓶、敲渣锤、角向磨光机、焊丝

⑤ 焊后检验　管状试件对接气焊质量检验项目及评分标准见表 5-9。

表 5-9 水平固定钢管焊接质量考核评分标准

姓名		完成工时		成绩	
序号	考核项目	配分	评分标准	检测结果	得分
1	焊缝表面咬边深度≤0.5mm	10	超差一处扣 5 分		
2	焊缝余高 $0 \leqslant h \leqslant 3$mm	5	超差不得分		
3	焊缝宽度 c=坡口宽度+3	5	超差不得分		
4	未焊透深度≤$0.15t$(t 为壁厚)	5	超差不得分		
5	管子错边量≤0.5mm	5	超差不得分		
6	未熔合	5	出现不得分		
7	气孔	10	出现一处扣 5 分		
8	夹渣	5	出现不得分		
9	焊瘤	10	出现一处扣 5 分		
10	背面凹坑≤1mm	10	超差一处扣 5 分		
11	通球试验通球直径为管内径的 85%	10	通球不过不得分		
12	焊缝表面成形波纹均匀,成形美观	10	根据形成酌情扣分		
13	焊前准备工作周全	4	违者每次扣 1 分		
14	安全文明生产,达 6S 要求	6	违者每次扣 1 分		
合 计		100			
检验员		计分员		时间	年 月 日

思 考 与 练 习

1. 填空题

(1) 焊接电弧主要产生三种射线，即________、________和________。

(2) 焊条电弧焊常用的焊接电源有________、________和________。

(3) 焊条电弧焊焊接一般结构选用________性焊条，重要结构选用________性焊条。

(4) 焊接接头形式有________、________、________和________四种形式。

(5) 焊接厚度为 12mm 的 Q235A 钢板时，应选用________焊条。

(6) V 形坡口打底焊时，一般选用________运条法。

(7) 碱性焊条应采用________收尾法。

(8) 为了保证试板焊后没有角变形，焊前试板要预置________。

(9) 平对接焊时要求正面焊缝余高不超过________。

(10) 氧乙炔焰中可燃气体是________，助燃气体是________。

(11) 进行低碳钢管气焊时，应选用________焊丝。

(12) H01-6 属于________式焊炬，数字 6 代表________。

(13) 气焊不锈钢和耐热钢时，应选用气焊熔剂________。

(14) H08Mn 的含义是______________。

(15) 低碳钢管进行气焊时，焊缝表面不允许有________、________、________和________等缺陷。

(16) 减压器具有___________和________两个作用。

(17) 气焊熄火时，应先关闭________阀，后关闭________阀，以防止回火和减少烟尘。

2. 简述题

(1) 使用 BX1-330 型弧焊变压器时如何调节焊接电流?

(2) 焊条电弧焊引弧有哪几种方法? 如何正确操作?

(3) 如何防止引弧时焊条粘住焊件？

(4) 引弧时焊条与焊件短路，对焊机是否有影响？

(5) 焊缝接头的连接方式应用最多的是哪一种？简述其接头方法。

(6) 弧坑是如何产生的？有何防止方法？

(7) 比较 E4303 和 E5015 焊条的操作性能。

(8) 绘制焊接电源极性示意图，在实际工作中如何选择电源极性？

(9) 简述 Q235 钢板 V 形坡口平对接焊的操作步骤。

(10) 氧气瓶和乙炔瓶外表是如何标志的？

(11) 如何检查射吸式焊炬的安全可靠性？

(12) 对氧气和乙炔胶管有什么要求？

(13) 怎样调节火焰能率大小？

(14) 氧乙炔火焰按混合比分为哪几种？它们的适用范围如何？

(15) 简述气焊火焰的点燃和熄灭的操作步骤。

(16) 怎样进行管子的定位焊？

(17) 气焊水平固定低碳钢钢管时，从什么位置开始起焊？

模块6 数 控 车 工

【学习目的】 通过数控车工实习，使学生了解数控加工的特点、数控车床的种类及数控加工的一般过程，明确数控车床安全操作规程，掌握数控车床基本操作，熟练编写回转体零件数控加工程序，安全操作数控车床加工合格零件，能对数控车床进行维护和保养。通过实习，达到数控车工中级标准。

6.1 数控车工入门

6.1.1 数控加工的特点

与普通机床加工相比，数控加工具有以下特点。

① 适应性强，适合加工单件或小批量形状复杂的工件。数控机床在更换产品时，只需改变加工程序、调整有关数据，大大缩短了新产品的生产周期。

② 自动化程度高，劳动强度低。数控加工中，零件装卸为手工操作，其余由机床自动完成，大大减轻了操作者的劳动强度，改善了劳动条件。

③ 加工精度高，质量稳定。数控机床本身精度比较高、自动化程度高，加工过程不受操作者人为因素的影响，工件加工精度完全由机床保证，因此加工精度高、质量稳定。

④ 生产效率高。数控机床自动化程度高，换刀等辅助操作实现了自动化，加工中可采用较大的切削用量，而且工序较为集中，因而大大提高了生产效率。

⑤ 有利于生产管理的现代化。在数控机床上加工零件，能准确地计算出零件的加工工时，并有效简化了检验以及工装、半成品的管理工作。

6.1.2 数控车床简介

（1）数控车床的类型

随着数控车床的不断发展，其品种繁多，规格不一，出现了不同的分类方法。

① 按数控系统的功能水平分类

a. 经济型数控车床。该车床有 CRT 显示、程序控制、程序编辑等功能，采用步进电动机的开环控制，加工精度不高。经济型数控车床如图 6-1 所示，一般用于加工精度要求不高、形状较复杂的回转体零件。

b. 全功能数控车床。该车床有刀尖圆弧半径补偿、恒线速度控制、倒角、固定循环、用户宏程序、图形显示等功能，一般采用闭环或半闭环控制，具有高刚度、高精度、高效率等特点。全功能数控车床如图 6-2 所示，适宜加工精度要求高、形状复杂、品种多变的单件或中小批量生产的零件。

c. 车削加工中心。车削加工中心是在全功能数控车床的基础上，配置了刀库、换刀装置、分度装置、铣削动力头和机械手，可控制三个坐标轴，实现车、铣复合加工，如螺旋槽等，如图 6-3 所示。

d. FMC（柔性制造单元）车床。它是在数控车床上增加了托盘自动交换装置、机器人等，实现了工件搬运、装卸的自动化，如图 6-4 所示。

图 6-1　经济型数控车床

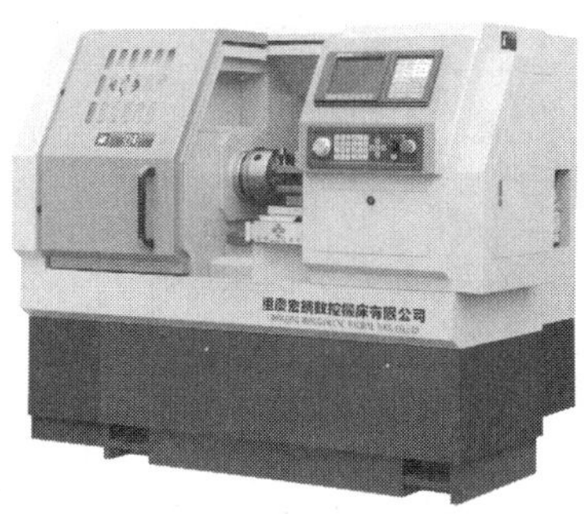

图 6-2　全功能数控车床

图 6-3　车削中心

图 6-4　FMC 车床

② 按主轴配置形式分类

a. 卧式数控车床。卧式数控车床又有水平导轨和倾斜导轨两种。档次较高的数控车床一般都采用倾斜导轨，该结构使车床具有更大的刚性，同时易于排除切屑。

b. 立式数控车床。简称数控立车，主要适宜加工径向尺寸大、轴向尺寸相对较小的大型复杂零件。

③ 其他分类方法　按刀架数量可分为单刀架、双刀架的数控车床，前者实现两轴联动控制，后者实现四轴联动控制；按特殊或专门工艺性能可分为螺纹数控车床、活塞数控车床、曲轴数控车床等。

(2) 数控车床常用夹具

数控车床工件装夹的方式与普通车床基本相同，但由于数控加工的高速度与高自动化程度，使数控车床的夹具有所不同。

① 液压动力卡盘　如图 6-5 所示，主要由前端的卡盘和后端的液压缸组成，具有结构紧凑、动作灵敏、装夹迅速方便、能够实现较大夹紧力的特点。液压动力卡盘通过调整液压系统的油压控制夹紧力的大小；通过调整卡爪位置（卡爪夹持范围变化较小），来适应零件尺寸的变化。

② 高速动力卡盘　高速动力卡盘如图 6-6 所示。数控车床主轴转速很高，如目前有的主轴转速已达 10000r/min，使一般的卡盘不再适用。高速动力卡盘常增设离心力补偿装置，利用补偿装置的离心力抵消卡爪组件离心力造成的夹紧力损失；或通过减轻卡爪组件质量来减小离心力。

③ 拨齿顶尖　拨齿顶尖有内、外拨齿顶尖和端面拨齿顶尖两种。内、外拨齿顶尖如图 6-7 所示，该顶尖锥面带齿，能嵌入工件，带动工件旋转。

图 6-5 液压动力卡盘

图 6-6 高速动力卡盘

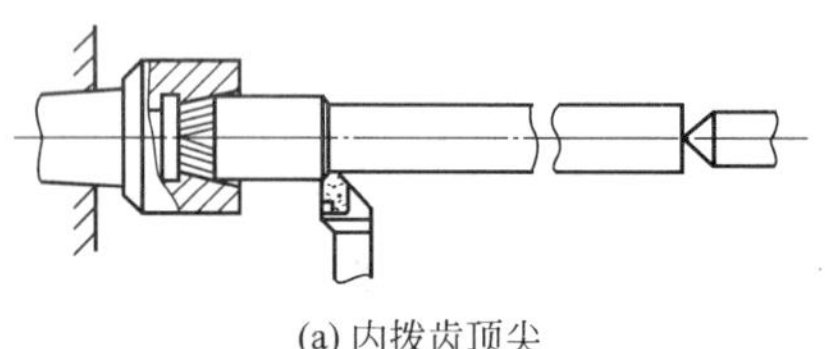
(a) 内拨齿顶尖

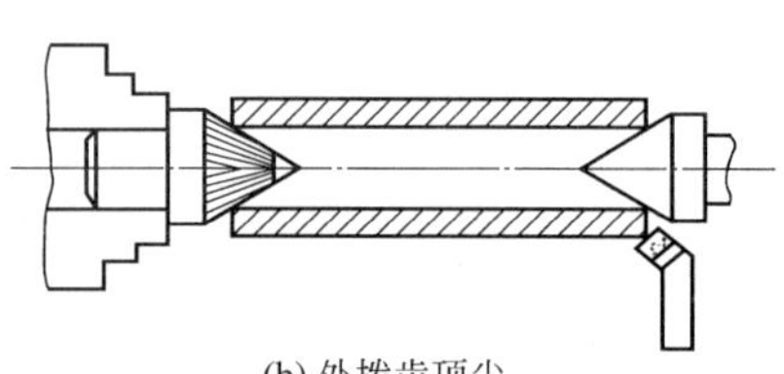
(b) 外拨齿顶尖

图 6-7 内、外拨齿顶尖

图 6-8 端面拨齿顶尖应用

端面拨齿顶尖是利用端面拨齿来带动工件旋转，如图 6-8 所示，它适合装夹直径在 φ50～150 之间的工件。

(3) 数控车床主要技术参数

数控车床的主要技术参数包括最大回转直径、最大车削长度、各坐标轴行程、主轴转速范围、切削进给速度范围、定位精度等，表 6-1 为杭州友佳生产的 FTC-20L 型卧式数控车床主要技术参数。

表 6-1 FTC-20L 型卧式数控车床主要技术参数

名 称		参 数	名 称		参 数
数控系统		FANUC 0i mate-TC	尾座芯轴直径		φ65mm
床身最大回转直径		φ560mm	尾座芯轴锥度		#4
鞍架最大回转直径		φ350mm	尾座芯轴行程		90mm
棒材允许直径		φ52mm	快移速度	纵向	24m/min
最大车削直径		φ350mm		横向	24m/min
最大车削长度		610mm	定位精度 X/Z		12/25μm
滑鞍最大行程	横向	175+25mm	重复定位精度 X/Z		±3/5μm
	纵向	650mm	主电机功率		15/18.5kW
主轴头型式		A2-6	伺服电机功率 X/Z		2.1/2.1kW
主轴内孔直径		φ62mm	液压电机		2.25kW
主轴转速		45～4500r/min	切削液电机		0.86kW
主轴孔锥度		1∶20	运屑器电机		0.2kW
刀具数		8	主电压		220V
方型刀具尺寸		25mm	机床外形尺寸(L×B×H)		3405mm×1542mm×1963mm

6.1.3　数控车床安全操作规程

操作数控车床一定要规范，以避免发生人身、设备等安全事故。

① 操作者必须熟悉机床使用说明书等有关资料。

② 工作时要穿好工作服、安全鞋，戴好工作帽。

③ 机床通电后，检查电压、油压是否正常，各开关、按钮是否正常，机床有无异常现象，可以通过试车的方式进行检查。

④ 应使用机床允许规格的刀具，且安装后进行试切削；工作过程中及时更换破损刀具。

⑤ 调整机床时所用工具不要遗忘在机床内。

⑥ 确认工件夹紧后方可启动机床，开机前要关好防护门，加工过程中不允许打开防护门。

⑦ 程序输入后应仔细核对，包括代码、地址、数值、正负号、小数点及语法。

⑧ 试切时快速进给倍率开关必须打到较低挡位。

⑨ 禁止加工过程中测量工件、清扫机床等，禁止戴手套进行操作。

⑩ 机床在自动执行程序时，操作人员不得离开岗位，操作中应根据实际加工情况调整加工参数，出现工件跳动、打抖、异常声音、夹具松动等异常情况时，应立即停止机床动作。

⑪ 经常检查轴承温度，过高时应找有关人员进行检查。

⑫ 铁屑要用铁钩子或毛刷进行清理，禁止用手接触刀尖或铁屑。

⑬ 某一项工作如需要两人或多人共同完成时，应注意相互间的协调一致，严禁两人同时操作数控机床。

⑭ 工作结束后，使工作台面远离行程开关，依次关掉机床操作面板上的电源和总电源，收放好量具、工具、工件，清除切屑，擦拭机床，保持机床与环境的整洁。下班时，应认真做好交接班工作，必要时应做好文字记录。

⑮ 严格遵守岗位责任制，机床由专人使用和管理，未经本人同意，他人不得使用。

6.2　数控车削加工

6.2.1　数控车床基本操作

数控车床由于系统配置及生产厂家不同，使数控车床操作面板的布局及操作方法有所不同，但操作面板各开关、按键的功能及操作原理基本相同。下面以杭州友佳精密机械有限公司生产的配置 FANUC 0i mate-TC 系统的 FTC-20L 型数控车床为例，介绍数控车床基本操作。

（1）数控车床操作面板

数控车床的操作面板主要由两部分组成，即系统操作面板和机床控制面板，如图 6-9 所示。

① 系统操作面板　系统操作面板由 CRT 显示屏、软键和 MDI 键盘三部分组成，其中 MDI 键盘如图 6-10 所示。

② 机床控制面板　FTC-20L 型数控车床的控制面板如图 6-11 所示，各按钮功能见表 6-2。

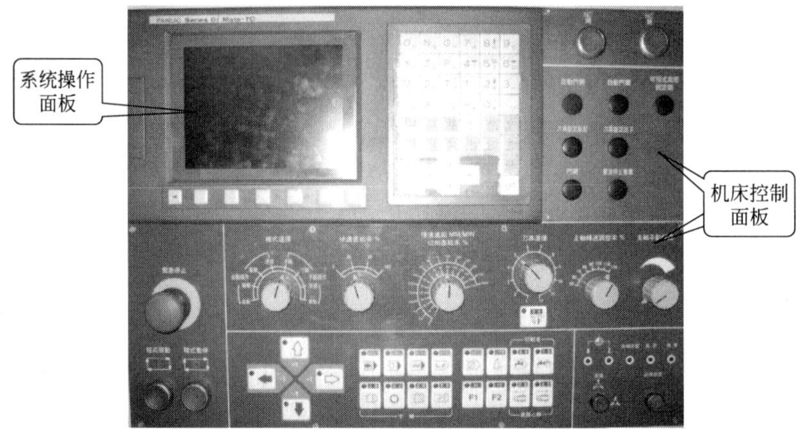

图 6-9　FTC-20L 型数控车床操作面板

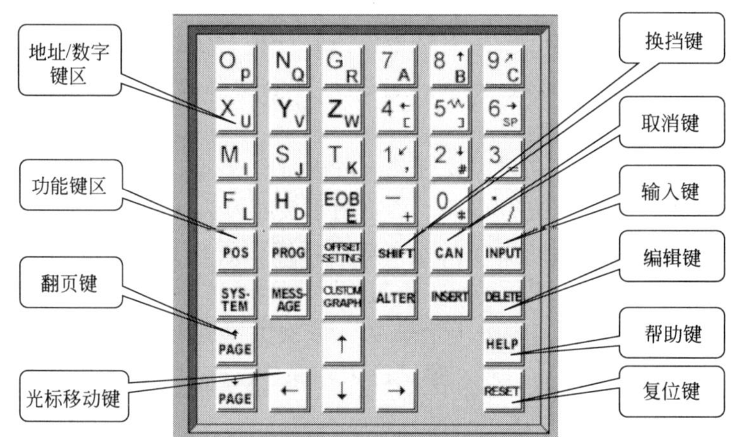

图 6-10　FANUC 0i 系列数控系统 MDI 键盘

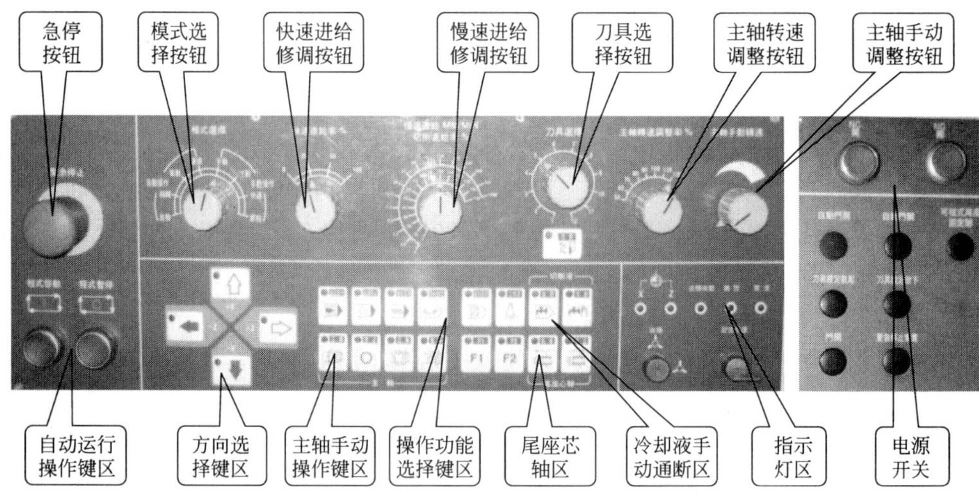

图 6-11　FTC-20L 型数控车床控制面板

表 6-2　机床控制面板按钮功能

按钮名称			功　　能
电源开关按钮			开、关系统电源
急停按钮			按下急停按钮，机床移动立即停止，并且关闭所有的输出
模式选择按钮	自动操作	自动	系统进入自动加工模式
		编辑	系统进入程序编辑状态
		单动	统进入 MDI 模式
		连线	系统进入在线加工模式
	手动操作	手轮	系统处于手轮/手动点动模式
		寸动	系统进入手动寸动模式
		快速	系统进入手动快速模式
		原点	系统进入回原点模式
快速进给修调按钮			选择快速进给倍率，改变刀架的快移速度
慢速进给修调按钮			通过该旋钮，改变刀架在手动模式及自动模式下的工作进给速度
刀具选择按钮			通过该旋钮，实现手动换刀
主轴转速调整按钮			通过该旋钮选择主轴转速倍率，改变自动加工模式下的主轴转速
主轴手动调整按钮			通过该旋钮改变手动模式下的主轴转速
自动运行操作键	循环启动按钮		程序运行开始
	循环保持按钮		程序运行暂停
方向选择按钮			手动方式下实现刀架沿 X 轴或 Z 轴方向移动
主轴正转、停止、反转			控制主轴正转、停止转动、主轴反转
操作功能选择键	自动运行		程序进入自动加工方式
	单节执行		刀具每执行完一个程序段后停止，再按一次【循环启动】按钮，刀具执行下一程序段后又停止
	选择停止		程序中的 M01 指令有效，当执行含有 M01 的程序段后，自动加工停止运行，按【循环启动】按钮，继续执行后续程序
	程式预演		用于程式检验与刀具走刀路线的模拟
	机械锁定		机床锁定机能有效，刀架不能移动，但机床执行和显示都正常，再按一下此按钮，机床锁定机能取消
尾座前进、后退			此按钮用于手动操作尾座顶尖前进、后退

(2) 数控车床基本操作

数控车床基本操作包括开机、回参考点、程序编辑、对刀操作、空运转循环加工、工件加工、程序修改或刀具数据设置、机床维护并关机等。下面以 FANUC 0i mate-TC 系统的 FTC-20L 型卧式数控车床为例，介绍数控车床基本操作。

① 开机与关机操作　数控车床开机操作步骤如下：接通电气柜侧面的主电源开关→按下操作面板上的系统电源按钮→拔出急停旋钮，完成开机操作。数控车床关机的顺序与开机正好相反。

注意：数控车床开机前要检查机床的防护门、强电箱门等是否关闭，检查润滑装置上的油标液面高度，检查切削液的液面是否高于泵的吸入口，检查《数控机床使用说明书》中规定的注意事项，合格后方可开机。

② 回参考点操作　数控车床回参考点操作步骤如下：置操作面板上“模式选择”旋钮

至“原点”位置→按下轴向选择键【+X】，使 X 轴回参考点，X 向回参考点指示灯亮→按下轴向选择键【+Z】，使 Z 轴回参考点，Z 向回参考点指示灯亮，完成回参考点操作。

③ 移动刀架操作　数控车床移动刀架方式有三种，寸动进给、快速进给、手轮进给。

寸动进给、快速进给操作步骤如下：置“模式选择”旋钮至“寸动”或“快速”位置→按轴向选择键【+X】或【－X】，以及【+Z】或【－Z】，则实现寸动进给或快速进给。手轮进给操作步骤如下：置“模式选择”旋钮至“手轮”位置→选择手轮进给轴，X 轴或 Z 轴→选择手摇脉冲倍率→按进给方向顺时针或逆时针摇手轮。

注意：手摇脉冲倍率【×1】、【×10】、【×100】对应值分别为 0.001mm、0.01mm、0.1mm；操作中要正确选择进给率，过大的进给率容易产生刀具或机床的损坏。

④ 主轴转动操作　数控车床主轴转动操作步骤如下：置“模式选择”旋钮至“手动操作”位置→按主轴【正转】、【反转】或【停转】按钮，使主轴转动。

⑤ 手动选刀操作　数控车床手动选刀操作步骤如下：置“模式选择”旋钮至“刀具选择”位置→将【刀具选择启动】按钮旋至所选刀号上→按下按键，完成手动选刀。

⑥ 数控车床对刀操作　数控车床对刀方法主要有三种：手动试切对刀法、机械检测对刀仪对刀法和光学检测对刀仪对刀法，其中手动试切对刀法对刀准确，在实际工作中得到广泛应用。

手动试切对刀方法有多种，如以 G54～G59 指定工件坐标系、以 G50 指定工件坐标系、以刀具长度补偿指定工件坐标系等。方法虽然不同，但其对刀原理基本相同。这里主要介绍以刀具长度补偿指定工件坐标系的操作方法，操作步骤如下。

X 方向对刀操作：手动方式下，车外圆，保证刀具 X 方向尺寸不变，Z 方向退刀→主轴停转→测量外圆直径→按OFFSET SETTING键→进入“刀具/磨耗”界面→按“形状”软键→光标移至刀具号对应的位置→输入“X 测得直径值”→按“测量”软键。

Z 方向对刀操作：手动方式下，车端面，保证刀具 Z 方向尺寸不变，X 方向退刀→主轴停转→按OFFSET SETTING键→进入“形状”补偿参数界面→光标移至刀具号对应的位置→输入“Z0”→按“测量”软键。

其余刀具对刀：置刀尖对准工件端面和侧母线的交点→向数控系统输入刀具所在位置的 X、Z 坐标。

注意：对刀后要进行对刀检验，此时，应将快移进给倍率打到最低挡。

⑦ 图形模拟　数控车床图形模拟操作步骤如下：置“模式选择”旋钮至“自动”位置→选择要执行的程序→按【机床锁住】、【程式预演】按钮→按【图形】软键→按【循环启动】按钮，开始图形模拟。

注意：图形模拟结束后，需要解除机床锁住、图形模拟功能，执行回参考点操作。

⑧ 运行程序加工零件　数控车床运行程序有两种方式，即自动运行和单节执行。

自动运行操作步骤如下：置“模式选择”旋钮至“自动”位置→选择要执行的程序→按操作面板上【自动运行】按钮→按【循环启动】键，自动加工开始。

单节执行与自动运行操作不同之处是按操作面板上【单节执行】按钮。

⑨ 刀补的修调　数控车床刀补修调操作步骤如下：置“模式选择”旋钮至“寸动”位置→按OFFSET SETTING键，进入“刀具/磨耗”界面→输入刀具磨耗。

如车削工件外圆后，工件的外圆直径大了 0.30mm，则在相应刀具的 X 方向把刀具位置偏置值减小 0.30mm，这样便于解决切削加工中产生的加工误差。

6.2.2 技能训练

（1）简单轴类零件的加工

训练任务：使用数控车床加工图6-12所示销轴。毛坯为ϕ30mm圆钢，材料45。工时90min。

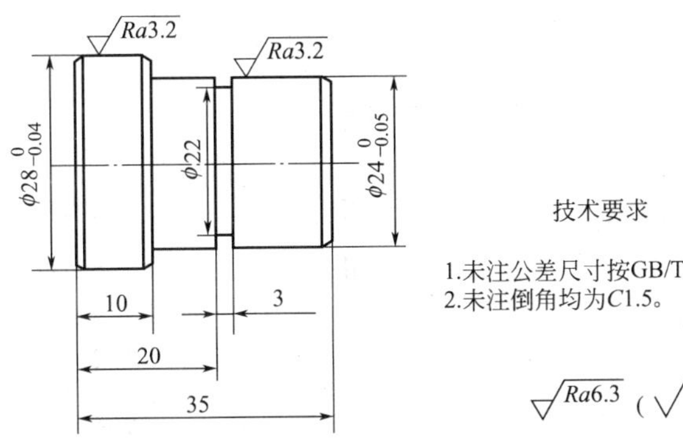

图6-12 销轴

① 图样分析 该销轴加工的重点是两个圆柱面，此外是槽面、轴肩和总长。

② 工艺分析

a. 装夹方案：采用三爪自定心卡盘装夹。

b. 工艺路线：用90°外圆车刀平端面（手动），粗、精车外轮廓；用3mm切断刀车槽、切断。工件调头，用45°外圆车刀平端面、倒角。

c. 刀具选择：T1——90°外圆车刀；T2——3mm切断刀；T3——45°外圆车刀。

③ 数值计算 工件坐标原点取工件右端面与回转中心交点上，走刀点坐标略。

④ 参考程序 加工程序见表6-3。

表6-3 数控加工程序单（一）

O0001			
N010	G97 G99 G40；	N160	Z－38.5；
N020	T0101；	N170	X34.0；
N030	M03 S900 M08；	N180	G00 X100.0 Z100.0；
N040	G00 X40.0 Z3.0；	N190	T0202；
N050	G90 X28.5 Z－39.0 F0.2；	N200	S500；
N060	X24.5 Z－24.8；	N210	G00 X30.0 Z－15.0；
N070	M05 M00；	N220	G01 X22.0 F0.1；
N080	M03 S1200；	N230	X30.0；
N090	T0101；	N240	G00 Z－38.5；
N100	G00 X18.975 Z3.0；	N250	G01 X1.0 F0.1；
N110	G01 Z1.0 F0.2；	N260	X34.0；
N120	X23.975 Z－1.0 F0.1；	N270	G00 X100.0 Z100.0；
N130	Z－25.0	N280	M05 M09；
N140	X24.98；	N290	M02；
N150	X27.98 Z－26.5；		

⑤ 注意事项　FANUC 系统为小数点编程，坐标值应加小数点；有公差的尺寸，编程时应取中值；调头装夹时，装夹面应垫铜皮，以防留下夹痕。

（2）普通螺纹类零件的加工

训练任务：使用数控车床加工图 6-13 所示圆头螺杆。毛坯为 ϕ40mm 圆钢，材料 Q235A。工时 120min。

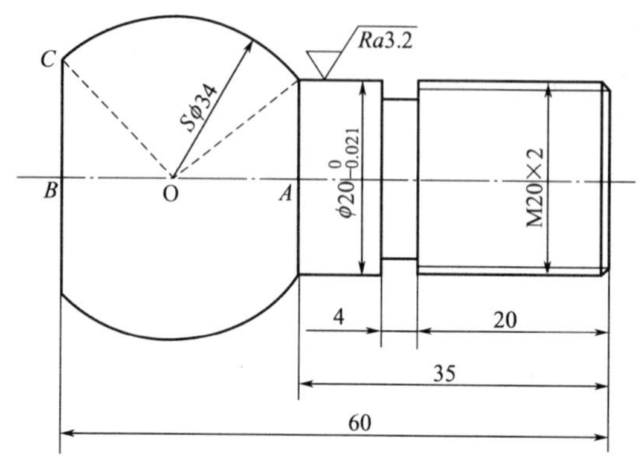

技术要求

1.未注公差尺寸按GB/T 1804-m 。

2. $S\phi$34用样板检验, 要求间隙小于0.2。

3.未注倒角为C1。

Ra6.3 (√)

图 6-13　圆头螺杆

① 图样分析　该圆头螺杆图形比较简单，尺寸要求不高，重点是圆弧面的加工和螺纹的计算。

② 工艺分析

a. 装夹方案：采用三爪自定心卡盘装夹。

b. 工艺路线：用 90°尖形外圆车刀平端面（手动），粗、精车外轮廓；用 4mm 切断刀车退刀槽；用刀尖角 60°螺纹车刀车螺纹；用 4mm 切断刀切断。工件调头后平端面。

c. 刀具选择：T1——90°外圆车刀；T2——4mm 切断刀；T3——60°螺纹车刀。

③ 数值计算　工件坐标原点取工件右端面与回转中心交点上。

a. 在图 6-13 中，根据勾股定理得

$$OA=\sqrt{17^2-9.995^2}=13.751$$

$$OB=60-35-13.751=11.249$$

$$BC=\sqrt{17^2-11.249^2}=12.746$$

故 C 点坐标（25.492，−60.0）。

b. 螺纹加工前的径向尺寸：$20-0.13P=20-0.13\times2=19.74$

c. M20×2 螺纹计算：

中径$=20-0.6495P=20-0.6495\times2=18.701$

小径$=20-2\times0.5413P=20-2\times0.5413\times2=17.835$

④ 参考程序　加工程序见表 6-4。

⑤ 注意事项　用于加工圆弧面的车刀，其前、后刀面与工件表面应避免产生干涉；当工件径向尺寸变化较大时，需采用恒线速切削；对有圆弧面、圆锥面零件的加工，需采用刀具半径补偿功能。车削螺纹时应取消恒线速，且主轴转速不变，一般取 $n\leqslant\left(\frac{1200}{P}\right)-80$；车削塑性材料的外螺纹时，螺纹大径应比公称直径减少 $0.13P$；用高速钢车刀车螺纹时，应加冷却液。

表 6-4　数控加工程序单（二）

O0002			
N010	G97 G99 G40；	N250	G40 G01 X34.5；
N020	T0101；	N260	G70 P220 Q250；
N030	M03 S900 M08；	N270	G00 X100.0 Z100.0；
N040	G00 X45.0 Z3.0；	N280	T0202；
N050	G90 X07.0 Z－64.5 F0.2；	N260	S500；
N060	X34.5；	N280	G00 X30.0 Z－24.0；
N070	X30.5 Z－35.0；	N290	G01 X16.0 F0.1；
N080	X26.5；	N300	X30.0；
N090	X22.5；	N310	G00 X100.0 Z100.0；
N100	X20.5；	N320	T0303；
N110	M05 M00；	N330	G00 X30.0 Z5.0；
N120	M03 S1200；	N340	G92 X19.1 Z－22.0 F2.0；
N130	G00 X17.74；	N350	X18.5；
N140	G01 Z1.0 F0.1；	N360	X17.9；
N150	X19.74 Z－1.0；	N370	X17.835；
N160	Z－20.0；	N380	G00 X100.0 Z100.0；
N170	X19.99；	N390	T0202；
N180	Z－35.0；	N400	G00 Z－64.5；
N190	X40.0	N410	G01 X1.0 F0.1；
N200	G73 U7.05 W0 R4；	N420	X40.0；
N210	G73 P220 Q250 U0.4 W0 F0.2 S900；	N430	G00 X100.0 Z100.0；
N220	G42 G01 X19.9 Z－35.0 F0.1 S1200；	N440	M05 M09；
N230	G03 X25.492 Z－60.0 R17.0；	N450	M02；
N240	G01 Z－64.5		

（3）锥螺纹类零件的加工

训练任务：使用数控车床加工图 6-14 所示锥螺杆。毛坯为 ϕ40mm×43mm 圆钢，材料 45。工时 120min。

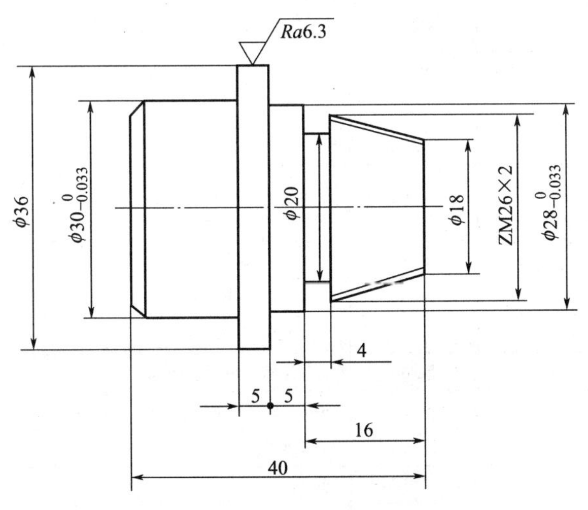

技术要求

1.未注倒角C2。

2.未注公差外圆按GB/T 1804-f，长度按GB/T 1804-m 。

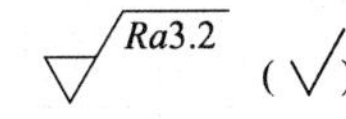

图 6-14　锥螺杆

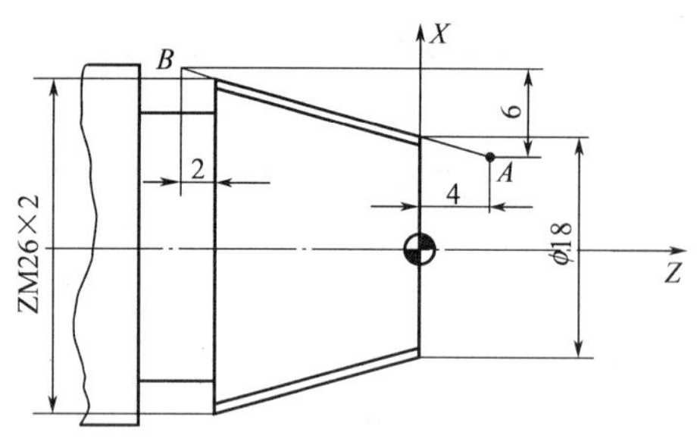

图 6-15 锥螺纹走刀路线示意图

① 图样分析 该锥螺杆图形比较简单，尺寸要求不高，重点是锥螺纹的计算。

② 工艺分析

a. 装夹方案：采用三爪自定心卡盘两次装夹。

b. 工艺路线：先用 90°外圆车刀平端面，加工左端 $\phi30_{-0.033}^{0}$mm、ϕ36mm 外圆。调头后用 90°外圆车刀平端面，粗、精车外轮廓；用 4mm 切断刀车退刀槽；用 60°螺纹车刀车螺纹。

c. 刀具选择：T1——90°外圆车刀；T2——4mm 切断刀；T3——60°螺纹车刀。

③ 数值计算

a. 工件坐标原点如图 6-15 所示，螺纹加工导入量取 4mm，导出量取 2mm，经计算 A 点坐标为（15.333，4.0），B 点坐标为（27.333，−14.0）。

b. R 值计算：$R=\dfrac{X_A-X_B}{2}=\dfrac{15.333-27.333}{2}=-6$

c. 锥螺纹加工前的径向尺寸：

$$X_A=18-0.13P=18-0.13\times2=17.74$$

$$X_B=26-0.13P=26-0.13\times2=25.74$$

d. 锥螺纹小径：

$$d_A=15.333-2\times0.5413P=15.333-2\times0.5413\times2=13.168$$

$$d_B=27.333-2\times0.5413P=27.333-2\times0.5413\times2=25.168$$

故锥螺纹循环加工目标点的径向尺寸分别为：26.4、25.8、25.4、25.2、25.168。

④ 参考程序 加工程序见表 6-5。

表 6-5 数控加工程序单（三）

O0003(右端加工程序)			
N010	G97 G99 G40;	N180	S500;
N020	T0101;	N190	G00 X34.0 Z−16.0;
N030	M03 S800 M08;	N200	G01 X20.0 F0.1;
N040	G00 X43.0 Z3.0;	N210	X34.0;
N050	G71 U1.5 R1.0;	N220	G00 X100.0 Z100.0;
N060	G71 P070 Q140 U0.4 W0.2 F0.2;	N230	T0303;
N070	G42 G00 X17.74 Z3.0 S1000;	N240	S400;
N080	G01 Z0 F0.1;	N250	G00 X34.0 Z4.0;
N090	X25.74 Z−12.0;	N260	G92 X26.4 Z−14.0 R−6.0 F2.0;
N100	Z−16.0;	N270	X25.8 R−6.0;
N110	X27.98;	N280	X25.4 R−6.0;
N120	Z−21.0;	N260	X25.2 R−6.0;
N130	X38.0;	N280	X25.168 R−6.0;
N140	G40 G00 X43.0;	N290	G00 X100.0 Z100.0;
N150	G70 P070 Q140;	N300	M05 M09;
N160	G00 X100.0 Z100.0;	N310	M02;
N170	T0202;		

⑤ 注意事项　加工锥螺纹时 R 值的计算，应计入导入段和导出段的长度。

（4）T 形螺纹类零件的加工

训练任务：使用数控车床加工图 6-16 所示丝杠。毛坯为 ϕ40mm 圆钢，材料 45。工时 150min。

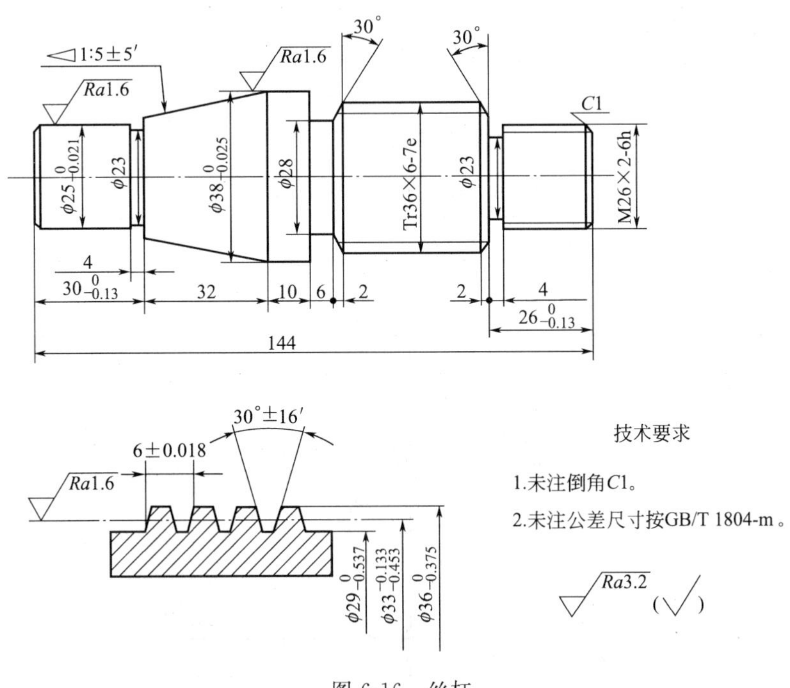

图 6-16　丝杠

① 图样分析　该丝杠图形比较简单，最突出部分是有梯形螺纹、三角形螺纹，且精度要求较高。

② 工艺分析

a. 装夹方案：采用三爪自定心卡盘装夹，平端面，打中心孔（两端），车出装夹面；一夹一顶，粗、精车左端；调头，一夹一顶，粗、精车右端。

b. 工艺路线：三爪自定心卡盘装夹，用 90°外圆车刀平端面，用 ϕ3 中心钻打中心孔；调头，如前所述平端面至总长，打中心孔；用 90°外圆车刀车 ϕ38 外圆作装夹面；一夹一顶，粗、精车左端 $\phi25_{-0.021}^{\ 0}$ 外圆、$\phi38_{-0.025}^{\ 0}$ 外圆、锥面、4×ϕ23 槽面及倒角；调头，一夹一顶，粗、精车右端 M26×2 外圆、Tr36×6 外圆、4×ϕ23 槽面、6×ϕ28 槽面及倒角，再车 M26×2 螺纹和 Tr36×6 螺纹。

c. 刀具选择：T1——90°外圆车刀；T2——4mm 切断刀；T3——60°螺纹车刀；T4——30°梯形螺纹车刀；此外，还有 ϕ3 中心钻。

③ 数值计算

a. 牙槽底宽度及牙型深计算：

牙顶间隙 a_c 取 0.5mm；

牙槽底宽度 $W=0.336P-0.536a_c=0.336\times6-0.536\times0.5=1.748$；

牙型深 $H=(d-d_1)/2=(36-29)/2=3.5$。

b. 刀头偏移量计算：

刀头宽度取 1.5mm；

刀头偏移量为：1.748－1.5＝0.248。

c. 梯形螺纹编程尺寸计算：

大径 d＝35.813；

小径 d_1＝28.732。

d. 三角形螺纹编程尺寸计算：

加工前的径向尺寸为：26－0.13P＝26－0.13×2＝25.74；

加工后的小径为:26－2×0.5413P＝26－2×0.5413×2＝23.835

④ 参考程序　主程序见表 6-6，子程序见表 6-7。

表 6-6　数控加工程序单（四）

O0004(右端加工主程序)			
N010	G97 G99；	N260	G01 X23.0 F0.1；
N020	T0101；	N270	X42.0；
N030	M03 S800 M08；	N280	G00 Z－72.0；
N040	G00 X42.0 Z3.0；	N290	G01 X28.0；
N050	G71 U1.5 R1.0；	N300	X42.0；
N060	G71 P070 Q150 U0.4 W0.2 F0.2；	N310	G00 Z－70.0；
N070	G42 G00 X23.74 Z3.0 S1000；	N320	G01 X28.0；
N080	G01 Z1.0 F0.1；	N330	X35.813；
N090	X25.74 Z－1.0；	N340	Z－68.03；
N100	Z－25.94；	N350	X29.0 Z－70.0
N110	X29.0；	N360	X42.0；
N120	X35.813 Z－27.91；	N370	G00 X100.0 Z100.0；
N130	Z－72.0；	N380	T0303；
N140	X40.0；	N390	S100；
N150	G40 G00 X42.0；	N400	G00 X35.813 Z－14.0；
N160	M05；	N410	M98 P351111；
N170	M00；	N420	G00 X100.0 Z100.0；
N180	T0101；	N430	T0404；
N190	M03 S1000；	N440	G00 X30.0 Z4.0；
N200	G70 P070 Q150；	N450	G76 P010060 Q100 R0.1；
N210	G00 X100.0 Z100.0；	N460	G76 X23.835 Z－24.0 P1082 Q450 F2.0；
N220	T0202；	N470	G00 X100.0 Z100.0；
N230	S300；	N480	M05 M09；
N240	G00 Z－25.94；	N490	M30；
N250	X42.0；		

表 6-7　数控加工程序单（五）

O1111(梯形螺纹加工子程序)			
N510	G01 U－0.2 F0.2；	N560	G32 W－56.752 F6.0；
N520	G32 W－57.0 F6.0；	N570	G00 U10.0；
N530	G00 U10.0；	N580	W57.0；
N540	W56.752；	N590	U－10.0；
N550	U－10.0；	N600	M99；

⑤ 注意事项　轴类零件主要的形位公差要求是同轴度，对于精度要求较高的轴，可多调一次头，用两顶尖装夹进行加工；也可采用四爪单动卡盘装夹，此时找正误差应小于0.02mm；还可采用三爪自定心卡盘，用软爪装夹工件，必要时精修软爪。工件装夹应牢固，主轴内用放置前支撑或有轴向限位支撑，避免产生轴向窜动。

(5) 轴、套组合件的加工

训练任务：使用数控车床加工图 6-17 所示组合件。毛坯尺寸 ϕ50mm×95mm、ϕ50mm×60mm，材料 45 钢，单件生产。

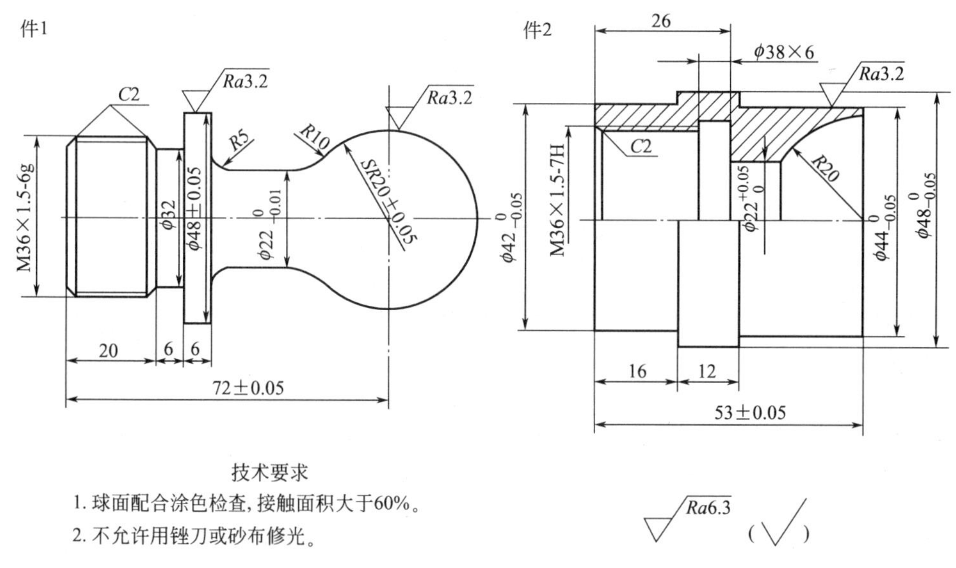

图 6-17　简单组合件零件图

① 图样分析　该组合件最突出部分是件 2 内表面的加工，加工难点是件 1 调头后的装夹，且要保证装配要求。

② 工艺分析

a. 装夹方案：采用三爪自定心卡盘装夹。

b. 工艺路线：

加工件 1 左端：平左端面，粗、精车外轮廓，车沟槽，车螺纹；

加工件 2 右端：钻孔、平右端面，粗、精车外轮廓，粗、精车内轮廓；

件 2 调头加工左端：粗、精车外轮廓，粗、精车内轮廓，车内槽，车内螺纹；

件 1 旋入件 2，加工件 1 右端：粗车右半球外轮廓，粗车凹槽及背圆弧，粗车 $R5$ 圆弧，精车外轮廓。

c. 刀具选择：T1——93°外圆车刀；T2——93°内孔车刀；T3——4mm 内切槽刀；T4——60°内螺纹车刀；T5——4mm 外车槽刀；T6——60°外螺纹车刀。此外，用 ϕ10、ϕ20 钻头钻孔。

③ 数值计算　该组合件的数值计算，主要是计算图 6-18 中的 A、B、C、D 的坐标。设工件原点于工件右端面与回转中心交点，经计算基点坐标如下：A(22.025，−16.695)，B(21.995，−35.0)，C(21.995，−41.426)，D(27.997，−34.284)。

④ 参考程序　件 2 右端加工程序见表 6-8，件 1 右端加工程序见表 6-9。

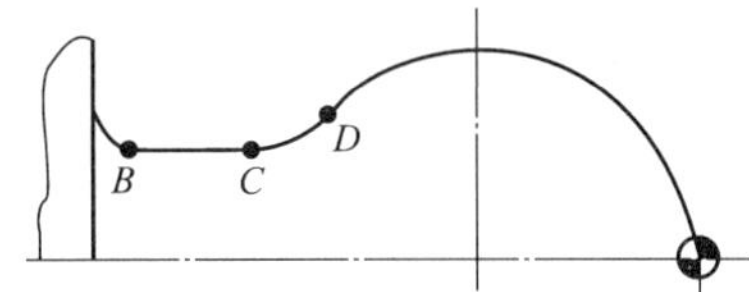

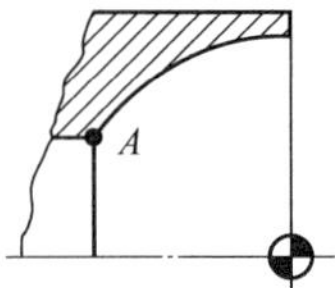

图 6-18 组合件基点

表 6-8 数控加工程序单（六）

O0005(件 2 右端程序)			
N010	G97 G99 G40；	N160	S800；
N020	T0101；	N170	G00 X18.0 Z3.0；
N030	M03 S800；	N180	G71 U1.5 R1.0；
N040	G00 X52.0 Z3.0 M08；	N190	G71 P200 Q240 U−0.4 W0.2 F0.2；
N050	G90 X48.4 Z−40.0 F0.2；	N200	G42 G01 X40.0 S1200 F0.08；
N060	X44.4 Z−24.8；	N210	Z0；
N070	S1200；	N220	G03 X22.025 Z−16.695 R20.0；
N080	G00 X43.975 Z3.0；	N230	G01 Z−30.0；
N090	G01 Z−25.0 F0.08；	N240	G40 G01 X18.0；
N100	X47.975 ；	N250	G70 P200 Q240；
N110	Z−40.0；	N260	G00 X200.0；
N120	X52.0；	N270	Z200.0；
N130	G00 X200.0；	N280	M05 M09；
N140	Z200.0；	N290	M30；
N150	T0202；		

表 6-9 数控加工程序单（七）

O0006(件 1 右端程序)			
N010	G97 G99 G40；	N140	Z200.0；
N020	T0101；	N150	T0505；
N030	M03 S800；	N160	S400；
N040	G00 X52.0 Z3.0 M08；	N170	G00 Z−51.0；
N050	G71 U1.5 R1.0；	N180	X52.0；
N060	G71 P070 Q120 U0.3 W0 F0.2；	N190	G94 X22.195 Z−48.0 F0.1；
N070	G42 G01 X0；	N200	X22.195 Z−51.0；
N080	G01 Z0；	N210	X32.195 Z−54.0；
N090	G03 X40.0 Z−20.0 R20.0；	N220	X32.195 Z−55.9；
N100	G01 Z−22.0；	N230	G72 W2.0 R1.0；
N110	X50.0；	N240	G72 P250 Q300 U0.2 W0 F0.1；
N120	G40 G01 X52.0；	N250	G42 G00 Z−20.0；
N130	G00 X200.0；	N260	G01 X40.0；

续表

O0006(件1右端程序)			
N270	G03 X27.997 Z−34.284 R20.0;	N430	G01 X22.395;
N280	G02 X21.995 Z−41.426 R10.0;	N440	G02 X31.995 Z−59.8 R0.8;
N290	G01 Z−50.0;	N450	G00 X100.0;
N300	G40 G01 Z−51.0;	N460	Z3.0;
N310	G00 X200.0;	N470	S1200;
N320	Z200.0;	N480	G00 X0;
N330	T0101;	N490	G42 G01 Z0 F0.08;
N340	S800;	N500	G03 X27.997 Z−34.284 R20.0;
N350	G00 Z−55.0;	N510	G02 X21.995 Z−41.426 R10.0;
N360	X35.0;	N520	G01 Z−55.0;
N370	G01 X27.995 F0.2;	N530	G02 X31.995 Z−60.0 R5.0;
N380	G02 X31.995 Z−57.0 R2.0;	N540	G01 X52.0;
N390	G00 Z−55.0;	N550	G40 G00 X200.0;
N400	G01 X23.995 F0.2;	N560	Z200.0;
N410	G02 X31.995 Z−59.0 R2.0;	N570	M05 M09;
N420	G00 Z−55.0;	N580	M30;

⑤ 注意事项　加工时应根据刀架工位数、工艺路线等，合理装夹刀具；工件夹紧时，夹紧力要适当，否则会使工件变形；考虑工艺系统刚度，切削用量应小些；为保证圆弧面的配合要求，内、外圆弧面的精加工应采用刀尖圆弧半径补偿进行编程并加工。

6.2.3　数控车床的维护保养

为了充分发挥数控车床的作用，减少故障的发生，数控机床的编程、操作和维修人员必须掌握机械加工工艺、液压、测量、自动控制等方面的知识，全面了解和掌握数控机床，这样才能做好数控机床的维护和保养工作。

（1）数控车床使用中应注意的问题

① 数控车床的环境要求。数控车床内装有大量的电子元件，阳光直接照射或其他热辐射、潮湿、粉尘、振动等会使电子元件受到腐蚀或造成接触不良、甚至短路，降低机床使用的可靠性。

② 数控车床的电源要求。数控车床的电源要求允许波动±10%，但实际供电常常超出该允许值，且在交流电源上又往往叠加一些高频杂波信号。为使数控系统稳定工作，一般采取从低压配电室分出一路专线供数控机床使用或增设稳压装置。

③ 持证上岗。严格执行定岗、定人、定机的管理制度，严禁无证人员开机。

④ 严格遵守操作规程。操作者要按说明书的要求正确操作，避免因操作不当引起故障。

⑤ 数控车床不宜长期封存不用。数控车床较长时间不用时，要定期通电，最好是每周通电1～2次，每次空运行1h左右，以利用机床本身的发热量来降低机内的湿度，使电子元器件不致受潮，同时也能及时发现有无电池报警发生，以防止系统软件、参数的丢失。

⑥ 不得随意改变系统参数。数控车床的各类参数和基本设定程序的安全储存直接

影响机床正常工作和性能发挥，操作人员不得随意修改，若需要修改，必须做好修改记录。

⑦ 关键部件不要随意拆动。数控车床机械结构简单，密封可靠，自诊功能日趋完善，在日常维护中除清洁外部及规定的润滑部位外，不得拆卸其他部位清洗。对于关键部件，如数控车床的光栅尺等装置，更不得碰撞和随意拆动。

⑧ 尽量少开数控柜和强电柜的门。由于在机加工车间的空气中一般都含有油雾、灰尘甚至金属粉末，它们一旦落在数控系统内的电路板或电子器件上，容易引起元器件的绝缘电阻下降，甚至导致元器件及电路板的损坏，因此，除非进行必要的调整和维修，否则不允许随意开启柜门。

⑨ 定期检查和更换存储器用电池。一般情况下，存储器用电池应每年更换一次，更换电池时一般要在 CNC 系统通电状态下进行，这样才不会造成存储参数丢失。机床参数要做好备份，一旦数据丢失，在调换电池后，可重新输入参数。

⑩ 防止碰撞。操作设备回“机床零点”前，必须确定各坐标轴的运动方向上无障碍物，以防碰撞。

⑪ 检测各坐标。工件加工前，必须空运行程序，检测各坐标运行状况，模拟合格后方可进行加工。

(2) 数控车床的日常维护保养

① 每日维护保养要点

a. 检查机床导轨、机床防护罩是否有效，检查丝杠防护罩是否有破损。

b. 检查切屑槽内的切屑是否已清理干净。

c. 检查切削液、液压油、润滑油的油量是否充足。

d. 检查操作面板上的指示灯是否正常。

e. CRT 显示屏上是否有报警显示，如有问题应及时处理。

f. 检查液压装置的压力表指示是否在所要求的范围内。

g. 检查各控制箱的冷却风扇是否正常运转。

h. 检查刀具是否有损伤，刀具是否夹紧在刀夹上，刀夹与回转刀架是否可靠夹紧。

i. 检查数控车床运转时主轴、滑板处有无异常现象，如异常噪声等。

j. 工作结束后，擦净导轨部位的冷却液，并在所有的加工表面上涂抹机油。

② 每月维护保养要点

a. 检查主轴轴承工作情况。使主轴以最高转速一半左右的转速旋转 30min，用手触摸壳体部分，若感觉温和即为正常。

b. 检查滚珠丝杠。X、Z 轴的滚珠丝杠上若有污垢，应清理干净；若表面干燥，应涂润滑脂。

c. 检查超程限位开关。检查 X、Z 轴超程限位开关、各急停开关动作是否正常。可用手按压行程开关的滑动轮，若 CRT 显示屏上有超程报警显示，则说明限位开关正常。同时清洁各接近开关。

d. 检查刀架。检查刀架的回转头、中心锥齿轮的润滑状态是否良好，齿面是否有伤痕，换刀动作是否平顺。

e. 检查导套内孔。检查导套内孔是否有裂纹、毛刺，导套前面盖帽内是否有切屑。

f. 检查冷却液槽。检查并清理冷却液槽内的切屑。

g. 检查液压装置。检查压力表的工作状态，通过调整液压泵的压力，检查压力表的指针是否工作正常。检查液压管路是否有损坏，各管接头是否有松动或漏油现象。

h. 检查润滑装置。检查润滑泵的排油量是否符合要求，润滑油管路是否有损坏，管接头是否有松动、漏油现象。

③ 半年维护保养要点

a. 检查主轴。检查主轴孔的振摆，即将千分表探头伸入卡盘套筒的内壁，然后轻轻地将主轴旋转一周，指针的摆动量小于出厂时精度检查表的允许值即可；检查并调整主轴传动用 V 带的张力及磨损情况；检查并调整编码盘用同步带的张力及磨损情况。

b. 检查导套装置。用手沿轴向拉导套，检查其间隙是否过大。

c. 检查润滑泵装置浮子开关的动作状况。用润滑泵装置抽出润滑油，看浮子落至警戒线以下时，是否有报警指示以判断浮子开关好坏。

d. 检查数控柜的散热通风系统风道过滤器是否有堵塞现象。如果过滤网上灰尘积聚过多，应及时清理。

e. 检查并更换直流伺服电动机电刷。检查换向器表面，吹净炭粉，去除毛刺，更换长度过短的电刷，并应跑合后才能使用。

f. 检查各插头、插座、开关、电缆、各继电器的触点是否接触良好；检查各印刷电路板是否干净；检查主电源变压器、各电机的绝缘电阻是否在 1MΩ 以上。

g. 备用电路板的维护。印制电路板长期不用容易出故障，因此对所购的备用板应定期装到数控系统中通电运行一段时间，以防损坏。

④ 不定期维护保养要点

a. 检查润滑油。对油液取样化验，每年一次过滤或更换油液，清洗或更换液压元件、滤芯。

b. 检查液压泵或液压电动机。检查其运转是否有异常现象，液压缸移动是否正常平稳，液压系统手动或自动工作循环是否有异常现象。

思考与练习

1. 简答题

(1) 试述数控车床的机床原点、机床参考点、刀具刀位点、编程原点之间的关系。

(2) 数控车床有哪些常用对刀方法？各种对刀方法有何特点？

(3) 数控车削加工切削用量选择的原则是什么？

(4) 简述刀尖圆弧半径补偿的作用以及设置假想刀尖点位置编码的方法。

(5) 简述 G71、G72、G73 指令的应用场合。

2. 在数控车床上加工图 6-19 所示零件，材料为 45 钢。要求填写数控加工刀具卡、工序卡，编写加工程序单，并加工。

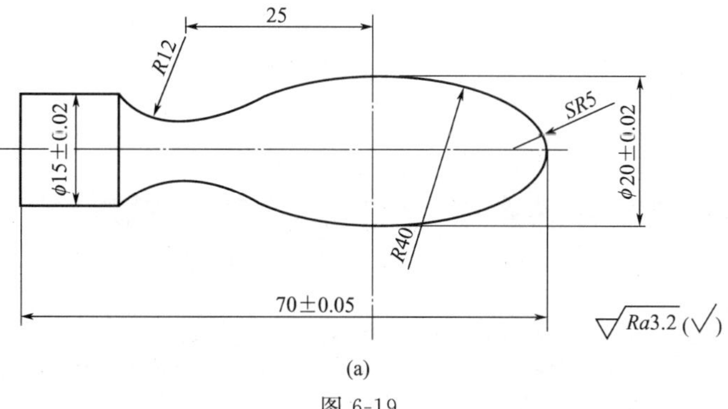

(a)

图 6-19

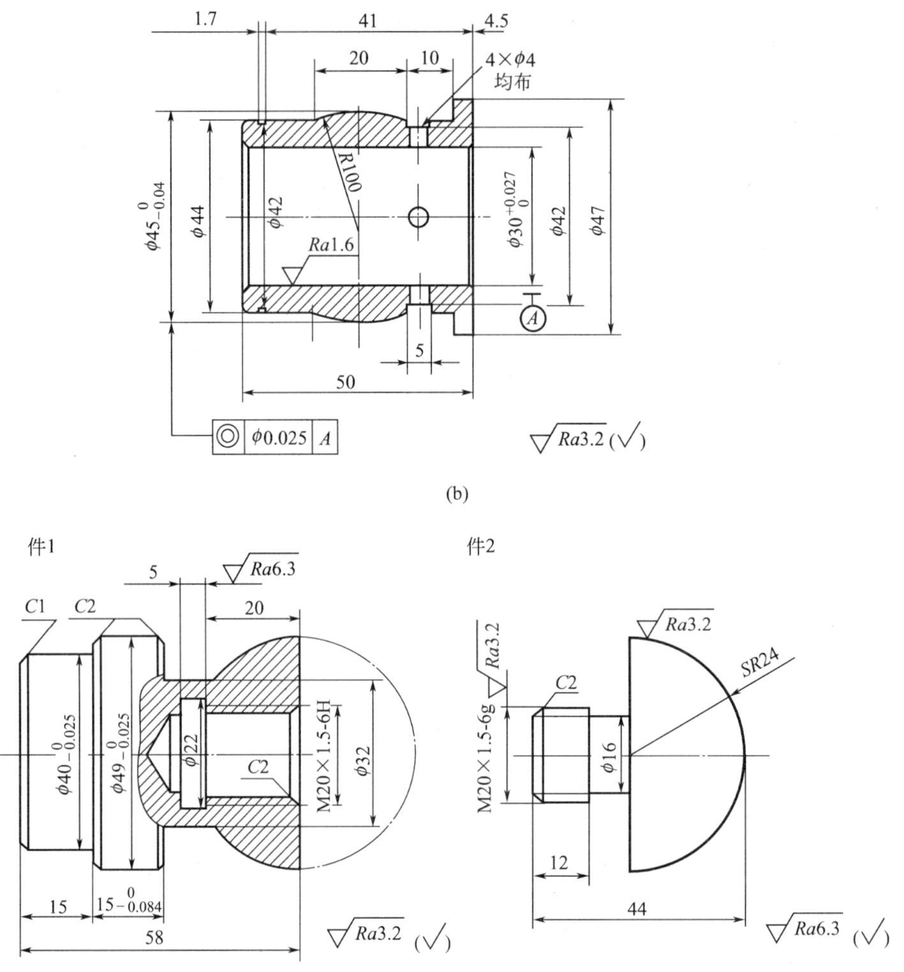

(c)

图 6-19 题 2 图

3. 设计一件符合数控车床加工的产品，并安全操作数控车床进行加工。要求产品具有一定的创意、一定的使用价值和一定的欣赏价值。

模块 7　数 控 铣 工

【学习目的】 通过数控铣工实习，使学生了解数控铣床的结构组成，熟悉数控铣削加工的工艺装备，掌握数控铣削加工基本操作，养成安全操作、文明生产的习惯，培养效率和效益意识。通过实习，达到数控铣工中级标准。

7.1　数控铣工入门

7.1.1　数控铣床简介

（1）数控铣床种类

数控铣床按其主轴位置不同，可分为以下三类。

① 立式数控铣床　立式数控铣床的主轴垂直于水平面，一般适合加工盘、套、板类零件。立式数控铣床可以附加数控转盘，采用自动交换台，增加靠模装置等来增加数控立式铣床的功能，扩大加工范围和加工对象。

② 卧式数控铣床　卧式数控铣床的主轴平行于水平面。卧式数控铣床通常采用增加数控转盘或万能数控转盘来实现 4 至 5 轴加工，进行“四面加工”。一般适合加工箱体类零件。

③ 立、卧两用数控铣床　这类铣床的主轴方向可以更换，在一台机床上既可以进行立式加工，又可以进行卧式加工。当立、卧两用数控铣床增加数控转盘后，就可以实现对工件的“五面加工”。

（2）数控铣床的组成

数控机床主要由控制介质、数控装置、伺服系统和机床本体四个部分组成，如图 7-1 所示。

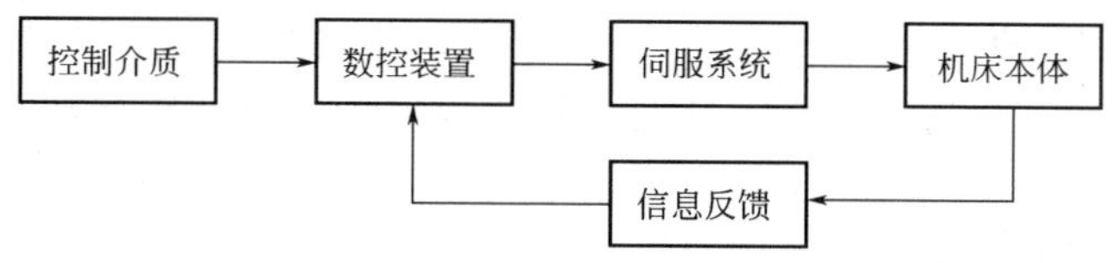

图 7-1　数控机床的组成

① 控制介质　控制介质以指令的形式记载各种加工信息，如零件加工的工艺过程、工艺参数和刀具运动等，将这些信息输入到数控装置，它将控制数控机床对零件的切削加工。

② 数控装置　数控装置是数控机床的核心，其功能是接受输入的加工信息，经过数控装置的系统软件和逻辑电路进行译码、运算、逻辑处理，向伺服系统发出相应的控制指令，并通过伺服系统控制机床运动部件按指令运动。

③ 伺服系统　伺服系统由伺服电机和伺服驱动装置组成，通常所说的数控系统是指数控装置与伺服系统的集成，因此说伺服系统是数控系统的执行系统。数控装置发出的速度和位移指令控制执行部件按进给速度和进给方向位移。每个进给运动的执行部件都配备一套伺服系统，有的伺服系统还有位置测量装置，直接或间接测量执行部件的实际位移量，并反馈给数控装置，对加工的误差进行补偿。

④ 机床本体　数控机床的本体与普通机床基本类似，不同之处是数控机床结构简单、

刚度好，传动系统采用滚珠丝杠，代替了普通机床的丝杠和齿条传动，主轴变速系统普遍采用变频调速和伺服控制，简化了齿轮箱。

(3) 数控铣床的结构

数控铣床一般由数控系统、主传动系统、进给伺服系统、冷却润滑系统等几大部分组成。下面以 ZK7640 型数控立式铣床为例，介绍数控铣床的结构，如图 7-2 所示。

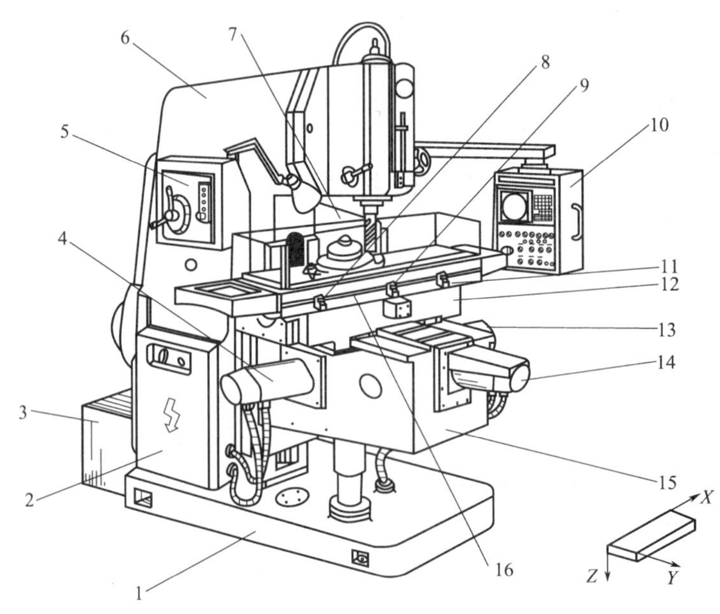

图 7-2 数控铣床

1—底座；2—强电柜；3—变压器箱；4—步进电动机；5—主轴变速手柄和按钮板；6—床身；7—数控柜；8,11—保护开关；9—挡铁；10—操纵台；12—横向滑板；13—纵向进给步进电机；14—横向进给步进电机；15—升降台；16—纵向工作台

① 主轴箱 包括主轴箱体和主轴传动系统，用于装夹刀具并带动刀具旋转，主轴转速范围和输出扭矩对加工有直接的影响。

② 进给伺服系统 由进给电机和进给执行机构组成，按照程序设定的进给速度实现刀具和工件之间的相对运动。

③ 控制系统 是数控铣床运动控制中心。

④ 辅助装置 实现某些部件动作和辅助功能的系统和装置，如液压、气动、润滑、冷却等系统和排屑、防护等装置。

⑤ 机床基础件 是整个机床的基础和框架，通常指底座、立柱和横梁。

7.1.2 数控铣刀与工具系统

(1) 数控铣刀

数控铣床与加工中心使用的刀具种类很多，根据被加工表面的结构特征，可将铣刀分为铣削刀具和孔加工刀具。此外，为满足高效和特殊的铣削要求，又发展了各种特殊用途的专用刀具。

用于铣削加工的刀具主要有平面铣刀（如圆柱铣刀和端面铣刀）、沟槽铣刀（如立铣刀、三面刃盘铣刀、键槽铣刀和角度铣刀）、模具铣刀（切削部分有球形、凸形、凹形和 T 形等）、组合成形铣刀等；用于孔加工的刀具主要有中心钻、麻花钻、扩孔钻、阶梯钻、铰刀、镗刀等。图 7-3 为部分数控铣床常用刀具。

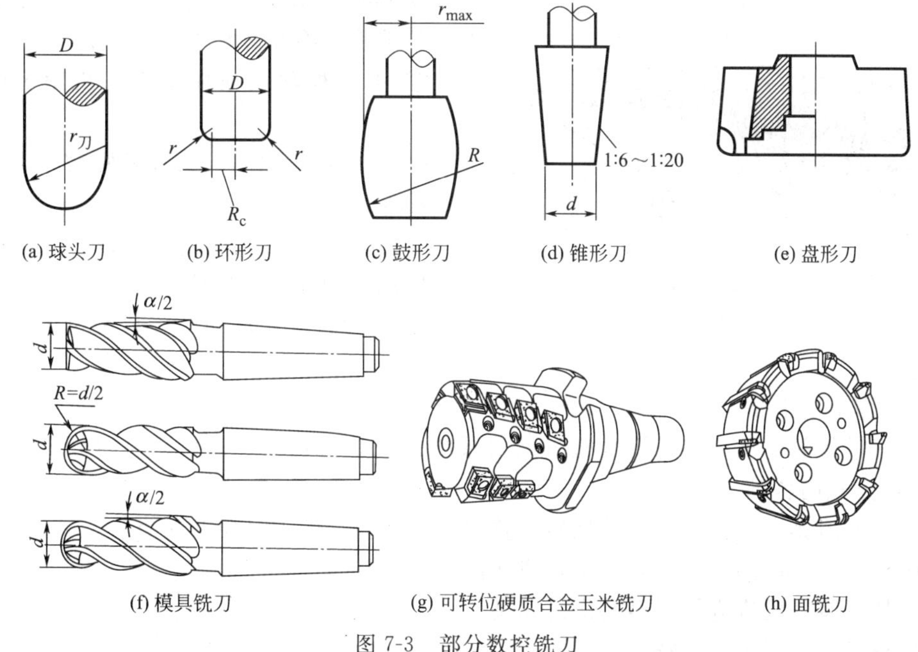

图 7-3　部分数控铣刀

(2) 工具系统

工具系统是连接刀具与数控机床的系列装夹工具，由刀柄、连杆、连接套和夹头等组成。数控机床的工具系统分为整体式和模块式两种形式。

整体式工具系统 TSG 按连接杆的形式分为锥柄和直柄两种类型，该系统结构简单、使用方便、装夹灵活、更换迅速。

模块式工具系统 TMG 如图 7-4 所示，它以配置最少的工具来满足不同零件的加工需要，因此该系统增加了工具系统的柔性，是工具系统发展的高级阶段。模块式工具系统的连接结构如图 7-5 所示。

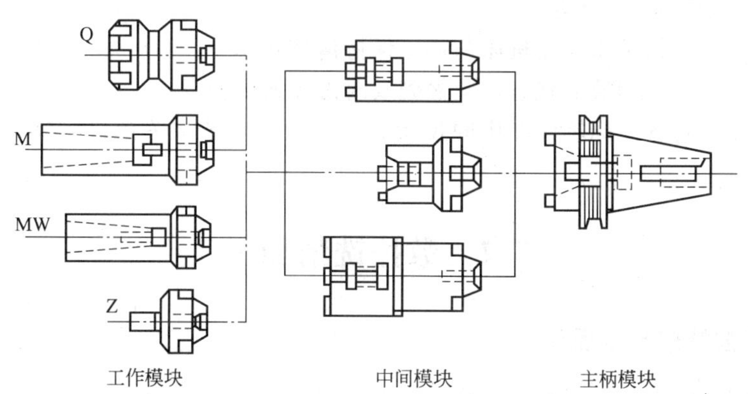

图 7-4　模块式工具系统 TMG

7.1.3　数控铣床安全操作规程

(1) 安全操作基本注意事项

① 操作者必须接受过该数控铣床的操作培训，严格遵守数控铣床上使用的各种切削方式的安全生产要求。

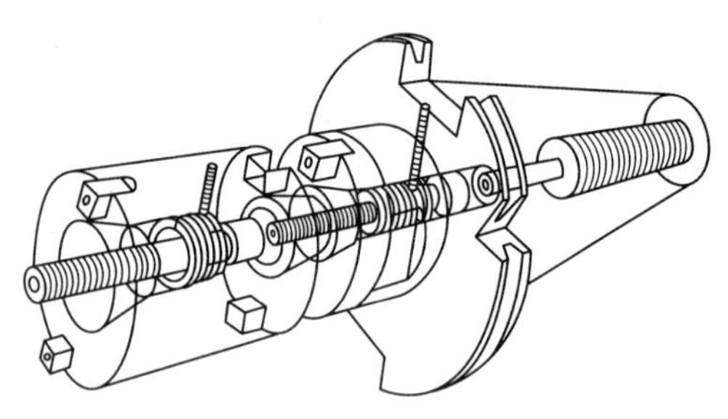

图 7-5　模块式工具系统的连接结构

② 操作时穿好工作服、安全鞋，戴好工作帽及防护镜，不允许戴手套操作。

③ 不要移动或损坏安装在机床上的警告标牌。

④ 不要在机床周围放置障碍物，工作空间应足够大。

⑤ 某一项工作如需要两人或多人共同完成时，应注意相互间的协调一致。

⑥ 不允许采用压缩空气清洗机床、电气柜及 NC 单元。

(2) 操作前的准备工作

① 机床工作前要预热，应认真检查润滑系统工作是否正常，如机床长时间未开动，可先采用手动方式向各部分供油润滑。

② 使用的刀具应与机床允许的规格相符，有严重破损的刀具要及时更换。

③ 调整刀具所用的工具不要遗忘在机床内。

④ 刀具安装好后应进行一至两次试切削。

⑤ 检查卡盘夹紧工作的状态。

(3) 操作过程中的安全注意事项

① 禁止用手接触刀尖和铁屑，铁屑要用铁钩子或毛刷来清理。

② 禁止用手或其他任何方式接触正在旋转的主轴、工件或其他运动部位。

③ 禁止在加工过程中量活、变速，更不能用棉纱擦拭工件，也不能清扫机床。

④ 当数控铣床在运转时，操作者不得离开岗位，发现异常现象应立即停车。

⑤ 经常检查轴承温度，温度过高时应找有关人员进行检查。

⑥ 在加工过程中不允许打开机床防护门。

⑦ 严格遵守岗位责任制，机床由专人使用，他人使用必须经本人同意。

(4) 操作完成后的注意事项

① 清除切屑、擦拭机床，使机床与环境保持清洁状态。

② 检查润滑油、冷却液的状态，应做到及时添加或更换。

③ 清理机床，将各坐标轴停在中间位置。按机床要求依次关掉机床操作面板上的电源和总电源。

7.2　数控铣削加工

7.2.1　数控铣床基本操作

(1) 开机及回原点

① 开机　打开外部电源开关，启动机床电源，将操作面板上的紧急停止按钮右旋弹起，按下操作面板上的电源开关，若开机成功，显示屏显示正常，无报警。

② 机床回原点　机床只有在回原点之后，自动方式和 MDI 方式才有效，未回原点之前只能手动操作。机床回原点操作步骤如下。

a. 选择手动回原点模式。

b. 调整进给速度倍率开关于适当位置。

c. 先按下坐标轴的正方向键＋Z，坐标轴向原点运动，当到达原点后运动自然停止，屏幕显示原点符号，此时坐标显示中 Z 机械坐标为零。

d. 依次完成 X 或 Y 轴回原点，最后是回转坐标回原点，即按＋Z、＋X、＋Y、＋A 的顺序操作。

(2) 机床的手动控制

① 点动　在手动模式下，按下主轴点动键，则可使主轴正转点动。

② 连续运转　在手动模式下，按下主轴正、反转键，主轴按设定的速度旋转，按停止键主轴则停止，也可以按复位键停止主轴。

在自动和 MDI 方式下编入 M03、M04 和 M05 可实现如上的连续控制。

(3) 坐标轴的运动控制

数控铣床可通过微调操作、连续进给、快速移动实现坐标轴的运动控制。

① 微调操作　操作步骤如下。

a. 进入微调操作模式，再选择移动量和要移动的坐标轴。

b. 按正确的方向摇动手动脉冲发生器手轮。

c. 根据坐标显示确定是否达到目标位置。

② 连续进给　选择手动模式，则按下任意坐标轴运动键即可实现该轴的连续进给，释放该键，运动停止。

③ 快速移动　同时按下坐标轴和快速移动键，则可实现该轴的快速移动，运动速度为 G00。

(4) 工件安装

数控铣床夹具类型有通用夹具、组合夹具、专用夹具、成组夹具等，在选择时要综合考虑各种因素，选择最经济、合理的夹具。常用夹具有：螺钉压板、机用虎钳、铣床用卡盘。

注意：工件安装时应保证工件在本次定位装夹中所有需要完成的待加工面充分暴露在外，以便于加工，同时考虑机床主轴与工作台面之间的最小距离和刀具的装夹长度，确保在主轴的行程范围内能使工件的加工内容全部完成；夹具在机床工作台上的安装位置必须给刀具运动轨迹留有空间，不能和各工步刀具轨迹发生干涉；夹点数量及位置不能影响刚性。

(5) 刀具安装

使用刀具时，首先应确定数控铣床要求配备的刀柄及拉钉的标准和尺寸，根据加工工艺选择刀柄、拉钉和刀具，并将它们装配好，然后装夹在数控铣床的主轴上。手动在主轴上装卸刀柄的方法如下。

① 确认刀具和刀柄的重量不超过机床规定的许用最大重量。

② 清洁刀柄锥面和主轴锥孔。

③ 左手握住刀柄，将刀柄的键槽对准主轴端面键垂直伸入到主轴内，不可倾斜。

④ 右手按下换刀按钮，压缩空气从主轴内吹出以清洁主轴和刀柄，按住此按钮，直到刀柄锥面与主轴锥孔完全贴合后，松开按钮，刀柄即被自动夹紧，确认夹紧后方可松手。

⑤ 刀柄装上后，用手转动主轴检查刀柄是否正确装夹。

⑥ 卸刀柄时，先用左手握住刀柄，再用右手按换刀按钮，取下刀柄。

注意：手动换刀过程中应选择有足够刚度的刀具及刀柄，同时在装配刀具时保持合理的悬伸长度，以避免刀具在加工过程中产生变形；卸刀柄时，必须要有足够的动作空间，刀柄不能与工作台上的工件、夹具发生干涉；换刀过程中严禁主轴运转。

(6) 对刀和刀具补偿

① 对刀　对刀操作分为 X、Y 向对刀和 Z 向对刀。

对刀时，根据现有条件和加工精度要求选择对刀方法，可采用试切法、寻边器对刀、机内对刀仪对刀、自动对刀等。其中试切法对刀精度较低，加工中常用寻边器和 Z 向设定器对刀，效率高，能保证对刀精度。

注意：根据加工要求采用正确的对刀工具，控制对刀误差；在对刀过程中，可通过改变微调进给量来提高对刀精度；对刀时需小心谨慎操作，尤其要注意移动方向，避免发生碰撞危险；对刀数据一定要存入与程序对应的存储地址，防止因调用错误而产生严重后果。

② 刀具补偿值的输入和修改　根据刀具的实际尺寸和位置，将刀具半径补偿值和刀具长度补偿值输入到与程序对应的存储位置。

（7）程序输入与调试

① 程序的输入　可通过手动数据输入方式（MDI）或通信接口将加工程序输入机床。

② 程序的调试　一般可以采用以下方式进行程序检测。

a. 启动机床的程序预演功能。程序输入完以后，把机械运动、主轴运动以及 M、S、T 等辅助功能锁定，在自动循环模式下让数控铣床静态地执行程序，通过观察机床坐标位置数据和报警显示判断程序是否有语法、格式或数据错误。

b. 抬刀运行程序。向＋Z 方向平移工件坐标系，在自动循环模式下运行程序，通过图形显示的刀具运动轨迹和坐标数据等判断程序是否正确。

（8）程序运行

常见的程序运行方式有全自动循环、机床空运转循环、单段执行循环、跳段执行循环等。

注意：程序运行前要做好加工准备，遵守安全操作规程，严格执行工艺规程；正确调用及执行加工程序；在程序运行过程中，适当调整主轴转速和进给速度，并注意监控加工状态，随时注意中断加工。

（9）零件检测

程序执行完毕后，返回到设定高度，机床自动停止，松开夹具，卸下工件，用相应测量工具进行检测，检查是否达到加工要求。

（10）关机

手动操纵机床，使工作台和主轴箱停在中间适当位置，先按下操作面板上的紧急停止按钮，再依次关掉操作面板电源、机床总电源、外部电源。

7.2.2　技能训练

（1）内外轮廓类零件的加工

训练任务：使用数控铣床加工图 7-6 所示零件。毛坯为 100mm×100mm×20mm 板材，材料为铝。工时 120min。

① 图样分析　该零件图形既有内轮廓，又有外轮廓，轮廓由直线和圆弧组成，尺寸要求不高，重点是圆弧加工的选刀问题。

② 工艺分析

a. 装夹方案：以底面定位，用虎钳装夹。

b. 工艺路线：先铣表面；后对外轮廓粗、精加工；再对型腔粗、精加工；最后进行孔精加工。

c. 刀具选择：采用 ϕ10mm 的平底立铣刀铣削外轮廓，再用 ϕ8mm 的平底立铣刀进行型腔加工。

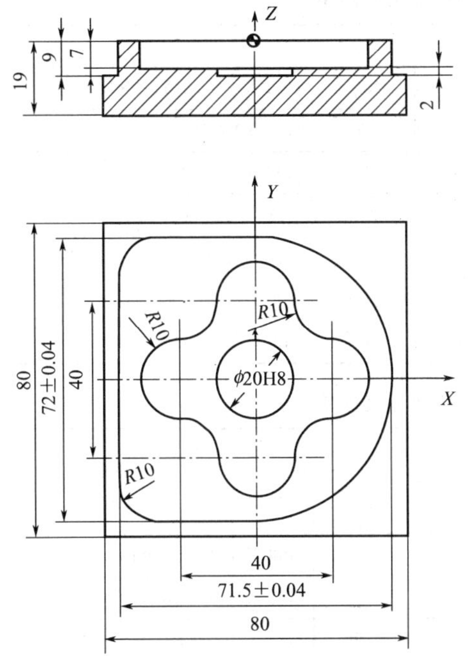

技术要求

1.零件去除氧化皮。

2.零件加工表面上，不应有划痕。

3.去除毛刺飞边。

$\sqrt{Ra3.2}$ ($\sqrt{}$)

图 7-6　内外轮廓零件图

d. 切削用量选择：根据机床性能、相关手册并结合实际经验确定，详见加工程序。

e. 工件坐标系和对刀点：在 *XOY* 平面内确定以 *O* 点为工件原点，*Z* 方向以工件表面为工件原点，建立工件坐标系。采用手动对刀方法把 *O* 点作为对刀点。

③ 参考程序　加工主程序见表 7-1，子程序见表 7-2、表 7-3。

表 7-1　数控加工程序单（一）

O0001(主程序)			
N010	G97 G98 G40 G90 G80 G49 G21;	N230	G01 Z0 F60;
N020	G00 Z100.0;(安全高度)	N240	G03 X1.7 Y0 Z−1 I−1.7;(螺旋下刀)
N030	M03 S900 M08;	N250	G03 X1.7 Y0 Z−2 I−1.7;
N040	X−95.0 Y0;	N260	G03 X1.7 Y0 Z−3 I−1.7;
N050	G00 Z3.0;	N280	G03 X1.7 Y0 Z−4 I−1.7;
N060	G01 Z−1.8 F80;	N290	G03 X1.7 Y0 Z−5 I−1.7;
N070	G01 X95.0 F150;	N300	G03 X1.7 Y0 Z−6 I−1.7;
N080	Z−2.0;	N302	G03 X1.7 Y0 Z−7 I−1.7;
N090	G01 X−95.0 F100;	N304	G03 X1.7 Y0 Z−7.8 I−1.7;
N100	G00 Z50.0;	N310	G03 X1.7 Y0 Z0 I−1.7;
N110	M05 M00;(主轴停转，换刀)	N320	G01 Z−5.8 F110;
N120	G00 X12 Y60 M03 S400;	N330	G01 X10 Y0;
N130	G00 Z5 M08;	N340	M98 P1012 D01;(调子程序，粗加工型腔)
N180	G01 Z−7.8 F80;	N350	G00 Z50 M09;
N210	M98 P1011 D01 F110; (调子程序 O1011，粗加工外轮廓)	N360	M05
N220	G00 X1.7 Y0;	N370	M30;(程序结束)

表 7-2 数控加工程序单（二）

O1011(外轮廓子程序)			
N10	G01 G41 X12 Y50；(建立刀补)	N80	G02 X－25.5 Y36 R10；
N20	X52 Y10；	N90	G01 X0 Y36；
N30	G00 X52 Y－10；	N100	G02 X0 Y－36 R36；
N40	G01 X26 Y－36；	N110	G03 X－10 Y－46 R10；
N50	X25.5 Y－36；	N120	G40 G00 X－10 Y－56；(取消刀补)
N60	G02 X－35.5 Y－26 R10；	N130	G00 Z3；
N70	G01 X－35.5 Y26；	N140	M99(子程序结束)

表 7-3 数控加工程序单（三）

O1012(型腔子程序)			
N10	G03 X10 Y0 I－10； (加工整圆,去除余量)	N90	G02 X－10 Y－20 R10；
N20	G41 G01 X21 Y－9；(建立刀补)	N100	G03 X10 Y－20 R10；
N30	G03 X30 Y0 R9；	N110	G02 X20 Y－10 R10；
N40	G03 X20 Y10 R10；	N120	G03 X30 Y0 R10；
N50	G02 X10 Y20 R10；	N124	G03 X21 Y9 R9；
N60	G03 X－10 Y20 R10；	N126	G40 G01 X10 Y0；(取消刀补)
N70	G02 X－20 Y10 R10；	N130	G00 Z3；
N80	G03 X－20 Y－10 R10；	N140	M99；(子程序结束)

（2）孔系类零件的加工

训练任务：使用数控铣床加工出图 7-7 所示的 4×ϕ6 的沉头孔，4×M6 螺纹，ϕ14 通孔及 ϕ35 的孔。毛坯为 50 mm×50 mm×30 mm板材，工件材料为铝。工时 60min。

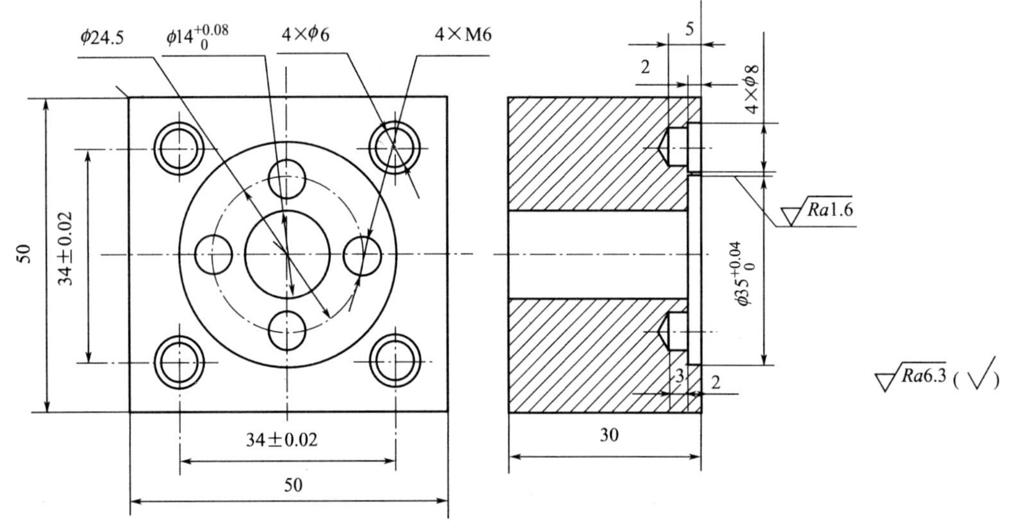

图 7-7 孔系零件图

① 图样分析 该零件图主要是加工孔，孔的种类很多，ϕ14、ϕ35 尺寸要求高，同时

$\phi35$ 要求表面结构比较高。

② 工艺分析

a. 装夹方案：以底面定位，用虎钳装夹。

b. 工艺路线：4×$\phi6$ 的沉头孔→$\phi14$ 通孔→$\phi35$ 孔→4×M6 螺纹。

c. 刀具选择：用 $\phi6$mm 的钻头，钻削 $\phi6$mm 孔；用 $\phi14$mm 的钻头，钻削 $\phi14$ mm的孔；用 $\phi6$mm 的丝锥，攻 M6mm 螺纹；$\phi10$mm 的平底立铣刀用于 $\phi35$ 孔的铣削。

d. 切削用量选择：根据机床性能、相关手册并结合实际经验确定，详见加工程序。

e. 工件坐标系和对刀点：在 XOY 平面内确定以 O 点为工件原点，Z 方向以工件表面为工件原点，建立工件坐标系。

③ 参考程序　加工程序见表 7-4。

表 7-4　数控加工程序单（四）

O0001(孔系加工程序)			
N010	G97 G98 G40 G90 G80 G49 G21；	N150	X17；
N020	G28 X0 Y0 Z50；(回参考点)	N160	G98 Y14； (加工第四个 $\phi8$ 沉孔返回初始面)
N030	M03 S1500 M08；	N170	G80 M5M9；
N040	G90 G43 H01 G0 X－17 Y14Z10；	N180	G28 X0 Y0 Z50；
N050	G81 G99 Z－5 R2 F80；(加工 $\phi6$ 孔)	N190	G49 M00；
N060	Y－14；	N200	M3 S200；
N070	X17；	N210	G90 G43 H03 G0 X0 Y12.25 Z10； (攻 M6 螺纹)
N080	G98 Y14； (加工第四个 $\phi6$ 孔返回初始平面)	N220	G84 G99 Z－30 R7 F200；
N090	G80 M5M9；	N230	X12.5 Y0；
N100	G28 X0 Y0 Z50；	N240	X0 Y－12.25；
N110	G49 M00；	N250	G98 X12.25 Y0； (加工第四个 M6 螺纹返回初始面)
N120	M3 S1700；	N260	G80 M5 M9；
N130	G90 G43 H02 G0 X－17 Y14 Z10； (加工沉孔)	N270	M30；
N140	Y－14；		

(3) 自动编程应用

训练任务：使用数控铣床加工出图 7-8 所示的连杆凸模。毛坯为 190mm×55mm×28mm 板材，工件材料为铝。工时 120min。

① 图样分析　该零件图主要是加工曲面和孔，尺寸要求不高，在选刀方面要求高。

② 工艺分析

a. 装夹方案：以底面定位，用虎钳装夹。

b. 工艺路线：先等高粗加工，再半精加工—参数线加工，最后精加工—等高精加工。

c. 刀具选择：采用 $\phi6$mm 平底立铣刀粗加工凸模，用 $\phi6$mm 球头刀精加工凸模。

d. 切削用量选择：根据机床性能、相关手册并结合实际经验确定，详见加工程序。

e. 工件坐标系和对刀点：在 XOY 平面内确定以 O 点为工件原点，Z 方向以工件表面为工件原点，建立工件坐标系。

③ 参考程序　加工程序见表 7-5。

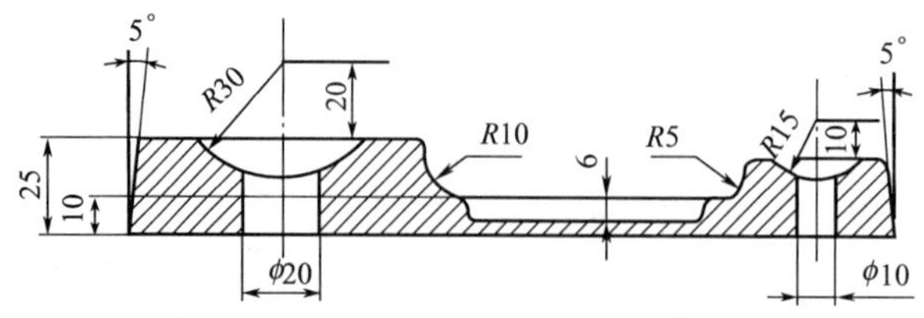

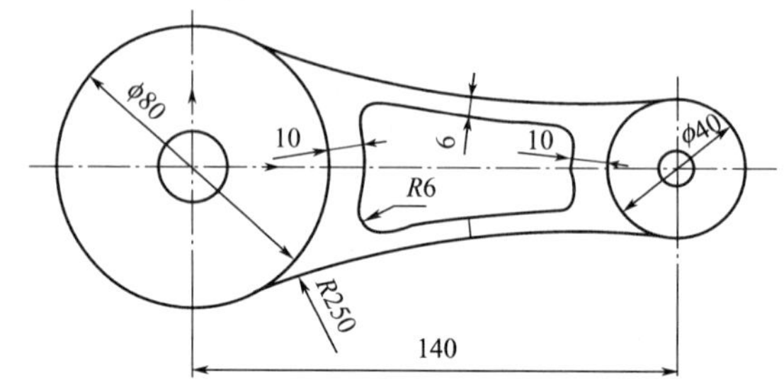

技术要求

1. 零件加工表面上，不应有划痕、擦伤等损害零件表面的缺陷。
2. 未注圆角半径为R2。

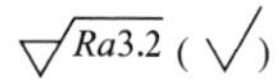

图 7-8 连杆零件图

表 7-5 数控加工程序单（五）

%O0001(11. cut,2012. 3. 25,14:56:51. 484)等高粗加工部分程序(用 CAM 软件自动编程)			
N010	G90 G54 G00 Z60. 000	N230	X－17. 753 Y－24. 954
N020	S1000 M03	N240	X－10. 119 Y－23. 286
N030	X－44. 276 Y－33. 048 Z60. 000	N250	X－10. 111 Y－23. 285
N040	Z50. 000	N260	………
N050	Z10. 000	N5280	X9. 625 Y2. 834
N055	G01 Z0. 000 F100	N5290	X21. 812 Y1. 722
N060	X－54. 982 Y－36. 831 F200	N5300	X33. 670 Y1. 185
N065	X－47. 700 Y－33. 995	N5302	Y－1. 185
N070	X－47. 693 Y－33. 992	N5304	X21. 812 Y－1. 722
N080	X－40. 327 Y－31. 386	N5310	X9. 625 Y－2. 834
N090	X－40. 320 Y－31. 383	N5320	X－2. 498 Y－4. 503
N130	X－32. 875 Y－29. 008	N5330	X－14. 055 Y－6. 637
N170	X－32. 868 Y－29. 006	N5340	Z50. 000 F800
N180	X－25. 350 Y－26. 864	N5350	G00 Z60. 000
N210	X－25. 342 Y－26. 862	N5360	M05
N220	X－17. 760 Y－24. 956	N5370	M30

7. 2. 3 数控铣床常见故障诊断与处理

（1）初步判别

可通过分析资料判断故障所在，或根据故障现象采取接口信号法判别可能发生故障的部位，然后再按照故障与这一部位的具体特点，逐个部位检查，初步判别。对各种故障点判别方法的掌握程度主要取决对设备原理与结构掌握的程度。

（2）报警处理

① 数控系统报警的处理。在数控系统发生故障时，一般会在显示屏或操作面板上给出故障信号和相应的信息。通常数控系统的操作手册或调整手册中都有详细的报警号、报警内容和处理方法。由于数控系统的报警设置单一、齐全、严密、明确，在一般情况下，维修人员可根据报警号后面给出的信息与处理办法自行处理。

② 机床报警和操作信息的处理。机床制造厂根据机床的电气特点，应用 PLC 程序将一些能反映机床接口电气控制方面的故障或操作信息以特定的标志，通过显示的方式给出，并可通过特定键，看到更详尽的报警说明。这类报警可以根据机床厂提供的故障手册进行处理，也可以利用操作面板，根据电路图和 PLC 程序查出相应的信号状态，按逻辑关系找出故障点进行处理。

（3）数控系统的常见故障分析

根据数控系统的构成、工作原理和特点，结合在维修中的经验，将常见的故障部位及故障现象分析如下。

① 位置环　这是数控系统发出控制指令，并与位置检测系统的反馈值相比较，进一步完成控制任务的关键环节。它处于频繁的工作之中，并与外设相连接，所以容易发生故障。常见的故障有以下几个方面。

a. 位控环报警。可能是测量回路开路；测量系统损坏；位控单元内部损坏。

b. 没有指令进给装置就运动。可能是漂移过高，形成正反馈；位控单元故障；测量元件损坏。

c. 测量元件故障。一般表现为无反馈值；机床回不了基准点；高速时因漏脉冲而产生报警。可能的原因是光栅或读头脏了；光栅坏了。

② 伺服驱动系统　伺服驱动系统与电网电源、机械系统等相关联，而且在工作中一直处于频繁的启动和运行状态，因而这也是故障较多的部分。其主要故障有以下几个方面。

a. 伺服驱动系统损坏。这种情况一般由于电网电压波动太大，或由电压冲击造成。我国大部分地区电网质量不好，会带来电压超限，尤其是瞬间超限，如无专门的电压监控仪，则很难监测到，在查找故障原因时，要加以注意。还有一些是由于特殊原因造成的损坏，如某厂由于雷击工厂变电站，并窜入电网而造成多台机床伺服驱动系统损坏。

b. 无控制指令电机仍高速运转。这种故障的原因是伺服驱动系统速度环开环或正反馈。

c. 在加工工件表面时达不到要求，走圆弧插补轴换向时出现凸台，或电机低速爬行或振动，这类故障一般是由于伺服系统调整不当，各轴增益系统不相等或与电机匹配不合适而引起的，解决办法是进行最佳化调节。

d. 保险烧断，或电机过热以致烧坏伺服驱动系统。这类故障一般是机械负荷超载或卡死造成的。

③ 电源部分　电源是维持数控系统正常工作的能源支持部分，它失效或故障的直接结果是造成数控系统的停机或毁坏整个数控系统。这种情况一般在欧美国家比较少，在设计上这方面的因素考虑的不多。但在中国由于电网电压波动较大，质量差，还隐藏有如高频脉冲这一类的干扰，加上人为的因素（如突然拉闸断电等），这些原因可造成电源故障或损坏。

另外，数控系统的部分运行数据、设定数据以及加工程序等一般存储在 RAM 存储器内，在数控系统断电后，靠后备蓄电池或锂电池来保持。因而，当停机时间比较长，拔插电源或存储器都可能造成数据丢失，使数控系统不能运行。

④ 可编程序控制器逻辑接口　数控系统的逻辑控制，如刀库管理、液压启动等，主要由 PLC 来实现。要完成这些控制就必须采集各控制点的状态信息，如断路器、伺服阀、指示灯等。因它与外界种类繁多的信号源和执行元件相连接，动作频繁，所以发生故障的可能性就比较多，而且故障类型亦千变万化。

⑤ 其他　由于环境条件的原因，如干扰、温度、湿度超过允许范围，操作不当，参数设定不当，亦可能造成停机或故障。有一工厂的数控设备，开机后不久便失去数控准备好的信号，数控系统无法工作。经检查发现电气箱温度很高，原因是通气过滤网已堵死，因箱内温度过高而引起温度传感器动作，更换滤网后，数控系统正常工作。不按操作规程拔插线路板，或无静电防护措施等，都可能造成停机故障甚至毁坏数控系统。

一般在数控系统的设计、使用和维修中，必须考虑对经常出现故障的部位设置报警。当报警电路工作后，一方面在屏幕或操作面板上给出报警信息，另一方面发出保护性中断指令，使数控系统停止工作，以便查清故障和进行维修。

思考与练习

1. 简答题

(1) 数控铣床分为哪几类？

(2) 数控铣床由哪些部分组成？

(3) 数控铣床刀具如何选择？

(4) 数控铣床的安全操作规程有哪些？

(5) 数控系统常见故障有哪些？

2. 操作题

采用手工编程的方法，完成图 7-9 所示零件的加工，毛坯均为 90mm×90mm×30mm，材料铝。

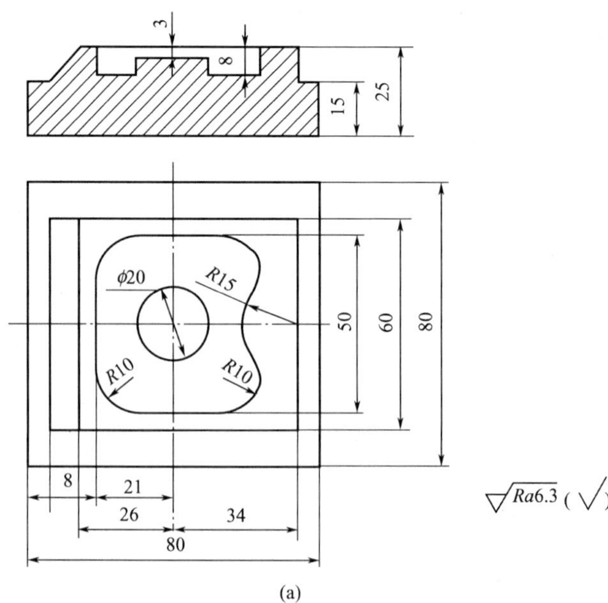

(a)

25
3
23
80
10
40
10
18
R5
R4
R4
R4
R6
80
13
19
R5
R5
3
8
23
Ra6.3 (√)
(b)
R5
φ8
23
18
4
10
10
25
80
10
R30
R3
R4
R10
R25
60°
80
R2
R15
R23
R18
60°
Ra6.3 (√)
4
6
9
9
(c)

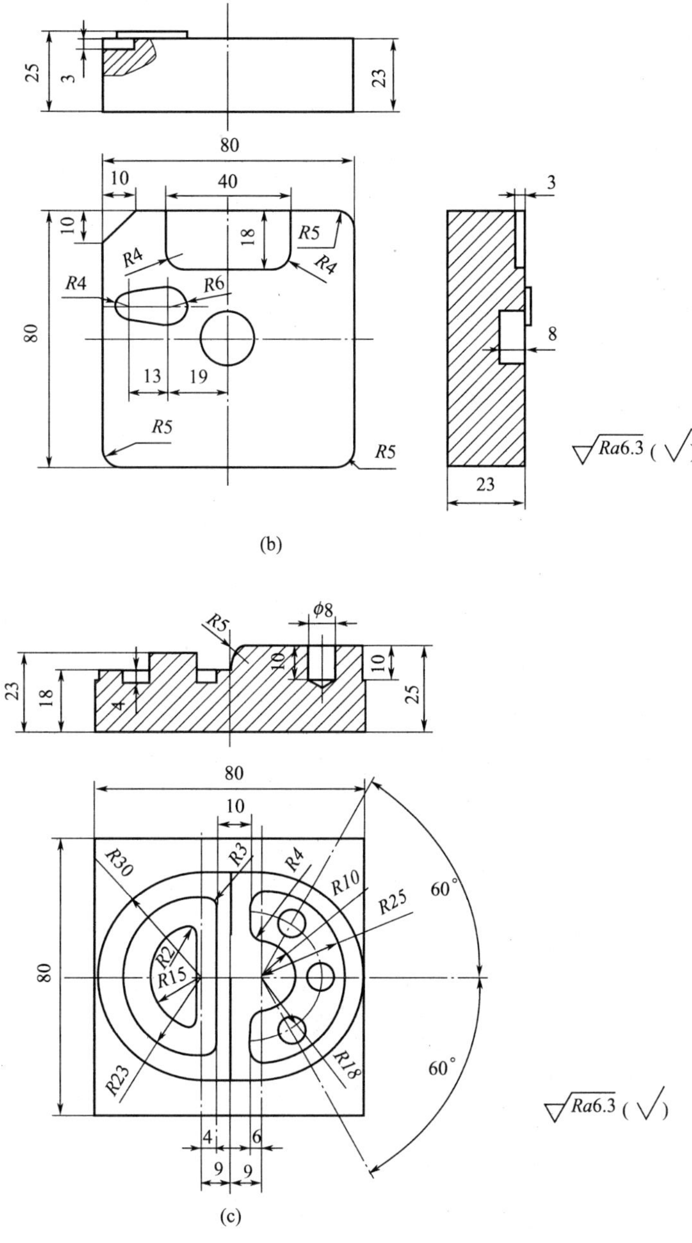

图 7-9　题 2 图

参 考 文 献

[1] 蒋翰成. 钳工工艺与操作. 北京：科学出版社，2008.

[2] 尤祖源. 钳工实习与等级. 北京：高等教育出版社，1997.

[3] 杨若凡. 金工实习. 北京：高等教育出版社，2005.

[4] 张云新主编. 金工实训. 北京：化学工业出版社，2007.

[5] 朱丽军主编. 车工实训与技能考核训练教程. 北京：机械工业出版社，2008.

[6] 机械工业职业教育研究中心编. 铣工技能实战训练. 北京：机械工业出版社，2004.

[7] 颜伟等编. 金工实训. 北京：北京理工大学出版社，2008.

[8] 万文龙主编. 机械制造基础. 北京：高等教育出版社，2007.

[9] 李森林主编. 机械制造基础. 北京：化学工业出版社，2004.

[10] 赵显日主编. 机械零件的数控车削加工. 北京：中国电力出版社，2011.

[11] 张伦等编. 数控铣床职业技能鉴定强化实训教程. 武汉：华中科技大学出版社，2006.

[12] 余英良主编. 机床数控加工技术与编程职业训练教程. 北京：高等教育出版社，2004.

[13] 李雪梅主编. 数控机床. 大连：大连理工大学出版社，2009.